はじめの一歩

貸金・売掛金・賠償金etc…

債権回収のことならこの1冊

石原豊昭
内海 徹 共著

自由国民社

はしがき

セールスが腕利きで商品がたくさん売れたとする。だが代金が回収できてこそ商売だ。回収ができなかったら商品をタダで配っているのと同じだ。貸金も同じこと、お金をタダでバラ撒くのと同じになってはいけない。

こうしたことがないよう、売り掛けや貸金など、債権を生じさせる以上、その回収を意識して掛からなければならない。セールスマンの訓練も必要だし、回収自体の研究もしなければならない。なにしろ売り掛けも貸金もイキナリ不意打ちで起きるものではない。契約に基づき意識して生じさせるものだから、最初から研究して掛かることができる性質のものである。

本書は主として、このような契約に基づく金銭債権の回収を主眼として書かれた。このほか債権には、交通事故など契約によらないことを原因とする債権もあるが、いったん債権として成立すれば回収の基本は同じである。だからその債権の回収の参考にもなると思う。

さて、実際の取引のうえでは、債権の回収は法的な手続きによらず、事実上の取立てを重ねることによって行われることが多い。本書はその点の記述にもページを割いたが、後半は法的な手続きの説明に割いた。これは回収に当たって、すぐ法手続きに入れという意味ではない。しかし、債権は法的なものであり最後は法律により処理されるものであるから、まず法的知識をわきまえることが、債権回収の射程を明確にし、非法律的な回収にも役立つといえるのである。

また内心では追々に回収できればよいと思っているときも、いったん判決（または調停その他による債務名義）をとって掛かるのも回収のコツの一つである。コトが荒立つようであるが、どうせ支払遅延の場合だから、もともと和気あいあいの作業ではない。むしろ交渉の上でそれも当然の雰囲気が出て、かえってビジネスライクにやれる。だらだらと取立てをやって感情的になるよりはズッとよいし、荒いことも言わずに済む。

債権回収の実際は、相手の出方もあり千差万別のものであるが、本書に書いた手法をこもごも駆使することにより、成功してほしいものである。

令和三年一月一〇日

執筆者一同

目次

第5章 訴訟による債権回収の仕方 169

巻頭グラフ

貸金・売掛金

債権回収の各種手段と手続き

〔本項の内容〕

1 貸金や売掛金の債権回収対策は、当初の相手の調査や契約から始まる
2 債務者からの支払延期の申入れと債権回収対策
3 支払いがなされない場合の交渉による債権回収対策
4 債権回収の法的手段と手続きのポイント
5 債権回収に関する法改正

◆貸金・売掛金の回収のポイント

●貸金・売掛金の回収の準備

契約書など証拠となるものを再チェックしましょう。

時効には注意が必要です。また、相手の資産・収入の把握も大切です。お金や資産のない者からの回収は、費用倒れとなる場合があります。

●交渉による貸金・売掛金の回収

交渉では、相手に支払意思を起こさせることが大切です。そのためには、ある程度の圧力をかけることも必要ですが、強迫とならないように注意しましょう。一括払いができない事情にある場合、分割払いとなりますが、約束を守らせるために公正証書にすればよいでしょう。公正証書にしておけば、約束どおりの支払いがない場合、訴訟を起こさず強制執行ができます。

●法的手段による貸金・売掛金の回収

相手がどうしても支払いをしない場合、支払督促、民事調停、訴訟などの法的手続きをすることになります。弁護士などの専門家に相談しながら手続きをするのも一方法です。ただし、貸金や売掛金が高額なときには、弁護士に依頼する方がよいでしょう。

巻頭グラフ 1

貸金や売掛金の債権回収対策は 相手の調査や契約から始まる

債権回収を考えた金銭貸借の契約のポイント

※金銭貸借（金銭消費貸借契約という）があった事実を証明するのが契約書です。契約書がなく相手が借りていないと言って争いになれば、事実上、債権回収は困難になります。

お金の貸主（債権者）

お金の借主（債務者）

金銭貸借の申し入れ

調　査

相手の収入や資産を調べる。友人などへの貸金では、本人に直接事情を聞くとよい。

貸借条件で合意

契約書の作成

契約書は必ず作成しなければならないというものではなく、口頭でも契約は成立する。ただし、争いになった場合、口頭での契約は証拠（書証）がなく、困ったことになる。

〔契約書の作成〕 当事者・金額・契約成立年月日・返済期日・返済方法・利率・遅延損害金・担保などの記載をし、署名・押印をし、収入印紙を貼る。

〔債権回収対策〕 ①契約書の中に、支払が遅れた場合の遅延賠償（賠償額の予定）の条項を入れておく。

②期限の利益の喪失条項（分割返済の場合、支払を１度でも怠った場合、全額を返済しなければならないという文言）を入れておく。

③保証人を立ててもらう。ただし、その保証人と保証契約をする必要がある。

④高額な場合、担保を提供してもらう。質権の設定、譲渡担保の設定、抵当権の設定、仮登記担保の方法がある。

金銭の授受

※金銭貸借契約は、現実に金銭の授受が行われなければ成立しない。

●金銭貸借と契約書

金銭の貸し借りは法的には金銭消費貸借契約と言われ、当事者間の合意とお金の受渡しによって契約は成立しますが、契約書を作るのが一般的です。友人の貸し借りで、名刺の裏に書いたものでも契約を証明する証拠として有効です。

法律で契約書の作成が義務づけられているわけではありませんが、紛争の予防あるいは紛争が生じたときの証拠として、書面で残しておくことは、大切なことです。

債権回収を考えた商品売買の契約のポイント

通常の現金取引の場合は、契約書の作成はされないが、継続的な取引の場合には、契約書を作成しておいた方がよい。また、分割払いなどのときにも、必ず契約書を作成する。

商品の売主
（債権者）

商品の買主
（債務者）

〔相手からの商品購入の申し込み〕
- 商品購入の申入れ（買主 → 売主）
- 調　査（売主 → 買主）

〔相手への商品の売り込み〕
- 事前調査（売主 → 買主）
- 商品購入の申入れ（買主 → 売主）

代金・支払条件等の確認・合意

↓

契約書の作成

契約書は必ず作成しなければならないというものではなく、口頭でも契約は成立する。ただし、争いになった場合、口頭での契約は証拠（書証）がなく、困ったことになる。

〔契約書の作成〕 当事者・売渡商品名・代金・代金支払方法・引渡し・遅延損害金・担保などの記載をし、契約成立年月日・署名・押印をし、収入印紙を貼る。

〔債権回収対策〕 ①契約書の中に、支払が遅れた場合の遅延賠償（賠償額の予定）の条項を入れておく。

②期限の利益の喪失条項（分割返済の場合一度でも、全額を返済しなければならないという文言）を入れておく。

③保証人を立ててもらう。ただし、その保証人と保証契約をする必要がある。

④高額な場合、担保を提供してもらう。質権の設定、譲渡担保の設定、抵当権の設定、仮登記担保の方法がある。

↓

商品の引渡し

※引渡しに際しては、商品に瑕疵がないか検品をする。

ポイント

▼契約のときの債権回収対策

契約では、金額が大きい場合には、支払がなかった場合のことを考えて、相手（個人・会社）の収入や資産を調査しておくことが欠かせません。

また、契約書を作成しておくとよいでしょう。契約書があれば、債権の有無や債権の額・支払日などで双方の言い分が異なったときなど、契約書は証拠書類として役に立つのです。

契約書では、契約違反をした場合の期限の利益喪失条項や違約金などについても定めることができます。

●商取引と契約書

商取引の特徴は、継続的である場合が多いということです。したがって、お互いの長い間の関係があり、電話一本で数百万円単位の取引がおこなわれることも珍しいことではありません。

しかし、業績がいいときはよいのですが、悪化すると、売掛金等が膨大だったりして、連鎖倒産ともなりかねません。

取引先の業績をキチッと把握し、場合によっては、なあなあであった口頭の契約を契約書の形ではっきりさせる必要も出てきます。

また、債権確保のために担保・保証をとることも考えられます。

巻頭グラフ

2 債務者からの支払延期の申入れと債権回収対策

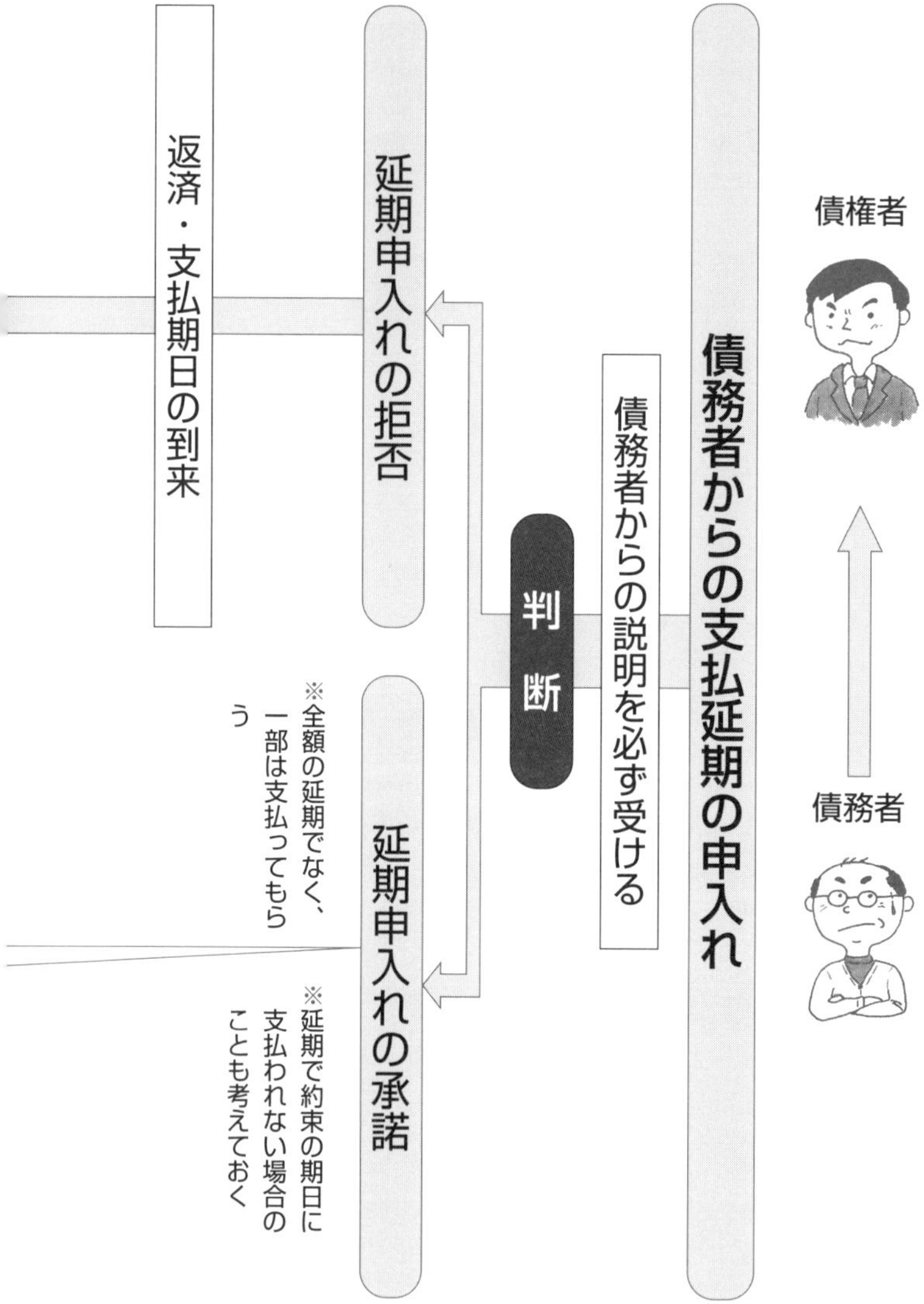

●支払延期の申入れ

支払延期の申入れは、債務者が資金づまりにあることのシグナルです。つまり、お金の調達ができないことを意味します。

こうした状況下で、債権者は債務者からいかに全額の債権回収をするか、作戦を立てます。そのためには、債権者がなんとか完済しようという気持ちを持ち続けさせなければなりません。たとえば、身内に保証人になってもらったり、また、分割で返済してもらうなどの手だても必要です。

返済・支払い

返済・支払いされず

※返済・支払いができない場合、債務者が自己破産や特定調停・民事再生などの借金整理の法的手段をとってくることがある。
この場合は、ほとんど全額回収は見込めない。

法的手段で債権回収を図る

- 支払督促の申立
- 調停の申立
- 訴訟の提起
- 保証人への請求
- 担保権の実行

※詳細については、巻頭グラフ16～17頁、本文3～6章参照。

条件をつけて延期するのがよい

①契約書を公正証書にする
②利息がなければ利息をつける
③違約金を定める
④保証人を立ててもらう
⑤担保を提供してもらう
⑥商取引では、延期した日を支払日とする手形を振り出してもらう

※延期した期日に支払われなければ法的手段をとる

ポイント

▼支払い延期を拒否するか承諾するかの判断

①相手に資産（収入含む）がない場合には、延期の申入れを承諾し、少しでも支払ってもらった方がよい。
②資産があるのに延期の申入れをしてきた場合は、断固として拒絶し、強行手段をとる
③商取引では、今後の取引をどうするかが、支払延期を拒絶するか承認するかのポイント。
④現実には、条件をつけて支払い延期する場合が多い（破産されては元も子もない）。

●債務者の借金整理

支払いが難しくなると、債務者は借金の整理を考えるものです。借金整理には、自己破産、民事再生、特定調停があります。こうした借金整理が債務者の申立により行われると、債権者にはほとんど支払い（配当）がないのが実情です。

こうしたことから、債権者は、債務者が借金整理の手続きをさせずに、いかに上手く回収するかが、ポイントとなります。そのためには、支払延期の申入れを承諾するのも仕方のないことです。ただし、延期を承諾する際には、よく事情の説明を受けて、再度の支払い延期の申入れがないように、キチンとした返済計画を求めましょう。

巻頭グラフ

3

支払いがなされない場合の交渉による債権回収対策

債権者

債務者

相手との交渉による債権回収法

1 支払金の一部だけでも支払ってもらう

債権回収は無いものからは取れないのが原則です。ただし、全額の支払いはできなくても一部の支払いはできるという場合が多いでしょう。

相手の事情を聞き、残りの支払いは新たな期日を決めておけば、その時から新たに時効が進行します（民法 152条）。

※詳細は 65 頁参照

2 資産があるのに払わない相手には圧力をかける

債務者の調査や話合いで、資産があるのに支払わない感触を得たなら、強行に全額の支払いを主張してください。

支払延期の対応によっては、ずるずると支払いを先延ばしにされる危険性があります。

「払わなければ、早急に法的手段を取る」と主張するのもよいでしょう。

※詳細は 74 頁参照

●とりあえず相手に会う

支払いがなされない場合、電話に出ないなど、相手と連絡がとれない場合があります。

こうした場合は、とにかく相手に会いに行くことです。個人であれば自宅、会社であればその会社です。なお、債務者の勤め先に取立てに行く行為は営業妨害とならないように気をつけてください。

債務者に会ったら、事情を説明させ、支払いについて交渉します。

3 債務者に債権があれば譲渡してもらう

債務者にも何らかの第三者に対する債権がある場合があります。こうした場合、その債権を譲渡してもらえば、その第三者から支払いを受けることができます。ただし、譲渡人が債務者に通知をし、または債務者が承諾しなければ、債務者その他の第三者に対抗できません。

※詳細は 104 頁参照

4 債務者に借金があれば相殺する

取引などでは、双方が債権と債務を持っている場合があります。こうしたときに、相手が支払わない場合、自分の債務と相殺することができます。

ただし、相殺するためには、相殺の債権が弁済期にあることが必要です。なお、時効にかかった債権でも相殺は可能です。

※詳細は 102 頁参照

5 売掛金の回収では、収めた商品は早急に引き揚げる

支払いがない場合、商品が残っていれば、商品を引き上げることも可能です。これは倒産などのときに用いられますが、注意点としては相手(会社であれば代表者)の承諾が必要です。承諾がないと、窃盗に問われる場合があります。

また、同様に承諾があれば、他の会社の商品の持ち出しも可能です。ただし、倒産などのよほどの場合以外は行われません。

※詳細は 116 頁参照

6 その他

①告訴　商品の取り込み詐欺の疑いがあれば、早急に告訴します。

②仮処分の申立　財産を身内に移す動きなどがあれば、仮処分の申立をして、相手の資産を凍結します。

③弁護士への相談　相手が倒産するなどの場合には、早急に専門家である弁護士に相談してください。

ポイント

▼緊急の債権回収策とは

法律は、相手が約束の支払いをしないからといって、相手の家に押しかけて貴重品を持って来たりする自力救済を禁止しています

したがって、緊急の債権回収対策も限られます。その中で、商取引などで利用されるのが自社で納入した商品の引き揚げです。しかし、自社の製品であっても勝手に引き上げることはできず、相手（会社の代表者）の承諾が必要です。（一〇〇頁参照）。

●示談屋・債権回収会社

債権回収では、報酬を支払って示談屋などに頼むことを禁止しています（弁護士法）。ただし、例外として、債権回収会社は認められています。この債権回収会社は、法務大臣の許可を受けて債権回収の業務を行う会社で、常勤の取締役に経験のある弁護士がいる必要があり、また債権の範囲も一定のものに限られます。

したがって、通常の債務では、知り合いへの貸金や売掛金の回収は、債権回収会社の取扱い債権とはらず、弁護士に依頼することになります。なお、債権は譲渡もできますが、通常は安く買いたたかれ、筋の悪いものへ譲渡すると後々のトラブルもの元になります。

巻頭グラフ

4

債権回収の法的手段と手続きのポイント

債権者

債務者

債権回収の各種の法的手段

1 支払督促の申立

支払督促は、債権者の申立（簡易裁判所）により、申立書記載の請求が理由があると認められるときは、裁判所書記官が債務者の言い分を聞くことなく支払督促を発するというものです。

債務者への送達後2週間以内に異議がなければ、30日以内に債務者の申立によって仮執行宣言が付されます。ただし、異議の申立があれば訴訟に移行します。

※詳細は123頁以下参照

2 民事調停の申立

民事調停は、簡易裁判所で行う話合いによる解決だと思ってください。貸金や売掛金の調停では、調停委員会において双方が債務について話合い、合意に達したら調停調書が作成されるというものです。したがって、満額を支払ってもらうというわけにはいきません。

こうしたこともあり、民事調停（特定調停含む）は、支払えない場合の債務者からの申立がほとんどです。

※詳細は147頁以下参照

●まず、催告をする

貸金や売掛金の支払遅延では、まず、催告をします。催告は、「○○日までに支払うこと」などの文言を入れ、通常、その終わりには、「本書到達後1週間以内に支払いがない場合には、法的手段を講じます」などと、最後通牒とも言える内容となります。

また、催告があった時は、その時から六か月は時効は完成しません（民法一五〇条）。貸金や売掛金は、放っておくと時効で消滅してしまうので、時効の完成を猶予する催告をします。これ

3 訴訟の提起

訴訟は判決で白黒の決着をつける制度です。貸金や売掛金の回収では、債務の存在は多くの場合確定しているのに、なぜ、訴訟をするかといえば、訴訟による判決がなければ、強制執行をすることができないからです（金銭債権等は公正証書があれば執行できる）。

したがって、訴訟を提起し、勝訴判決を得て、この確定判決を債務名義（債務があることを証する書面）として強制執行をすることになります。

※詳細は 169 頁以下参照

4 担保権の実行

契約で質権や抵当権などの設定がしてあれば、この担保の執行をすることができます。なお、担保権の執行では、担保不動産収益（抵当権を設定している不動産の地代や家賃などの収益）が新設されています。

こうした手続きは複雑ですので、専門家である弁護士に相談・依頼した方がよいでしょう。

※詳細は 232 頁以下参照

5 強制執行の申立

強制執行は、前記、訴訟における確定判決などを債務名義（債務があることを証する書面）として、地方裁判所で執行文の付与をしてもらい、強制執行の申立をして行います（動産の執行は裁判所内の執行官）。

強制執行は、手続きも大変ですので、弁護士に依頼した方がよいでしょう。

なお、前記の債務名義には、確定判決の他に、仮執行宣言付き支払督促、調停調書、執行受諾文言付公正証書などがあります。

※詳細は 208 頁以下参照

6 その他

①手形の不渡り→手形訴訟
②債務者が財産の売却や隠匿をする恐れがある場合→保全手続き（仮処分、仮差押え）
②債務者が行方不明の場合→公示送達（民法 98 条）

ポイント

▼法的手続きと弁護士への依頼

債権回収手続きは、本人でもできます。支払督促や少額訴訟（訴額が六〇万円以下の場合）は比較的、本人が手続きするのに向いています。

専門家である弁護士に頼んだがよい例としては、債権回収金額が大きい場合、あるいは争いとなっていることの法的判断が難しい場合です。こうした場合は、どういう法的手段をとるかを含めて弁護士に依頼する方がよいでしょう。

は、通常、証拠を残すために、配達証明付きの内容証明郵便でします（本文九三・九六頁参照）。

●支払を求める執行手続き

強制執行をするには債務名義（確かに債務があるということを証する書面）が必要です。

▽執行認諾文言のある金銭債権の公正証書を作っている場合は、この公正証書を債務名義として、訴訟をすることなしに強制執行ができます。

▽簡易裁判所に支払督促の申立をし、仮執行宣言付支払督促を得れば強制執行ができます。

▽調停調書、和解調書、判決書を債務名義として、強制執行ができます。

巻頭グラフ5 ★債権回収に関する法改正

◆民法（債権関係）の主な改正点

■主に消費者保護の視点から民法（債権関係）の大幅な改正が行われ、令和四年四月一日から施行されています。大幅となった今回の改正は、民法の債権編を中心に多岐に及びますが、債権回収に関連する主な改正点は以下のとおりです。

❶消滅時効…法改正前の未払い代金の時効は、原則10年、医療費3年、飲み屋のツケ1年などとさまざまで分かりにくかったために、短期消滅時効をなくし、「権利を行使することができることを知ったときから一律五年。権利行使をできる時から一〇年。」に改正されました。

❷連帯保証…融資（貸金）に際して求められる連帯保証について、第三者が悲惨な結果をまねくことがあるため、契約を公正証書にすることを義務付けています。

❸法定利率…法定利率が市場金利（預貯金や住宅ローンなど）より高いことから、今までの五％から三％に引き下げ、三年ごとに見直すこととされました。

❹敷　金…敷金を「家賃などの担保」と定義し、借主が借家を引き渡したとき家主に返還義務があることを規定しました。また、経年変化による損耗は借主に修理義務はないとしています。

❺約　款…保険や携帯電話、公共サービスでの契約条件を示す約款についてその根拠を明確にすると共に、消費者の利益を一方的に害する条項は無効としました。

※以上のように、今回の改正には、債権を回収する側の規制も多々あります。法律に違反する債権回収は、違法であり無効ですので対策と注意が必要です。

◆民事執行法の改正

民事執行法は、強制執行の手続きなどを定めた法律です。この民事執行法が改正されて、一部を除き令和二年四月一日から施行されています。

強制執行では、執行する債務者の財産の特定が必要ですが、旧法下では執行する財産の特定が難しい側面がありました。改正法では、財産の特定のための**財産開示制度が拡充**されました。

①財産開示手続に協力しないと刑事罰（六カ月以下の懲役又は五〇万円以下の罰金）

②債務者の財産を調査する手段が拡充

(1)不動産…裁判所が登記所に対して、不動産に関する情報取得手続ができる（二〇五条、令和三年施行予定）

(2)給与債権…給与債権に関する情報取得手続で勤務先の情報を取得することができる（二〇六条）。

(3)預貯金債権等…裁判所が金融機関に対して預貯金債権に関する情報公開手続をすることで、債務者の口座情報が知れる（二〇七条）。

巻頭特集

債権別／Q&Aによる――

起こりがちなトラブル事例と債権回収法

債権別／Q＆Aによる——

起こりがちな貸金のトラブル事例と回収法

1 友人に貸したお金を利息をつけて返してほしい

友人がリストラに会い、三度の食事にも事欠いているというので、二〇万円を貸しました。その後、友人は中小企業に再就職し、今では係長とのこと。利息の約束はなかったのですが、利息をつけて金を返してもらいたいのですが。

答

金銭貸借では、お金を借りたい、貸しますという意思の合致だけではなく、実際に金のやりとりがあったときに、金銭消費貸借が成立します。

個人同士の金銭貸借では、利息の約束（特約）がなければ、支払義務は発生しません。

利息の約束はあるが利率の定めがない場合は、民事の法定利息である年三分の利率で請求することができます（民法四〇四条）。

ただし、約束の返済日が来ても支払わない場合は、年三分の利率による遅延損害金を請求できます。

なお、あなたの場合は関係ありませんが、会社同士の金銭貸借でも、利息の約束がなくても、法定利率の年六分の利率で利息を請求できます。

【参照条文】

（法定利率）

民法四〇四条　利息を生ずべき債権について別段の意思表示がないときは、その利率は、その利息が生じた最初の時点における法定利率による。

② 法定利率は、年三パーセントとする。

【相談先】

各地の弁護士会には法律相談センターがあり、有料で相談に応じています。「ひまわりお悩み一一〇番」（TEL〇五七〇-七八三-

②出世払いということでお金を貸したが

甥が大学に進学したいと相談にきたので「出世払い」ということで、一〇〇万円学資を出してやりました。甥は大学卒業し、今では会社に就職しています。私は年金暮らしです。金は返しなもらえないでしょうか。

答

出世払いというのは、当事者がどんな約束をしたかで、見解が分かれます。「出世しないときは払わなくていい」という意味の約束であれば、出世を条件とした約束です。

一方、出世の見込みのある間は支払を猶予するが、見込みがなくなったら猶予しないという意味で約束した場合は、不確定期限ということになります。判例などでも、出世払いは不確定期限に当たるとしています。

一度、請求してみてはどうでしょうか。

③口約束だけで金を貸したが

以前、親しかった友人に頭を下げられ、借用書も取らずお金を貸しました。もちろん、信用していたから貸したわけですが、相手が支払ってくれない場合、裁判をしても回収することはできないでしょうか。

一一〇）に電話をすると近くの弁護士会につながります。

【参照条文】

（履行期と履行遅滞）

民法四一二条①　債務の履行について確定期限があるときは、債務者はその期限が到来した時から遅滞の責任を負う。

②　債務の履行について不確定期限があるときは、債務者は、その期限の到来した後に履行の請求を受けた時又はその期限の到来したことを知った時のいずれか早い時から遅滞の責任を負う。

③債務の履行について期限を定めなかったときは、債務者は、履行の請求を受けた時から遅滞の責任を負う。

答

別に借用書や契約書が作成されていなくても、金銭の授受があったときに、金銭消費貸借は成立しています。問題は、相手が借りた覚えはないとか、あれは貸金を返してもらったものだなどと言い張ると、貸したという証拠がないと不利な結果に終わります。

お金を貸したときに誰かが立ち会っていたとか、お金を借りたときの礼状などがあれば、裁判では証拠として認められることもあります。何もなければあきらめるしかありません。

【参照条文】

（消費貸借）

民法五八七条　消費貸借は、当事者の一方が種類、品質及び数量の同じ物をもって返還することを約して相手方から金銭その他の物を受け取ることによって、その効力を生ずる。

④ 子どもに貸したお金は返済してもらえないのか

遠縁に当たる高校生が、春休みに遊びにきて「どうしてもバイクが欲しいのだが、親が金をくれない。一〇万円でいいから貸してほしい」と懇願され、仕方なく貸しました。このお金は返してもらえないのでしょうか。

答

お金の貸し借りは、法律行為です。二〇歳（法改正により令和四年四月一日以降は一八歳）にならない、いわゆる未成年者には、単独で法律行為をすることが認められていません。

未成年者の法律行為には、法定代理人である親権者の承諾が必要です。承諾を得ないで行った法律行為は、本人からでも、法定代理人からでも取消ができます。取り消されると、お金の貸し借りはなかったものとされてしまいます。

ただし、契約が取り消されると借りたお金は不当利得として返さなければなりません。未成年者（制限能力者）の場合には、現在利益の返還（本例では購入したバイク）でいいことになっています。

【参照条文】

（未成年者のした法律行為）

民法五条①　未成年者が法律行為をするには、その法定代理人の同意を得なければならない。ただし、単に権利を得、又は義務を免れる行為については、この限りでない。

②　前項の規定に反する法律行為は、取り消すことができる。

③　略

ここは相手の父母（法定代理人）も入れて話し合って、少しずつでいいからと長期の分割払いを提案してみてください。

⑤ マージャンの掛け金を払ってくれないが

社内マージャンでモメ事が起こっています。途中に入社したA君が先月は大勝ちし、私は負け。今月は私が大勝、A君が負け。ところがA君は負けた金を「賭博の金は払わなくていい」といって、払ってくれません。

答

法律的なことを言いますと、確かに賭マージャンは刑法上の賭博罪として禁止されており（掛け金等の小さい社内マージャンは大目に見られていますが）、民事上も公序良俗に反する行為として無効となります。

A君が払わないからといって、無効な行為による請求ですから、裁判で請求することはできません。

では、先月負けて払った分を返せと請求できるでしょうか？　これまた不法原因給付といって、返還請求はできません。つまり、賭けマージャンという不法な行為で支払ったお金は後になって返せとは言えないのです。

マージャンをすること事態は問題ないのですが、お金は賭けないことです。これはマージャンだけでなく他の賭博も同様です（法律で認められている競馬などは除く）。

【参照条文】

（公序良俗）

民法九〇条　公の秩序又は善良の風俗に反する法律行為は、無効とする。

（不法原因給付）

民法七〇八条　不法な原因のために給付した者は、その給付したものの返還を請求することができない。ただし、不法な原因が受益者についてのみ存したときは、この限りでない。

（賭博）

刑法一八五条　賭博をした者は、五十万円以下の罰金又は科料に処する。ただし、一時の娯楽に供する物を賭けたにとどまるときは、この限りでない。

債権回収の事例2

債権別／Q&Aによる――

起こりがちな売掛金のトラブル事例と回収法

1 取引先が景気が悪いことを理由に代金を払わない

一〇年来の取引先であるA社に、売買代金を何度請求に行っても、「景気が悪いので、もう少し待ってくれ」と言われ、支払を延ばされている。このような場合に、どのように対処したらいいでしょうか。

答

売買代金の金額にもよりますが、最終的な解決法は訴訟ですが、商取引による売買代金の時効は権利を行使できることを知った時から五年です。五年を経過すると、売買代金請求権は消滅します。そのためには、少額（例えば一万円）でも払ってもらうか、支払延期願いでも書いてもらうことです。

時効が完成間近に迫っていたら、内容証明郵便で請求するとよいでしょう（時効は六か月間猶予されます）。それでも支払がなければ、裁判上の請求などをする必要があります。最終的には、勝訴判決を得て強制執行をしますが、取引先との話合い、経営・資産状況の調査が必要です。

【参照条文】

（承認による時効の更新）

民法五二条① 時効は、権利の承認があったときは、その時から新たにその進行を始める。

② 前項の承認をするには、相手方の権利についての処分につき行為能力の制限を受けていないこと又は権限があることを要しない。

2 妻が購入した商品の代金を夫に請求できるか

【参照条文】

（日常の家事に関する債務の連帯責任）

私の顧客の奥さんが高級毛皮のコートを買いましたが、支払が滞っています。話を聞くとそれを質屋に入れて、お金は遊興費に使っていたことが分かりました。そこで、奥さんの夫に請求したいのですが、支払ってもらえますか。

答

食料品をを買うとか衣類を買うなどした場合には、夫にも支払義務があります。民法では、このように家庭で通常費消されるような物の購入代金は、夫婦が連帯して責任を負う（日常家事債務の連帯責任）としています。比較的金額の低いもので夫婦共同生活に必要なものであれば、夫も責任を負いますが、高級毛皮コートまでは日常家事債務とは認められないでしょう。判例では、電子レンジにつき生活用品として日常家事債務と認めています。

本例は、夫に返済義務はないようです。奥さんと話合い少しずつでも払ってもらうことです。

民法七六一条　夫婦の一方が日常の家事に関して第三者と法律行為をしたときは、他の一方は、これによって生じた債務について、連帯してその責任を負う。ただし、第三者に対し責任を負わない旨を予告した場合は、この限りでない。

③ 飲み代を払わない相手から返済をしてもらいたい

小さな飲み屋を経営しています。ツケはお断りと黒板に書いて出しているのですが、お客の一人は、今度来たとき必ず払うからと言って、その後、一向顔を出しません。何とか払ってもらいたいのですが。

答

飲み代のツケが回収できないと、経営に直接ひびいてきます。お客相手ですから、強硬な催促もできないことでしょう。これまで（令和2年三月末日）、飲食代金の時効は、一年で消滅時効にかかっていましたが、現在は五年です。放っておくと、すぐに請求できなくなることです。

何度か催促して、支払わないお客に対して、請求金額が六〇万円以下なら少額訴訟を起こしましょう。これなら一日で判決が出されますので、簡単に回収が望めます。

【参照条文】

（少額訴訟の要件等）

民事訴訟法三六八条①　簡易裁判所において、訴訟の目的の価額が六十万円以下の金銭の支払の請求を目的とする訴えについて、少額訴訟による審理及び裁判を求めることができる。（以下略）

4 親会社が下請代金をなかなか払ってくれない

私の会社は、大手電気会社（資本金三億円超）の電気製品の部品を製造している下請会社（資本金二〇〇〇万円）です。昨今、電気製品の売れ行きが悪化しているからという理由で何かと理由をつけて、下請代金を払ってもらえず苦労しています。

答

下請業者については、下請代金支払遅延等防止法という法律が制定されています。親会社は下請業者に物品の製造委託、修理委託、情報成果物作成委託、役務提供委託をしたときに、この法律が適用されます（ただし、親会社、下請業者については資本金等の適用要件あり。〔個人を含む〕）。あなたの会社の場合、製造委託となり、同法が適用されます。

この法律では、親会社は納品後六〇日以内に支払期日を定めた書面を交付し、支払が遅延したときは遅延利息を払うよう定めています。なお、中小企業庁委託の下請かけこみ寺（☎〇一二〇-四一八-六一八）では相談等に応じています。

【参照条文】

（下請代金の支払期日）

下請代金支払遅延等防止法

二条の二① 下請代金の支払期日は、親事業者が下請事業者の給付の内容について検査をするかどうかを問わず、親事業者が下請事業者の給付を受領した日（役務提供委託の場合は、下請事業者がその委託を受けた役務の提供をした日。次項において同じ。）から起算して、六十日の期間内において、かつ、できる限り短い期間内において、定めなければならない。

5 商品に欠陥があると難癖をつけられ代金を払わない

私どもの会社は、ＬＥＤを使った、クリスマス用のデコレーションを製作・販売しております。ところが、取引先に集金にいったところ、商品に欠陥があったので、請求書通りには支払えないと拒否されてしまいました。他からのクレームはありませんが。

【参照条文】

（買主による目的物の検査及び通知）

商法五二六条① 商人間の売買において、買主は、

答

会社同士の商品の売買契約では、買主は商品を受領したときは遅滞なく検査しなければならないというのが法律です（商法五二六条一項）。検査の結果、欠陥を発見したら直ちに売主に通知することが必要で、これを怠ると、そのことを理由に契約解除や損害賠償、代金減額を請求することはできません。

なお、直ちに発見することができない瑕疵（六か月以内に発見）した場合も発見したら直ちに売主に対して通知が必要です（同条二項）。

取引先にその旨を伝え、それでも売買代金を支払わない場合には、訴訟を起こすのも一法です。

⑥ 受け取った手形を銀行で割り引いたが不渡りとなった

取引先に商品を納め、売買代金として約束手形を貰いました。手形を取引銀行に提示し割り引いてもらいました。ところが、その後、銀行から連絡があり、手形が不渡りになったので買い戻してほしいとのことでした。

答

手形が不渡りとなるのは、振出人の当座預金の預金不足、解約済で当座預金の口座がない（一号事由）、手形が偽造、変造、盗難などにあった場合（二号事由）です。いずれにせよ、割引に出した手形は買い取ることが必要です。

その後は、手形の振出先を相手に手形訴訟を起こして、勝訴判決をもらい強制執行により回収を図る手段も考えられますが、手形が不渡りになっても、売買代金債権はあるわけですから、取引先がどのような支払いを考えているかを確かめることが先決です。

その売買の目的物を受領したときは、遅滞なく、その物を検査しなければならない。

② 前項に規定する場合において、買主は、同項の規定による検査により売買の目的物が種類、品質又は数量に関して契約の内容に適合しないことを発見したときは、直ちに売主に対してその旨の通知を発しなければ、その不適合を理由とする履行の追完の請求、代金の減額の請求、損害賠償の請求及び契約の解除をすることができない。

【参照条文】

手形訴訟→民事訴訟法第5編「手形訴訟及び小切手訴訟に関する特則」

債権回収の事例3

債権別／Q&Aによる――

起こりがちなその他のトラブル事例と回収法

1 貸した相手が弁済できないので保証人に請求したい

友人が店の改築資金を借りにきたのですが、イマイチ信用が不安なので、保証人を立てる条件で一〇〇万円を融通しました。不安が的中して、友人に何度催促してもダメ。そこで保証人に請求したいのですが。

答 保証人を立てさせるのは、債権の担保の一種で人的担保と言われています。もし、その保証人が連帯保証人であれば、直接貸金の請求をすることもできます。

もちろん、保証人に金銭的余裕があれば、回収は可能でしょうが、理由をつけて回収を渋るようでしたら、保証人相手に貸金返還請求訴訟を起こして、勝訴判決を貰って、強制執行をすることもできます。

しかし、請求金額を考えると、訴訟・強制執行には手間や費用・時間がかかり、必ずしもベターな解決法とは言えません。ここは借主および保証人と話合い、分割払いにでもして回収を図るのが得策のようです。

【参照条文】

（保証人の責任等）

民法四四六条① 保証人は主たる債務者がその債務を履行しないときに、その履行をする責任を負う。

② 保証契約は、書面でしなければ、その効力を生じない。

③ 略

（連帯保証の場合の特則）

民法四五四条 保証人は、主たる債務者と連帯して債務を負担したときは、前二条の権利を有しない。

2 保証人として弁済した金額を求償したいが

会社の元上司に頼まれて、「どんなことがあっても迷惑はかけないから」と懇願され、金融機関からの借入金の連帯保証人になったところ、本人は雲隠れ、仕方なく私が支払いました。その分を取り返したいのですが。

答

保証人が債務者（借金した本人）に代って債権者に債務を返済したときには、保証人は返済した分を債務者に請求できます。

これが主たる債務者に対する求償です。本来、債務者が支払うべきものが支払えないから、保証人が支払ったわけですから、どうせ債務者に支払能力はないと、はなからあきらめる人が多いようですが…。

しかし、債務者と話し合って分割払いでも何でも、支払ってもらうよう説得するなどの努力をすることが回収につながります。法的手段による分割払いによる回収もできます。

【参照条文】

（委託を受けた保証人の求償権）

民法四五九条①　保証人が主たる債務者の委託を受けて保証をした場合において、主たる債務者に代わって弁済、その他自己の財産をもって債務の消滅させる行為をしたときは、その保証人は、主たる債務者に対して、そのために支出した財産の額の求償権を有する。

（②略）

3 友人の事業に投資した出資金を回収したい

友人の一人が「今度、どんな水でも、簡単に清浄できる装置の特許が取れそうなので、事業を起こしたい」と言ってきました。年一〇パーセントの配当は保証すると言うので出資したところ、配当はおろか出資金も心配です。

【参照条文】

（詐欺又は強迫）

民法九六条①　詐欺又は強迫による意思表示は、取り消すことができる。

（②③略）

答

事業資金として友人への貸金であれば、返してくれと請求できますが、出資金の場合には、そのような請求は困難です。

問題は出資する際に、どのような取り決めがあったか、です。将来、出資金に相当する株式を与える趣旨であった場合には、友人からの返還はむずかしいでしょう。共同して経営する組合としての出資の場合には、組合を解散しなければ、これまた返還は困難です。

友人と話し合って解決を図るしかありませんが、出資分の株式などを友人に買い取ってもらうという方法もありますが、まず無理でしょう。また、騙されてお金を渡したのであれば詐欺となり、契約を取り消すことができますが、こういう場合は専門家（弁護士）に相談してください。

（詐欺）
刑法二四六条① 人を欺いて財物を交付させた者は、十年以下の懲役に処する。

4 離婚で決まった財産分与や養育費を払ってくれない

夫に愛人ができたために夫婦間がギクシャクし、思い切って協議離婚することにしました。離婚に際しては、私が子どもの親権を持つことで合意。財産分与として二〇〇万円、月々の養育費を三万円の約束でしたが、実行されません。

答

離婚に際しては、別れたい一心から離婚にともなう財産給付には応じても、離婚後にはこれが履行しないケースは多くあります。

もちろん、訴訟をすれば勝てるでしょうが、話し合って離婚の条件を記載し公正証書にしておくのが簡便です。履行しないときは強制執行を受けてもよい旨の文言を入れておけば、支払がない場合には、訴訟の判決を貰わなくても、相手の財産や給与等の差押えができますから。

【参照条文】

債権回収→民事訴訟法

家事事件手続法→義務の履行状況の調査（二八九条）、義務履行の命令（二九〇条）

注・家庭裁判所が審判・調停した事件に限る

強制執行→民事執行法・扶養義務等に係る定期金債権を請求する場合の特例（一五一条の二）

これに保証人が付けられれば万全です。

公正証書にしていない場合には、訴訟で確定判決を得て、強制執行（給与の差押えなど）をすることになります。

なお、調停離婚や裁判離婚では、調停調書や確定判決（債務名義）により強制執行ができます。

5 交通事故の示談で約束した賠償額を払ってくれない

歩道上を歩いていたのですが、脇見運転の車と接触し、負傷しました。これから賠償金について話し合うことになっていますが、損害賠償を確実に支払ってもらうにはどうすればよいでしょうか。

答

加害者の任意保険はどうなっているのでしょうか。最近では、損保会社の担当者が示談交渉に来るのが常で、そこで示談できれば保険金がおります。保険に加入していれば保険会社に直接請求もできます。ただし、保険会社の示談担当者が提示してくる金額は保険会社の支払基準によることが多く、これは実際の裁判例の額よりも低額ですので、一度は法律相談所などで弁護士と相談してください。

任意保険に加入していないと厄介です。加害者との交渉がまとまれば、一緒に公証（人）役場に行って、その示談書を強制執行認諾文言を入れた公正証書を作成してもらうとよいでしょう。こうしておけば、加害者が支払わなければこれで強制執行ができます。

示談交渉がまとまらなければ、損害賠償請求の訴訟を起こして勝訴判決を得て、それでも賠償額を支払わない場合は強制執行ができます。

【相談先】

離婚などの家事事件の手続きについては、家庭裁判所の家事手続相談室で相談に応じています。

【参照条文】

（債務名義）

民事執行法二二条　強制執行は、次に掲げるもの（以下「債務名義という」。）により行う。

五　金銭の一定額の支払又はその他の代替物若しくは有価証券の一定の数量の給付を目的とする請求について公証人が作成した公正証書で、債務者が直ちに強制執行に服する旨の陳述が記載されているもの

（一～四の二、六～七略）

6 賃金を支払ってくれないので法的手段に訴えたいが

私はスーパー内で肉屋をしている店でパートとして働いています。確かに景気も良くないのですが、店主は何だかんだと難癖をつけて、賃金を支払ってくれません。裁判するしかないでしょうか。

答

まずは、店主と賃金の支払方法について話し合ってみてください。埒《らち》があかなければ、最寄りの総合労働相談コーナー（各地の労働局・労働基準監督署）で相談し、個別紛争解決手続を利用することができます。

また、地方裁判所に労働審判を申し立てる方法があります。労働審判では、裁判官と労働委員が話し合い（調停）を進め、話がまとまらなければ、双方の言い分を聞き、証拠調べをした上で、審判が出されます。訴訟だと一年程度かかりますが、労働審判なら三回の期日（三～四か月）で審判が出されます。手数料は訴訟の半額です。

【参照条文】
労働審判→労働審判法
紛争のあっせん等→個別労働関係紛争の解決の促進に関する法律

7 債権回収で内容証明郵便を出したいが注意点は

取引先が売掛金を何度請求しても支払ってくれません。

友人に相談したところ、手始めに内容証明郵便を出してみてはどうかと言われました。内容証明郵便には債権回収に効果があるのでしょうか。

【参照条文】
郵便法四四条（特殊取扱）
会社（日本郵便株式会社）は、この節の定めるところによるほか、郵便約款の定めるところにより、書留、引受時刻証明、配達証明、内容証明及び特別送達の郵便物の特殊取扱を実施する。

答　初めて内容証明を貰った人は驚いて支払をすることもありますが、内容証明郵便は、単にどんな内容の手紙をいつ相手に出したかということを郵便局が公的に証明する効果しかありません（時効は六か月間中断）。しかし、受け取った側にすれば、放っておくと何らかの手段を講じてくるのではと、心理的な圧力をかける効果はあります。

ただ、支払の遅延はたまたまで、今後とも取引を続けたいのであれば、相手に圧力を与える内容証明郵便は得策ではありません。ケース・バイ・ケースで判断してください。

同法四七条（内容証明）　内容証明の取扱においては、会社において、当該郵便物の内容である文書の内容を証明する。

注・内容証明郵便の取扱や書き方は「郵便規則」

8 債権回収で支払督促を申し立てたいが注意点は

友人に一か月の約束で、一〇〇万円を用立てたのですが、一か月を過ぎても返済してくれません。友人相手ですから裁判を起こすのもためらわれます。支払督促がいいという人もいるのですが、どうでしょうか。

答　確かに支払督促なら費用も安くて、簡単で、迅速な解決が期待できます。支払督促は、証拠調べなど面倒な手続き抜きで、申立てをすれば裁判所の書記官が相手に支払督促を出してくれます。

一番の難点は、相手が約束が違うとか、分割払いにして欲しいなど異議申し立てをすると、通常の訴訟となる点です。訴訟の管轄は相手方の住所地の裁判所です。

相手が争わないなら仮執行ができ債権回収の有効な手段ですが、友人が相手ですので、もう一度相手と腹を割って話し合ってみてください。申立てはそれからでも遅くはありません。

【参照条文】

（支払督促の要件）

民事訴訟法三八二条　金銭その他の代替物又は有価証券の一定の数量の給付を目的とする請求については、裁判所書記官は、債権者の申立てにより、支払督促を発することができる。ただし、日本において公示送達によらないでこれを送達することができる場合に限る。

9 新型コロナ禍の債権回収の対策

新型コロナ禍だからといって、残念ながらこれといった特別の債権回収対策はありません。ただ、心掛けておきたいことは多々あります。

① 商売であれば売掛金の整理を…

取引先との売掛金の資料の整理を行います。過去に支払遅延があった取引先は要注意です。問題が生じた場合、ためらわず早急に動くことです。

② 売掛金の支払遅延が実際に起きたらすぐに取引相手の情報収集をする。

早急に相手と話し合う必要があります。支払が遅延した理由を聞き、いつ支払ってくれるかどうかも確認します。困窮度は直接話せばわかります。

③ 取引先の倒産、それに伴う連鎖倒産に注意

支払遅延が続くようであれば、取引先が倒産する可能性もありますので、取引の規模を縮小するなどの対応も必要となります。また、遅延金の額にもよりますが、交渉により支払サイトの短縮や、保証人を立ててもらうなとの対応も必要かもしれません。

④ 取引先が倒産した時

取引先の倒産では、破産財団の債権者となり、一定（少額）の配当はありますが、連鎖倒産のおそれがあれば、銀行からの借入などの資金繰りが必要となります。返済計画のない無理な借入れは、返済で後々まで苦しむことになります。

◆債権回収会社

■債権回収を専門とする会社

平成一〇年に「債権回収業に関する特別措置法」制定（平成一一年二月一日施行）され、それまで弁護士の専属だった債権回収業務が株式会社でもできることになりました。

この債権回収会社はサービサーと呼ばれ、法務大臣の許可を必要とし、資本金一億円以上、取締役一名以上は弁護士、暴力団の排除などの条件があり、令和二年一二月末現在七五社あります。

■債権回収会社を名乗る業者に注意！

サービサーを名乗って、インターネットのアダルト請求や見覚えのない売買代金を請求している悪質な業者もいます。債権回収会社への依頼に当たっては法務大臣が許可した会社がどうか必ず確認してください。法務省のホームページで分ります。

第1章 債権回収に着手するときの基礎知識

◆債務者がなぜ、返済（支払い）をしないのかを知ることが、回収の準備の第一歩です。また、債務者の資産内容・収入等を的確に把握することにより、今後の交渉における作戦が立てられます。

◆債権回収の実行手続きに着手する心構え

■債権回収は契約時から始まる

契約は口約束でも成立しますが、後でそんな約束はしていないと言い出されると、立証するのが大変です。約束は書面にしておきましょう。

例えば、お金の貸し借りでは、名刺の裏に書いたものでも証拠として有効です。ただし、貸金の額や貸した日および返済日、貸主・借主の氏名は必ず記載しましょう。本格的な契約書を作成するなら、前記の他に利息、遅延損害金、期限の利益喪失の約定を入れておくとよいでしょう。また、連帯保証人や抵当権を設定する場合には、その旨の約定を記載します。

さらに公正証書にしておけば、よほどのことがない限り債権回収はうまくいきます。

■「無い者からは取れない」が債権回収の大原則

債務者が回収に応じない場合には、最終的には債権回収の訴訟を起こして、勝訴判決をもらい、判決に基づいて差押えなどの強制執行をして債権回収の実を目指すことになります。しかし、債務者に財産がなければ、強制執行をしたくてもできませんし、判決書は絵に描いた餅になります。何年もかかって、訴訟費用や弁護士費用を使って、苦労して得た判決が、何の役にも立たないことになるのです。それどころか、かかった費用は全部持ち出しとなります。

■債務者の信用度は流動的なもの

初めて取引を行う場合や、ある程度の金を貸す場合は、相手方の信用調査を行うのが一般的な方法です。その結果、資産もあり、信用もあるということで、取引を開始したりお金を貸したりしますが、注意点は、資産も、信用も絶対的なものではないということです。時の経過によって流動的に変わるものだからです。

取引社会ではもらった手形が一枚不渡りになれば、その金額によっては会社の経営基盤さえおかしくなることは、日常的に起きていることです。まして、債権回収のために本書を手に取られた方は、相手がいくら催促しても金を返してくれないとか、売掛金を払ってくれない、あるいは取引先が危ないなどの噂を聞いたなどという理由を持っておられる方が大半だと思います。

　すなわち、取引開始の時点で行った信用調査は、この段階ではあまり役に立ちません。お金を貸した相手や取引先の状況は常に把握しておく必要があります。

■さまざまな調査の方法

　債権回収の方法はいろいろあります。しかし、相手に財産がなければ回収できないことはすでに述べたとおりです。

　そのためには、債権回収の実行に着手する前に、相手の資産状態の徹底的な調査、すなわち信用調査が不可欠となるのです。たとえば、相手が不動産を持っているのなら登記所へ行けば調べられます。機械類、商品等の動産は取引先へ行けばわかるでしょう。

　その他、特許権、実用新案権などの無体財産権、あるいは他社に対する貸金、売掛金などの債権など、調査専門の会社に頼めばわかります。

　調査費用にいくら掛けられるかは、回収しようと思う金額にもよりますが、この調査が回収のスタートをするためのゲートといえるでしょう。

　信用調査を抜きには、回収作戦は立てられない、ということです。

★信用調査を行う場合のポイント

　信用調査の目的は、取引先の物的・人的な信用状態を把握することです。物的なものとは、取引先の所有する不動産、事業規模、設備、営業状態、資金繰りなどで、人的なものとは、経営者の資質・評判、経営能力、従業員の勤務状態などです。

　調査方法は、民間の信用調査機関による調査、同業者や他の取引先を通じての調査、取引銀行を通じての調査、登記所などの調査、債権者自らが行う調査などがあります。

　信用調査機関からは、信用調書が報告されますが、頭に入れておいてもらいたいのは、これは絶対的なものではないということです。これをどう読み取り、どう活用するかが、調査を活用し回収を成功させるポイントとなります。

回収の基本知識❶

1 債権回収には基本原則がある

⌘回収作戦と綿密な実行プランを立てることから始める

貸金や売掛金の集金に出向いて行って、「今日は金がないからまたにしてくれ」「無い袖は振れませんよ。この不景気ですから、わが社も、いつ倒産してもおかしくない」などと言われて、すごすご帰ってくるようでは、あなたは債権回収に関しては初心者の域を出ないと言われても仕方がありません。

先に「無い者からは取れない」と言いましたが、相手が「無い」と言ったからといって、本当に「無い」とは限らないのです。なかなか債務者が払ってくれない貸金や売掛金の回収というのは、相手が支払いを渋ったり、支払いをしないところからスタートするのです。相手の言い分を正しいものと鵜呑みにしていては、債権回収はおぼつきません。

債権回収、特に不良債権の回収の場合は、債権者と債務者との間では、虚々実々の駆け引きが行われるのが常道でもあり、また一種の戦いの場でもあるのです。債権者はあなた一人とは限りません。この戦いに勝つためには、頭を使った回収作戦の立案、緻密な実行プランが勝利への鍵となります。

⌘回収作戦の要点は相手の支払能力の調査から

回収作戦のポイントは、まず敵を知ることから始まります。すなわち、債務者の支払能力を見極めることです。支払能力は、何も眼に見えるものばかりとは限りません。材料や

◆参照条文

民法四二四条（詐害行為取消権） ① 債権者は、債務者が債権者を害することを知ってした法律行為の取消しを裁判所に請求することができる。ただし、その行為によって利益を受けた者がその行為の時において債権者を害することを知らなかったときは、この限りでない。

② 前項の規定は、財産権を目的としない法律行為については、適用しない。

商品、自動車、電話、事務用品など顕在的な財産であれば、どの債権者でも見つけることは可能ですから、すぐにターゲットにされてしまいます。

　他の債権者が見落としがちなのが、店頭や倉庫にある商品や工場にある仕掛品などです。もちろん、それらの品物を債権の代わりに持ち去れば、債務者は倒産するかもしれません。しかし、出入りのあるこれらの品物を担保として取ることはできるのです。これを「集合物」としてとらえ、譲渡担保として取ることができます。これを「**集合物譲渡担保**」と言います。

　狙いは、潜在的な支払能力にあります。潜在能力の典型は「隠し財産」です。債権者からの差押えを逃れるために、不動産を他人名義にしたり、動産を隠したりしていることがしばしばあります。資産のほとんどが社長の個人名義になっていたり、家族の名義になっている場合もあります。わざと他人名義にしているのであれば、**詐害行為取消権**（債務者が債権者を害することを知った上でなしたる法律行為は取消を請求できる）により、差し押さえることができます（民法四二四条）。粘りに粘って社長の郷里まで赴き、ついには社長個人の相続財産を発見して、債権回収に成功した例もあります。

　また、社長の親戚、友人からの借金能力も潜在的な支払能力といえるでしょう。もちろん、債務者に将来入ることが確実な収入も支払能力といえます。

　どんなに徹底調査をしても、何も出てこないとなれば、その時は「無い者からは取れない」という結論に到達せざるを得ず、そうなったときに初めて、兵を引くことも止むを得ません。しかし、兵を引くにしても、将来の返済等の約束はしっかりしておくことです。

ポイント

回収の第一歩は債務者の有形、無形の財産調査から始める。

★債務者が財産を妻の名義に変えたが

民法四二四条では「債権者は、債務者が債権者を害することを知ってした法律行為の取消しを裁判所に請求することができる」と定めています。これを詐害行為取消権と呼んでいます。ご質問の場合、債務者が債権者からの強制執行をかけられるのを回避するために妻に贈与したことが明らかであれば、詐害行為となり、この贈与は裁判所に請求して取り消すことができます。なお、この取消権はその事実を知ってから二年間で時効により消滅します。

回収の基本知識❷

❷ 相手に支払能力と支払意思があることが必要

債務者に支払能力があるかどうかがまず問題

債権者にとっての債権の回収は、債務者にとっては債務の履行です。債務の履行には二つの基本的な要素があります。この本は、結局この二つの要素をテーマとして追及していくことになります。そのテーマとなるのは何なのか。

一つは債務者の債務を履行する「能力」であり、もう一つは債務者が債務を履行しようとする「意思」です。

債務者が債務を履行しようとしても能力がなければ履行できません。すなわち、金を払う、という債務であれば、金がなければ支払うことはできません。このように債務を履行させるには相手の能力の有無がまず問題になります。能力のない者にどんなに履行を迫っても、それはただ相手を苦しめるだけのことで、実益はありません。

そこで、相手の能力の有無、能力が無いなら作らせることはできないか、またあればどうして発見、確保し、または維持させるかが、債権回収では重要な問題になります。

同時に債務者に支払う意思を起こさせることも重要

第二に、債務履行の能力があっても、債務者に債務を履行しようという意思が無ければ債務の履行は行われません。

債務者の中には初めから債務履行の意思を持っている者もいるでしょうが、ある程度の

◆参照条文

民法四一四条（履行の強制）

民法四一四条① 債務者が任意に債務の履行をしないときは、債権者は、民事執行法その他強制執行の手続に関する法令の規定に従い、直接強制、代替執行、間接強制その他の方法による履行の強制を裁判所に請求することができる。ただし、債務の性質がこれを許さないときは、この限りでない。
② 前項の規定は、損害賠償の請求を妨げない。

圧力により債務履行の意思を起こす者もいます。そのような場合に、債務者に対してどのような圧力が最も有効となるかが、次の問題です。

要するに、債務履行の能力と意思、この二つが債権回収の基本的な研究対象というわけです。そして、債務履行の能力と意思を総合したものが「信用」です。債務履行の能力と意思が大きい場合には、相手の信用が大きく、逆に意思や能力が小さい場合には、相手の信用は低いといえます。

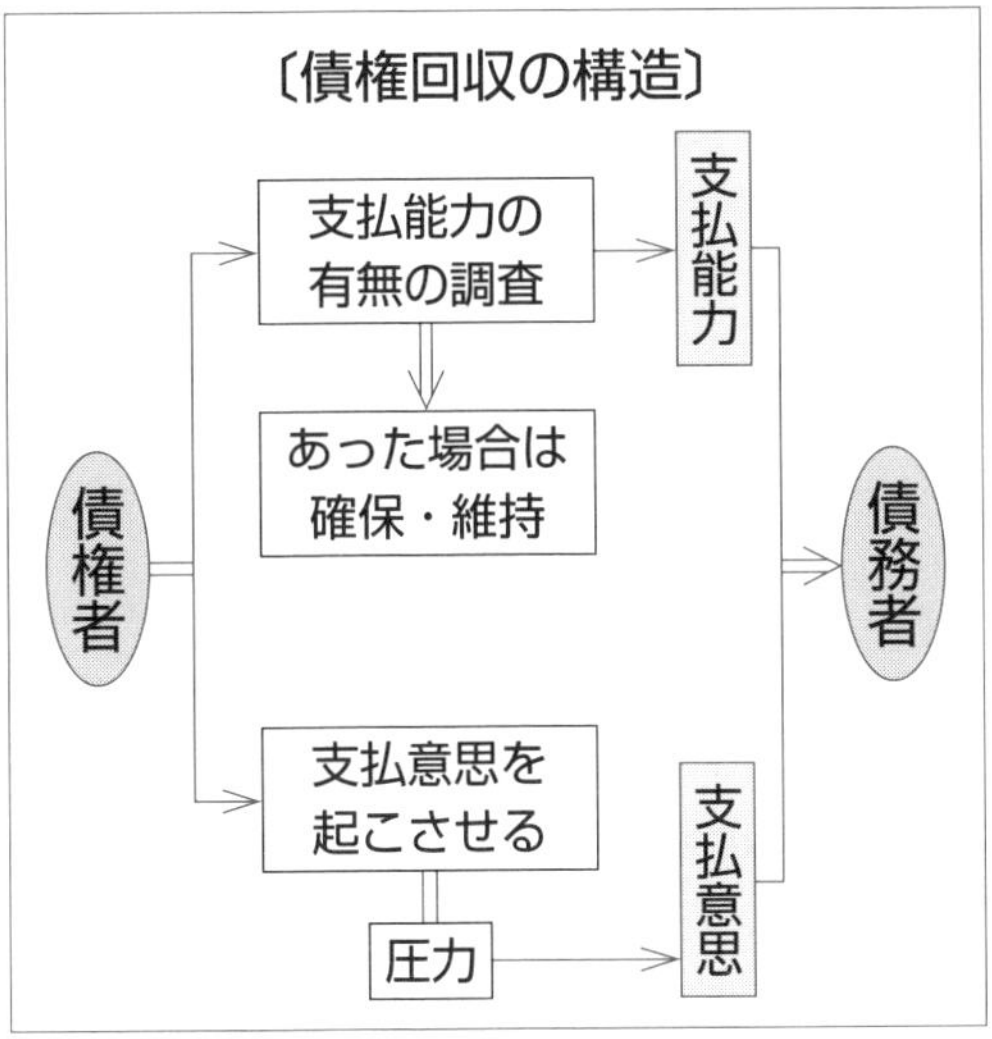

信用というのは、結局、債権回収の見込みのことであり、つまり相手の客観的な要素である支払能力と、主観的な要素である支払い意思の二つが総合されて、債権の回収の予測が行われるのです。

また、この二つの要素は変動しやすいものです。言葉を換えていえば、債権の回収の見込みは動的であり、日に日に変わっていくものです。したがって、債権者側の債権回収の対策もまた変化しなければなりません。この変化を忘れて、硬直した態度にでるのは上策とはいえません。事態に応じた上手な手を打っていく、これが債権回収のテクニックとなるのです。

> **ポイント**
> 支払能力を調べるには、調査・情報収集が必要不可欠。

★金の借主が死亡したが

債務者が死亡した場合は、その債務は相続人に相続されることになります。通常は、被相続人（死亡した人）の財産（遺産）があるでしょうから、その中から支払ってもらうことになります。もし遺産がない場合には、各相続人にその相続分に応じて請求することになります。

また、相続人によっては、債務の多いことを理由に、相続放棄をすることも考えられます。その場合には、相続放棄をしなかった相続人（あるいは相続放棄により相続人となった人）に請求することになります。

❸ 支払いを渋っている原因を徹底的に調査する

債務者に支払滞納の正当事由を備えさせないこと

あるセミナーで聞いたことですが、全国を相手の通信販売において、販売代金の回収率は九五％とのこと。残り五パーセントは請求書の不到達とか振込先の問合せに答えが来なかったなどの理由によるものだとの話でした。

別に人の性は善だというつもりはありませんが、誰でも借りた金は返さなければならない、品物を買った代金は払わなければならないと、心の底では思っているものです。程度の差はあれ、道徳的な意識はあるのです。

債務者の側では、積極的に支払いをしたいわけではありません。仕方なく、あるいは義務的に支払いに応じるのです。支払いの滞る原因をつぶさに見ていきますと、債権者の側に支払滞納の原因がある場合も少なくありません。

「請求書を送ってくれ」と言ったのに送ってこなかった、「〇月〇日に取りに来るように」と言ったのに来なかった、あるいは契約した商品がキズ物だというクレームに対して何の応答もなかったなどの理由があれば、債務者は勝手に、悪いのは債権者の側だと思いがちです。支払いをしないことに正当事由を備えさせることになるのです。

支払滞納の原因は何かを調べ原因を取り除くこと

債権者が回収を図るために欠かせない方法は二つあります。

◆ことわざ

★回収なくして販売なし

販売活動は売掛金を完全に回収してこそ完結するという商格言です。

回収に際して心得るべきことは、第一に「早く動くこと」。支払日には必ず早く出向くこと。第二には、「粘り強く動くこと」。全額回収できるまで粘る根性を身につけること。必要であれば、夜討ち朝駆けも辞さないという心構えが必要です。

一つは、前に述べた債務者の支払能力の有無の調査です。

もう一つは、支払意思を起こさせることです。支払うべき理由はわかっている、請求があれば支払おうという気持ち、これが支払意思です。

支払能力はあるのに支払ってくれないという場合には、債権者に支払いを滞らせる原因があるかもしれないのです。それは請求書が送られて来なかったり、あるいは請求の仕方が横柄だったためかもしれません。

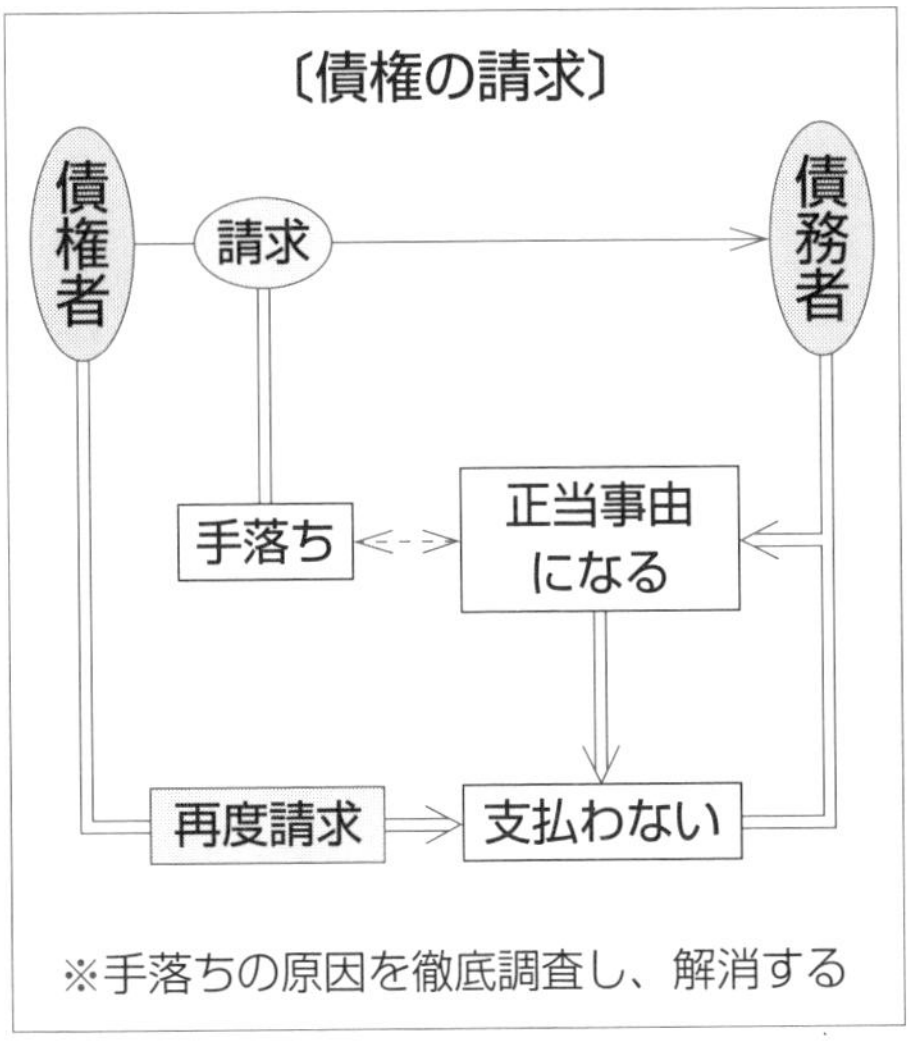

不良債権と決めつける前に、これから述べる種々の債権回収マニュアルを実行に移す前段階として、その債権の発生に手落ちや問題はなかったかどうか、請求に落ち度はなかったかをチェックしてみることが肝要です。

細心の注意を払っていても、人は間違いを犯すものです。そして、ミスに立脚した債権回収行動は債務者の心をかたくなにするだけです。

もし、何らかの支払いを滞らせるネックを発見できれば、そのネックとなっている原因を解消する努力をすればよいのです。債務者にはもともと支払意思が無いわけではないのですから、ネックが解消できれば、債権回収は容易に解決できます。

ポイント

まず、債務者の支払わない原因を調査し、解消してから追及する。

★欠陥商品だから代金を返せと言われたが

法律の建前は、売主は買主に対して、売り渡した商品につき責任を負います。すなわち、その商品（目的物）が契約の内容に適合しないものであるときは、買主は売主に対して、目的物の修補、代替物の引渡し、又は不足分の履行の追完を請求できます（民法五六二条）。

ただし、この不適合が、買主の責めに帰すべき事由によるものであるときは、買主は履行の追完を請求することはできません（同条二項）。

回収の基本知識❹

❹ 債務者の危険信号を見落とすな！

いち早く情報をキャッチし、すぐ手を打つ

会社の場合ですが、取引先の会社が危ないという噂が立つと、大勢の債権者が押しかけて行きます。そうなってからの債権回収は、後述するように多くの労苦を伴います。下手をすると、債権額の一割も回収できないことも起こります。

もっとも望ましいのは、たとえば売掛金が不良債権になるのを未然に防止し、損害を最小限度に食い止めることです。

そのためには、基本的な常識として、取引先の業界の景気の状況、取引先の商品についての基礎知識および状況、取引先の業界における地位、従業員一人当たりの生産高などを一通り把握しておくことが不可欠です。

会社が経済的に危険な状況に追い込まれれば、それは隠そうとしても、長い期間、丹念に見ていれば、兆候をキャッチできます。相手も人間ですから、顔、形に出ます。特に社長、取締役といった会社の経営陣の動向に意を払うことが肝要です。

たとえば、経営者が宗教、選挙、女を囲う、水商売に手を出すなどの噂があり、いつ行っても不在がちで仕事に身を入れなくなるなどは、要注意信号です。

製造部門、営業部門、経理部門の幹部の間で揉めるようなことがあったり、役員として他社や金融機関から新たに人が入ってきたという場合も同様です。

◆参考判例

★危険な会社からの商品引き揚げ

甲社は、取引先の乙社が危機状態にあり、納入商品を乱売されるおそれもあったので、乙社から商品を引き揚げた。ただ、引き揚げは、夜間、乙社関係者の立ち会いもなく、無断で倉庫を開錠するなど強行した。

乙社の債権者は、甲社を相手取って、甲社の商品引き揚げのために、乙社は倒産し、債権の回収不能を招いたとして、不法行為による損害賠償を請求した。

東京高裁は、方法が合法的手段ではなく、法規違反ないし公序良俗違反の不法な手段でなされたとして、不法行為を認め甲社の損害賠償責任を認めた（昭和五二年一一月二四日判決）。

債務者を日頃から観察する

もちろん、経営陣ばかりではなく、従業員をよく観察していれば、危ない兆候を見抜くことが可能です。

たとえば、従業員の間に不平、不満が多くなり、退職者が急増する、勤務時間中に仕事以外のことをしているのが目につく、従業員が会社の物品を持ち出したり、金銭の取扱いがルーズになってきた、上下や横の連絡が悪くなり、意思の疎通をたびたび欠くようになった、従業員の接客態度や執務ぶりが段々悪くなってきたなどという場合にも、注意信号といえます。

また、従来と比べて、不良品が増えたり、事故がよく起きたり、倉庫の在庫が急に増えたり、あるいは極端に減少したりするのも、同様に要注意です。

危険な兆候は、よく観察していれば取引の場でも発見できます。

資材の仕入れが一流メーカーから二、三流メーカーへ変わった、代金の支払方法が現金払いから手形払いに、あるいは手形のサイトが延びるとか、手形の書換えを言ってくるようになるなどが、その例です。

また、よく言われることですが、立派な新社屋を建てた会社は要注意、逆に不要不急の不動産を売却した、あるいは取引金融機関の変更や、その数を急に増やした場合などの事実がある場合も、無視できないシグナルと言えます。

大事なことは、これらの危険信号に出くわしても、これに気づかなかったり、あるいは気づいていても早急な対策をとらず善意に解釈して見過ごすことです。

ここに述べたような兆候がいくつか重なったら、まず疑ってかかり、さらなる調査を進めていくことが肝要です。

ポイント

危険の兆候は債務者の顔や態度に出る。

★取引先が危ないとの噂があるが

火の無いところに煙は立たないと言います。取引先が倒産してからでは、債権回収も困難あるいは不可能となりかねません。

まず、噂の真偽を確認することが先決です。調査方法については、前述しましたので、そちらを参照ください。同時に、万一、倒産に備えて、どんな手段をとるかを決めておくことが大事です。担保をとっているのか、連帯保証はとっているか、それもないときは、仮処分などの法的手続きも視野に入れて準備しておきましょう。

回収の基本知識⑤

⑤ 債権の種類により回収の仕方は異なる

商取引から生じた債権の回収

債権回収の対象となる債権のうち、一番多いのは商取引による売掛金の回収です。一口に商取引といっても、その形態は千差万別です。一回だけの取引もあれば、数年にわたる継続的な取引もあります。また、商品を売買する取引に限らず、サービスを提供する、製品の製造を請け負うなどの取引もあります。

ただ、どのような取引であっても、債権回収が困難になるケースには、決まったパターンがあります。一つには、売買契約書、納品書、領収書など取引に関する書類がしっかりと管理されていない場合です。特に、継続的な取引の場合には、基本契約書の作成は欠かせません。

他の一つは、債権の裏付けとなる物的、人的担保が確保されていない場合です。継続的な取引の場合には、**根抵当権**や**根保証**は欠かせないものです。

十分な担保が取ってあれば、担保権を実行すればよく、債権回収は容易です。また、取引を裏付ける書類が完備していれば、万一の場合、訴訟を起こすのに躊躇しなくてすみます。問題は、通常の取引は、電話等による取引が多く、取引の証拠が残らないことです。この場合の対策は、五六頁を参照ください。

また、商取引での決済は手形によるものがほとんどでしょうから、同じ訴訟を起こすにも、迅速な解決が可能な**手形訴訟**を、まず検討すべきです。

◆参照条文

民法四〇四条（法定利率）　利息を生ずべき債権について別段の意思表示がないときは、その利率は、その利息が生じた最初の時点における法定利率とする。

② 法定利率は年三パーセントとする。

商法五一四条（商事法定利率）削除

民法四〇五条（利息の元本への組入れ）　利息の支払が一年分以上延滞した場合において、債権者が催告をしても、債務者がその利息を支払わないときは、債権者は、これを元本に組み入れることができる。

☒金銭貸借による債権の回収

商取引を原因とする債権の場合と違って、金銭貸借の場合には、「**金銭消費貸借契約書**」など一札とってから、金を貸すというのが一般的ですし、また、その際には、担保を取るなり、保証人を立てさせるなりのことは、しているものと思います。

この場合の回収方法を考えてみましょう。

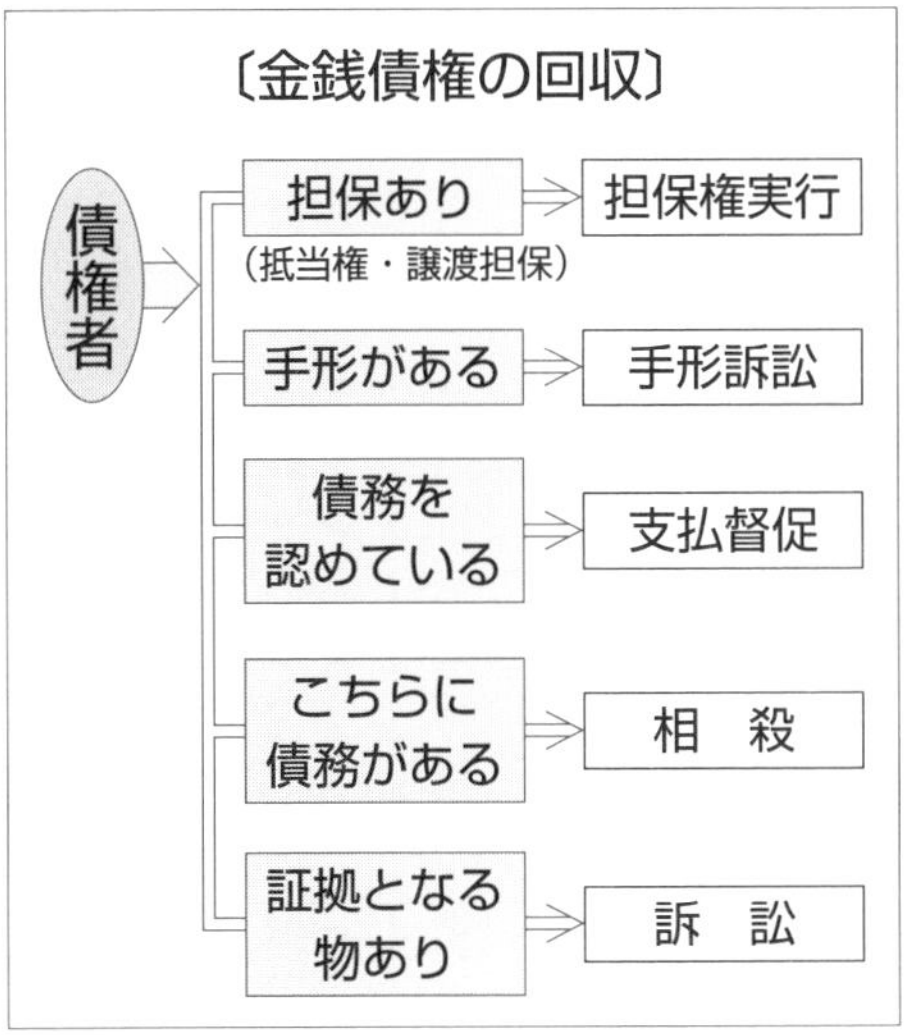

もし、債務者に対する買掛金があったり、何らかの債務があり、履行期限が来ていれば、「**相殺**」がもっとも簡便な回収法です。

もちろん、債務者の不動産に、債権を担保するのに十分な抵当権が付いていたり、債務者の機械などに譲渡担保が付いていれば、これらの担保権を実行するのが早道です。

担保はないが、債務者が金を借りた事実を争わないようならば、**支払督促**を申し立てて早期解決を図るのがよいでしょう（詳細は一二四頁以下を参照）。

金銭貸借の際に、手形を担保にとっていた場合には、前にも述べた手形訴訟による回収も考えるべきです。

いずれにせよ、金銭消費貸借契約書を証拠として、訴訟を起こして回収を図るのは、最終的な手段と考えるべきです。訴訟には、費用も時間も手間もかかるからです。

ポイント

商行為によって生じた債権も、年三％の法定利率になった（商法の規定削除）。

★利息の約束がないと利息は取れないのか

どちらか一方が会社（商人とされています）の場合の金銭症消費貸借では、貸主は、利息の約束がなくても、年三％の法定利息を請求することができます（商法五一三条）。

また、売買代金ですと、支払期日までは利息債権は発生しませんが、支払期日を過ぎると債務不履行によるその額は、債務者が履行遅滞の責任を負った最初の時点における法定利率によって決まります。

これが親戚、友人間の貸借ですと、あらかじめ利息の約束がないと無利息となります。ただし、期限を決めて催告をし、支払わない場合は年三％の遅延損害金を取ることができます。

回収の基本知識❻

❻ 債務者の態度に応じて臨機応変な手段をとる

❖最後は訴訟を頭に入れて回収の方法を考える

債権回収の最後の手段は法的手続きです。伝家の宝刀ですから、簡単に抜くべきではありません。抜くぞ、抜くぞ、という構えは必要ですが、債務者の態度に応じて決めることです。

債権回収にいちいち訴訟や強制執行などできないと思っている人が多いようですが、最後の債権回収の手段に訴訟があるという視点から、回収作業の流れを捉えることが必要です。

確かに、訴訟となると、時間も金もかかります。しかし、最後の手段は訴訟だという気持ちがあれば、債務者に接する態度も違ってきます（なお、交渉のため判決を取ってかかるやり方もあります）。

もちろん、債権回収のための法的手続きは、訴訟に限るというものではありません（次頁を参照）。

ただし、その法的手続きも訴訟の応用という面があります。これも債務者の態度に応じて、手段を選ばなければなりません。

まず、訴訟手続きによる債権回収から見ていきましょう。

① 裁判所に訴状を出し、審理を受ける。（第5章参照）
② 判決を得る。（第5章参照）
③ 強制執行で相手の資産を差し押さえる。（第6章参照）

◆ことわざ

★どんなによい裁判も和解には劣る

債権回収の最終的な手段は訴訟による解決ですが、訴訟には手間も、時間も、金もかかります。債権者と債務者との交渉で解決すれば、これに勝るものはありません。これはそのことを端的に表現した法諺です。話し合いで利息をまけてやるとか、分割払いを認めるなどの条件で話がつけば、簡易裁判所に和解の申立てをして、和解調書を作成してもらいます。この和解調書は判決と同じ効力を持ちますので、安心です。

④　差し押さえた資産の競売代金から支払いを受ける。（第６章参照）

⊠債務者の態度と回収法

この訴訟手続きの原型を応用すると、次のような手段が考えられます。

●**公正証書による回収**――右の①と②を省略した方法で、債務者が債権の存在を争わなければ、**執行認諾約款の入った公正証書**を作成します。こうしておけば強制執行ができます（詳細は五八頁以下を参照）。また、和解調書、調停調書なども同じです。

●**支払督促による回収**――相手が債務の存在は認めているものの、支払いについては積極的に協力しない場合は、裁判所に**支払督促**（費用も安く、手続きも簡単です）を求めることができます。相手が争わなければ、支払督促は確定し、判決と同じ効力が生じます。

●**仮差押えを利用する法**――相手が争うため、公正証書の作成も支払督促の申立てもだめで、しかも、訴訟も時間がかかりそうな場合、まず取っておくべき方法がこれです。裁判所に申し立て、こちらが提出した証拠だけで一方的に**仮差押え**ができます。相手が資産を隠す前に押さえてしまい、この後、訴訟を起こすことになります。競売は判決後ですが、物を先に押さえられてしまえば相手もあきらめて支払いをすることが多いので交渉の材料になります。

さて、交渉に当たる際に注意しておくことが二つあります。

その一つは、少しでも多く取り立ててくるという回収作業です。そしてもう一つは、訴訟や仮差押えといった法的な手段をとる場合にそなえて、立証のための資料を確保するとともに時効の完成猶予の手続きをとっておくことです（民法一四七条）。

ポイント
訴訟を頭に入れて、交渉は強気で当たる。

★債務者の財産を差し押さえたいが

債務者が支払をしないからといって、勝手に債務者の財産を差し押さえることはできません。差押えができるためには、次に述べる「債務名義」が必要です（民事執行法二二条）。

①確定判決、②仮執行を付した判決、③抗告によらなければ不服を申し立てることができない裁判、④仮執行の宣言を付した支払督促、⑤金銭の一定の額の支払又はその他の代替物若しくは有価証券の一定の数量の給付を目的とする請求について公証人が作成した公正証書で、債務者が直ちに強制執行に服する旨の陳述が記載されているもの、⑥確定判決と同一の効力を有するもの。

回収の基本知識⑦

7 債務者以外の者からも回収できる場合がある

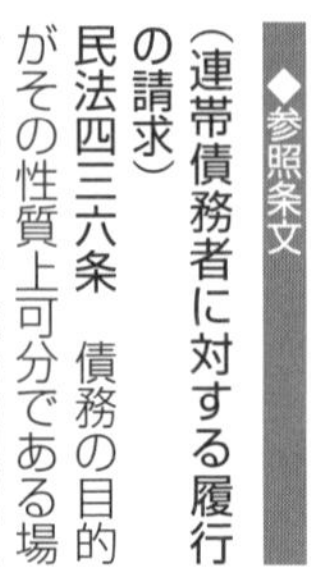

⊠保証人などからの債権回収

債務者本人が貸金などを支払わない場合、契約により保証人を立てている場合は、保証人から、債務者本人にかわって支払ってもらうことができます。ただし、保証人には、**単なる保証人**と**連帯保証人**があります。単なる保証人の場合、債権者が保証人に請求しても、保証人は「まず、債務者本人（主たる債務者）に請求せよ」と言って、その請求を拒む場合があります（**催告の抗弁権**）。また債務者本人に催告をした後に保証人に請求しても、保証人が主たる債務者に弁済の資力があり、かつ執行が容易であることを証明したときは、「まず、債務者本人の財産を執行せよ」と言って、請求を拒むことがあります（**検索の抗弁権**）。この二つの抗弁権は、連帯保証人にはありません。債務者本人に支払能力がない場合は、単なる保証人でも支払ってもらえますが、面倒でもあり、債権者側としては、保証人は**連帯保証人**にすべきです。

また、保証人に請求した場合に「自分は保証人になった覚えはない」と主張する者がいます。この場合に、トラブルとなるケースは、債務者が保証人に頼み込んで契約書に署名押印をしてもらったなどの場合です。とくに親戚・友人などが保証人になる場合、快く保証人になる例は少なく、義理・人情でしかたなくなる例が多いようです。保証契約は書面にする必要があり、仮に、債務者に保証人の契約書をとることを任せたにしても、必ず保証

◆参照条文

（連帯債務者に対する履行の請求）

民法四三六条　債務の目的がその性質上可分である場合において、法令の規定又は当事者の意思表示によって数人が連帯して債務を負担するときは、債権者は、その連帯債務者の一人に対し、又は同時に若しくは順次に全ての連帯債務者に対し、全部又は一部の履行を請求することができる。

（保証人の責任等）

民法四四六条　①　保証人は、主たる債務者がその債務を履行しないときに、その履行をする責任を負う。

②　保証契約は、書面でしなければ、その効力を生じない。

③　保証契約がその内容を記録した電磁的記録によってされたときは、その保証契約は、書面によってされたものとみなして、前項の規定を適用する。

人を訪問などして、**保証の事実を確認**することです。

なお、保証書が債務者の偽造であれば、保証人や債権者は保証契約が私文書偽造（刑法一五九条）だとして債務者を告訴できます。

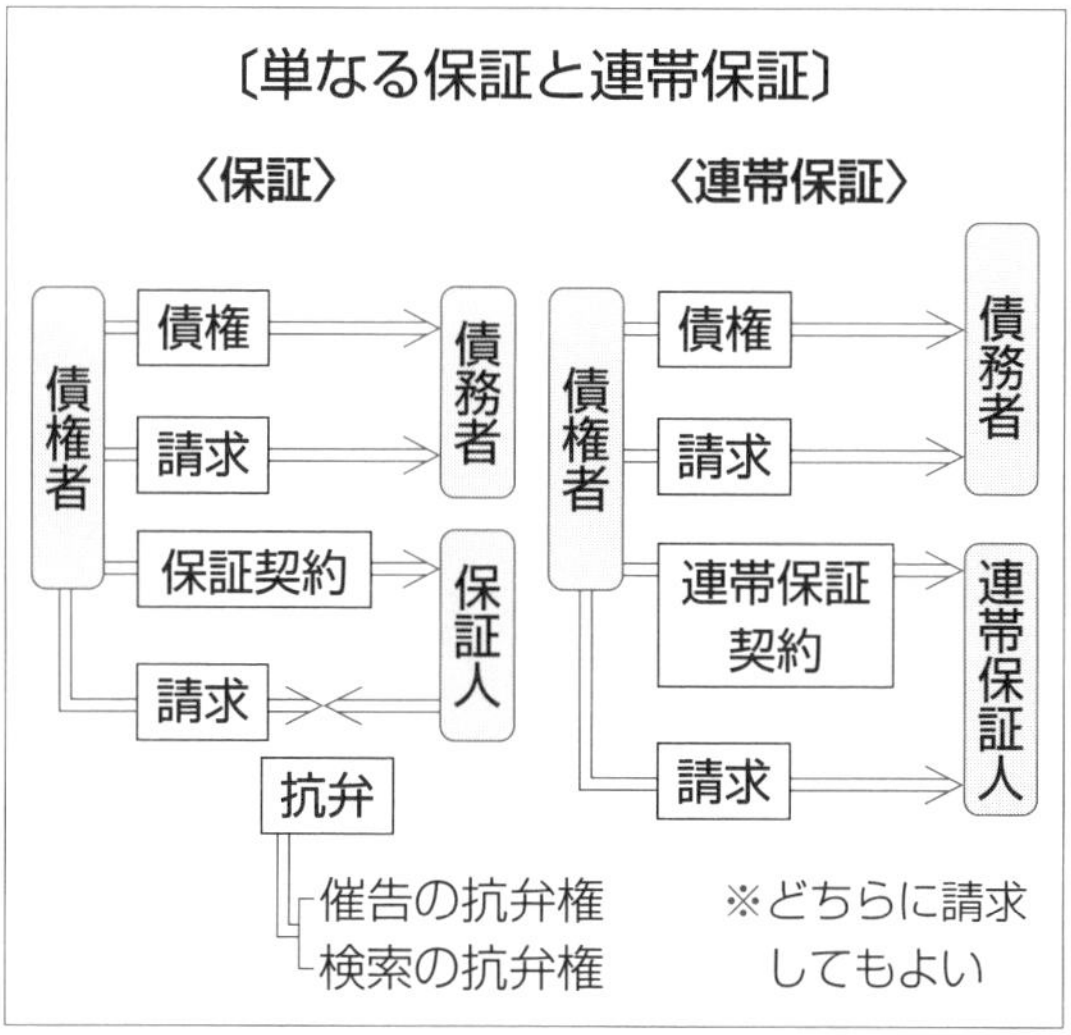

⊠保証人以外の者からの回収

弁済は、債務者以外の者でもできます。これを法的には、**第三者の弁済**と言います。

子の借金を親が返す、などということはよくあるケースです。しかし、これは親に返済の法的な拘束力があるからではありません。子が大変だから何とかしてあげる、あるいは子が迷惑をかけているから、などの理由によるものです。したがって、直接子の借金を親に請求することは、親が保証人にでもなっていないかぎり許されていません。

保証人と似たような働きをするものに**連帯債務**があります。連帯債務の場合、同一内容の給付（貸金の場合は弁済）について、二人以上の債務者が各自独立して全部の弁済をする義務を負担しています。各自の債務は独立のもので、主従のない点が保証人と異なります。債権者は、連帯債務者の誰に対しても債務の一部または全部を請求できます。

ポイント

債務者本人以外の者からの債権回収は慎重にする。

★保証人に請求したら覚えがないと言われたが

一番望ましい保証の取り方は、保証人と債権者とが対面して、保証の書面を作成してもらい、その書面に保証人の印鑑を押してもらうことです。それができなければ、保証人に電話連絡をし、保証の意思の確認をとり、かつ書留で保証人になってもらった旨の礼を述べておくことです。

債務者が勝手に保証人の印鑑を使って押したというのであれば、私文書偽造罪になります。保証人と債務者との関係が親兄弟、親戚、友人等であれば、罪人を出すよりはお金を支払うケースが多いと思われますので、これを武器に話し合ってみてください。

回収の基本知識⑧

⑧ いきなり担保権の実行をする場合もある

物的担保と担保権の実行

目的物を債権の担保に供する権利を担保物権といいます。担保物権には、債権者と債務者があらかじめ約束によって成立させる約定担保物権と、特殊な債権について法律で与えられる法定担保物権などがあります。

① **約定担保物権**――質権・抵当権
② **法定担保物権**――留置権・先取特権

また、代物弁済の予約（期限に弁済しないとき家屋の所有権を移転するなどという契約）や法律には規定はありませんが、取引で利用され、判例も認めている譲渡担保の制度もあります。

このような担保物権は、債権者が自分の債権を確保するための制度ですが、その債権の確保の仕方には二通りあります。その一つは、債務者が弁済をしない場合に、債権者が担保物を競売してその代金から優先的に弁済を受けるもので、これには質権・抵当権・先取特権があります。また、もう一つの方法は、担保物を債権者の手元において、債務者が債務の弁済をした場合に返却するというもので、これには**留置権**と**質権**が認められています。

各種の担保物権と回収法

①**質権**――債権者が担保として債務者または第三者から受け取った物を留置し、債務の弁済を間接的に強制し、弁済されない場合には、その物を換金して優先的に弁済を受けることができます。不動産質、動産質、権利質があり、不動産質は現在、ほとんど利用されてお

◆参照条文

民法三〇三条（先取特権の内容） 先取特権者は、この法律その他の法律の規定に従い、その債務者の財産について、他の債権者に先立って自己の債権の弁済を受ける権利を有する。

民法三〇四条（物上代位） ① 先取特権は、その目的物の売却、賃貸、滅失又は損傷によって債務者が受けるべき金銭その他の物に対しても、行使することができる。ただし、先取特権者は、その払渡し又は引渡しの前に差押えをしなければならない。

らず、動産質は質屋営業などで利用されています。

利用が多いのは**権利質**で、国債・金融債・株式・預金債権・保険金の支払請求権・敷金、保証金の支払請求権に質権を設定します。

債権回収のための質権の実行は民事執行法の規定によるのが原則（抵当権の実行の手続きに準じる）ですが、動産質の場合の、裁判所に請求して鑑定人の評価によって質物を弁済に充当する簡易な換価方法（民法三五四条）などの例外があります。

②**抵当権**――担保に供した目的物の占有を抵当権設定者（債務者または物上保証人）から債権者に移さずに使用させたまま、債務の弁済がなされないときに、その抵当物件から他の債権者に優先して弁済を受けることができます。債権回収は抵当権の実行により行われ、競売の手続きによるのが原則です（詳細二三二頁参照）。

③**譲渡担保**――債務者および第三者の有する権利を債務者に占有を残したまま債権者に移転し、債務が返済されたとき返還するというもので、譲渡担保の登記をします。債権回収の方法は、担保物を売却または評価して債務を清算（残金があれば債務者に返還）します（判例）。

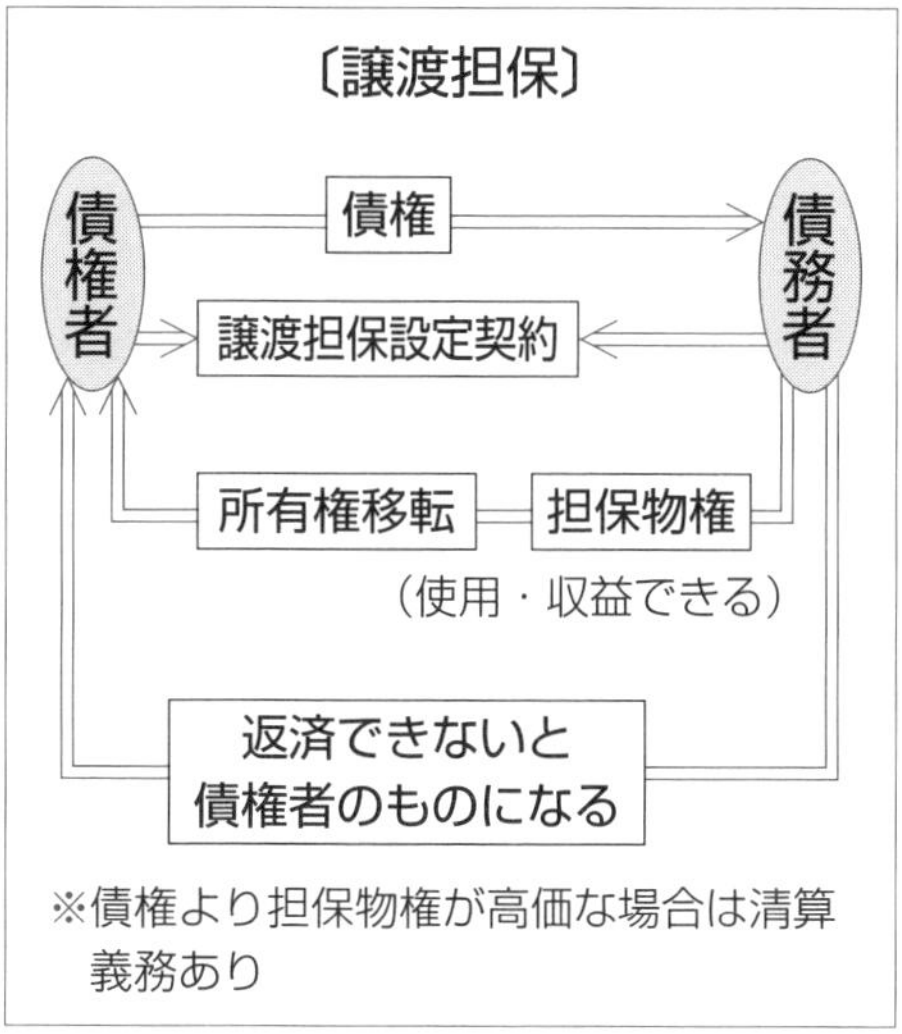

ポイント
担保の種類により債権回収の手続きは異なる。

★有価証券を譲渡担保として取りたい

譲渡担保とは、債務者に担保となる財産の占有・利用をさせ、債権者に所有権を移転させる担保です。一般には、機械、商品などの動産について利用されていますが、株式、手形、社債、倉荷証券といった有価証券も利用されています。

譲渡担保として取るには、譲渡担保契約を結び「担保のために○○の有価証券を譲渡する」旨を定めておくこと、それに証券の引渡しを受けておくことです。約束の期限までに債務が支払われれば、その有価証券は債務者に返還し、支払いができないときは有価証券を処分して自分の債権の支払いに充てます（残余部分は債務者に返還します）。

債権回収と契約書❶

⑨ 契約書があるかどうかをチェックする

契約書は将来の紛争が発生した場合を考えて作成する

会社が新しく取引を開始する場合には、まず信用調査を行い、支払能力の有無を確かめます。信用調査をし、あらゆる角度から検討した結果、大丈夫だとなれば、契約が行われ、契約書が作成されて、取引が開始するというのが、一般的な取引開始の形態です。

もちろん、「買いたい」「売りましょう」という当事者同士の意思の合致があれば、契約は成立するというのが民法の基本原則ですから、別に契約書があろうとなかろうと、売買契約は成立するわけです。売買契約が成立すれば、売主は品物を引き渡す義務を負い、買主はその品物の代金支払義務を負うことになります。法律上は、特別な場合を除いて契約成立の要件として契約書の作成を義務づけているわけではありません。

一般の取引では、買主が注文書を出したり、売主が請書を出すことによって、契約が成立した証拠としています。納品書などの買主のサインも同じです。

取引先との関係が円満であり、債務の支払いもきちんと行われていれば、契約や契約書が問題になることはありません。

取引を開始するに当たって、契約書が作成されるのは、万一、取引をめぐってトラブルが発生した場合に備えておくために他なりません。

ですから、契約書を作成する場合に大事な

◆参照条文

（債務不履行による損害賠償）

民法四一五条① 債務者がその債務の本旨に従った履行をしないとき又は債務の履行が不能であるときは、債権者は、これによって生じた損害の賠償を請求することができる。ただし、その債務の不履行が契約その他の債務の発生原因及び取引上の社会通念に照らして債務者の責めに帰することができない事由によるものであるときは、この限りでない。

② （略）

ことは、取引先が万一契約不履行をした場合のことを考慮に入れて、契約条項を考え、損害のカバーができるような内容にすることです。

契約書の出番はスムーズな債権回収ができないとき

いくら口をすっぱくして何度催促をしても、一向に債務の支払いをしてくれないという場合には、契約書の出番です。その契約書を証拠として、裁判手続きをとることになります。

相手が債務があることを認めていれば簡易裁判所へ支払督促を申し立て、話合いをしたいのであれば調停を申し立て、債務について何かと文句を言っている場合には、訴訟を起こすことになります（詳細は第5章参照）。

契約書などの証拠はないが、証人はいるから大丈夫だ、という人もいます。しかし、証人は必ずしもこちらの思いどおりに証言してくれるとは限りません。こちらの証人のはずが、相手方に都合のよい証言をしたというケースもあります。

あくまでも契約書は「転ばぬ先の杖」です。よく、契約書、契約書というと取引先に対して失礼になるとか、イザとなれば話合いで解決できるという人もいますが、取引はビジネスですから、契約書の作成はビジネスライクにすませたいものです。

特に、原材料の購入とか売れ筋の特定商品の仕入れなど長期かつ継続的に行われる売買契約に際しては、基本契約書を作成するのが一般的です。

なお、契約書の条項を債権回収に当たっては、十分検討してください。そして、返済期日、担保の設定はどうなっているかなど、契約の中身に応じた債権回収策を考える必要があります。

ポイント

契約書を作成することがビジネス上の紛争を防ぐのに役立つ。

★親会社から今後「賠償額の予定」を要求されたが

納期の遅れや納品できない場合に備えて、あらかじめその場合の損害賠償の予定をしておくのが「賠償額の予定」です。違約金も同じです（民法四二〇条）。親会社は、賠償額の予定があると、約束が履行されなかった事実を証明するだけで、約束された賠償額を請求することができ、損害を受けたことの証明は必要ありません。

問題は、納期遅れや納品できなかったのが、不可抗力であった場合ですが、よほどの立証ができない限り賠償しないのが普通です。もう一度、親会社に賠償額の予定の申入れの理由を聞くなどして、話し合ってみるほかはありません。

債権回収と契約書❷

⑩ 契約書がないときの契約成立の証拠の作り方

契約書の代わりに証拠となるものは

電話による注文で取引が行われるのは、日常茶飯事の出来事です。もちろん、契約書などは後からも作成されません。何の問題もなく、商品の受渡しが行われ、代金が支払われれば、契約云々は問題にもなりません。

ところが、納期が遅れた、商品に欠陥品が混在していた、もらった手形が不渡りになったなど、取引をめぐって万一トラブルが起こった場合、契約書が物をいうのです。

では、実際に取引は行われたのに契約書を交わしていなかったために、相手が難癖を付けてきて支払いに応じてくれない場合、どのようにして契約が成立していたことを証明したらよいでしょうか。

契約書がなくても、契約成立の証拠となる書類はあります。

たとえば、前述した注文書、請書、受領書等の書類はもちろん、念書、覚書、確認書などの書類も、内容次第では契約成立の証拠となります。

また、電話による注文を受けた際にメモをした紙があり、それに電話の相手、注文の内容、納期などが書かれていれば、証拠力は強いとはいえませんが、全く証拠にならないものでもありません。

証拠となるような書類が全然ない場合の対策は

問題は、このような証拠となるような書類がなにもないという場合です。

◆ことわざ

★債権者は債務者より記憶がよい

人は誰しも、いやなことや悪いことは早く忘れ、好きなこと、よいことはいつまでも覚えていると言われています。

このことは法的な面でも同様です。金を貸した方は容易には忘れませんが、借りた方はすぐにも忘れ、悪質なのは忘れたふりさえもします。そんなことにならないよう、親しいうちに契約書など書いたものにしておくことが肝心です。

内容証明郵便により売買代金の請求をして、相手から返事をもらい、これを証拠にして裁判を起こし、債権回収に成功した例もあります。

笑い話のようですが、五〇〇万円の売掛金の請求なのに、わざと六五〇万円を請求する**内容証明郵便**を出し、相手が慌てて「自分の売掛金は五〇〇万円だ」と言ってくるのを待って、これを証拠にして債権回収に成功したという話もあります。

しかし、このようなケースは、あくまでも窮余の一策で、だれもが成功するわけではありません。

普段から、契約書を作成する習慣を身につけることが望ましく、次善の策としては受領書など取引関係の書類を、きちんと保管しておくことが大事です。

ポイント

最終的にモノをいうのは日常の文書管理である。

■債権管理の仕方とデータ

債権の管理には、二つの側面があります。

その一つは社内のデータ管理の問題です。会社の取引には、さまざまな取引条件があり、担当者の怠慢で請求書が送られていなかったり、少ない金額の場合に期日に入金があったがどうか確認されていないケースもあります。こうしたことがないように、しっかりしたチェック体制が必要です。

もう一つは、債権のある企業の管理です。優良企業だからと安心してはいられません。大企業だってどうなるか分からない時代だからです。倒産となり、慌てて回収にかかっても、ほとんどは回収はできません。こうしたことがないように、相手企業への債権の額や経営の状況を把握してリストを取引先ごとに作成しておくとよいでしょう。

また、取引先の真の実力者、取引先から見た自社の重要度、相手企業の切り札はなにかも把握しておきます。

★友人への貸金で名刺の裏に書いた借用書

友人に金を貸す際に、名刺の裏に借用書を書いてもらったり、メモ用紙に書いてもらい署名押印をしてもらう場合があります。

実はこれも、証拠となる立派な契約書です。

また、友人の中には、方々から借金をして踏み倒す者がいます。こんなとき、貸した人を集めて一括して返済の請求をすることです。

こうすれば、貸した側も返済を求めやすく、また、ケースによっては詐欺による告訴も考えられます。

⓫ 話合いで決まったことは公正証書にしておく

公正証書にしておけば証拠力は強くなる

売主と買主の間で作成される売買契約書など私人間で作成される書類を私製証書といいます。これは、普通の人（私人）同士が作成するものだからで、公務員が一枚加わって作成する公正証書に対応する呼び方なのです。

債務者が債務の支払いができないため、たとえば、利益誘導（分割払いを認めるなど）の結果、新しい条件ならば支払いに応じるというような約束ができれば、これまでの契約書を一段と有効なものにするために、公正証書にしなおすことが、債権回収にとって有効な手段です。

というのは、**公正証書**は私製証書とは違って、公証人（公務員＝裁判官、検事、弁護士など司法経験者）が、当事者の申立てに基づいて作成するものですから、証拠力が一段と強いものとなるからです。公正証書にした契約書は、公証人役場に保管されますから、万一、紛失しても証明に困ることはありません。すでに契約書がある場合も「債務弁済公正証書」を作ることができます。これが一番目の効果です。

公正証書が利用される最大の理由は執行力のためである

公正証書が利用される最大の理由は、公正証書の持つ「**執行力**」のためです。

一般に、債権が回収できなければ、最終的には訴訟を起こして判決をもらい、これに基づいて債務者の財産に対して差押えや競売な

◆参照条文

公証人法一条（公証人の権限） 公証人ハ当事者其ノ他ノ関係人ノ嘱託ニ因リ左ノ事務ヲ行フ権限ヲ有ス

一　法律行為其ノ他私権ニ関スル事実ニ付公正証書ヲ作成スルコト

二　私署証書ニ認証ヲ与フルコト

三　会社法第三十条第一項及其ノ準用規定並一般社団法人及び一般財団法人に関する法律第十三条及第百五十五条ノ規定ニ依リ定款ニ認証ヲ与フルコト

四　電磁的記録（…略…）ニ認証ヲ与フルコト但シ公務員ガ職務上作成シタル電磁的記録以外ノモノニ与フル場合ニ限ル

どの強制執行をし、債権回収を図ることになります。

判決などのように強制執行のできる文書を**「債務名義」**といい、判決のほか、調停調書、和解調書、仮執行宣言付の支払督促などがありますが、この公正証書も債務名義として認められているのです。

ただし、どんな契約書も公正証書にすれば債務名義の効力が与えられるというわけではありません。これには二つの条件が必要です。

一つは、一定の金額の金銭の支払いを目的とする請求であること、です。金銭以外にも有価証券や一定の代替物（米、麦など）の給付を目的とするものもこれに含まれます。

他の一つは、債務者が債務を履行しない場合には強制執行を受けても文句は言いませんという陳述が記載されていることです。これを**「執行認諾約款」**（あるいは執行認諾文言、執行受諾文言）と言います。

一般には、「債務を履行しないときには直ちに強制執行を受けても異議のないことを認諾する」というように書きます。

この記載があれば、公正証書に記載された一定額の金銭の支払いについて、強制執行を申し立てることができるわけです。

〔公正証書の効力〕

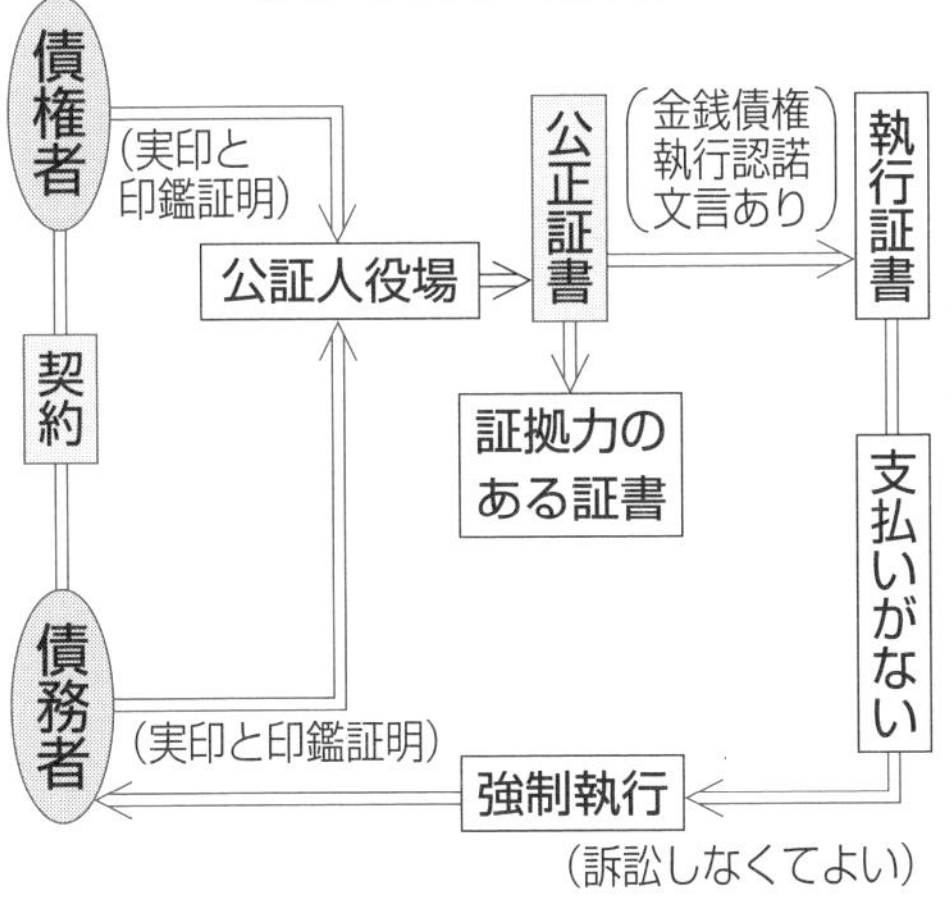

ポイント

公正証書にすることにより、強制執行が可能となり債権の持つ力が強くなる。

★公正証書の作成に債務者が難色を示しているが

債権者が債務者に対して公正証書にしてくれるよう頼むには、タイミングがあります。債権者が支払いを請求し、債務者が支払いを待ってくれと頼んできた場合や手形のジャンプを頼んできた場合が依頼するチャンスです。

債務者が公正証書の意味がよくわからず、難色を示す場合もあります。その時には、わかるように説明をすることです。

また、仕事が忙しく、公証人役場に出向くので面倒がる人もいます。公正証書は代理人でも作成できます（六〇頁参照）ので、このことも説明してください。

債権回収と契約書④

⑫ 回収を確実にする公正証書の作り方

公証人役場へ行く前に準備すること

公正証書を作成するには、公証人役場へ債権者と債務者が一緒に行って、依頼（正式には嘱託といいます）しなければなりません（事前の相談・連絡は一方だけでできます）。もちろん、本人が行けない場合には、代理人に行ってもらうこともできます。

公証人役場には、公証人がいるわけですが、公証人は長年法務に携わった裁判官、検察官、弁護士の資格を持った人の中から、法務大臣によって任命を受けた人がなります。

公証人役場では、まず公正証書を作成する本人であるかどうかを確認します（公証人が本人の名前を知っており面識があればよいのですが）。そのためには、本人の印鑑証明書（発行後六か月以内のもの）を持参しなければなりません。なお、地域によっては自動車運転免許証・パスポート、住民基本台帳カードでも本人確認をしておりますので、事前に問い合わせてみてください。

また、代理人に頼む場合には、本人から代理人への委任状と本人の印鑑証明書、さらに代理人の印鑑と印鑑証明書が必要です。

本人が会社などの法人の場合には、法人の代表者の資格証明書（商業登記簿謄本〈登記事項証明書〉でもよい）と代表者印およびその印鑑証明書が必要です。

そして、公正証書を作ってもらう文書の内容を当事者で決めておきます。契約書があればそれを持っていけばよいのですが、なけれ

◆参照条文

公証人法三九条（証書作成手続）①公証人ハ其ノ作成シタル証書ヲ列席者ニ読聞カセ又ハ閲覧セシメ嘱託人又ハ其ノ代理人ノ承認ヲ得且其ノ旨ヲ証書ニ記載スルコトヲ要ス

②通事ヲ立会ハシメタル場合ニ於テハ前項ノ外通事ヲシテ証書ノ趣旨ヲ通訳セシメ且其ノ旨ヲ証書ニ記載スルコトヲ要ス

③前二項ノ記載ヲ為シタルトキハ公証人及列席者各自証書ニ署名捺印スルコトヲ要ス

④列席者ニシテ署名スルコト能ハサル者アルトキハ其ノ旨ヲ証書ニ記載シ公証人之ニ捺印スルコトヲ要ス

⑤証書数葉ニ渉ルトキハ公証人ハ毎葉ノ綴目ニ契印ヲ為スコトヲ要ス

ば、あらかじめ主要な点だけでもメモしておきます。

公証人役場では、内容が法律に違反していないかどうかをチェックしてくれます。

☒公証人役場での手続きと費用

公証人役場の受付で、公正証書を作成したい旨を告げますと、公証人の所へ連れていってくれます。ここでは希望する公正証書の内容を、要領よく公証人に説明しなければなりません。

公証人は必要な書類の点検をした後で、当事者から嘱託の内容を聞いて、疑問点があれば質問し、その後に具体的な公正証書を準備してくれます。

内容が簡単なものであれば、待っていれば三〇分程度でできる場合もありますが、一般には、別な日を指定されますから、その日に公証人役場へ出向きます。

指定された日に行くと、嘱託した内容をすべて書き込んだ公正証書の原本ができあがっており、公証人がこれを読み聞かせ、当事者の閲覧が終わると、その原本の指示された箇所に当事者双方が署名捺印すれば、手続きはすべて終了します。

なお、作成された公正証書のうち一通は、公証人役場で保存されますので、滅失や焼失した場合でも、安心です。

公正証書を作成するのに要する費用は、公証人に支払う公正証書作成手数料だけで、そんなに高いものではありません。一般の契約の場合だと、記載金額が一〇〇万円以下五〇〇〇円、二〇〇万円以下七〇〇〇円、五〇〇万円以下一万一〇〇〇円、一〇〇〇万円以下一万七〇〇〇円、三〇〇〇万円以下二万三〇〇〇円、五〇〇〇万円以下二万九〇〇〇円、一億円以下四万三〇〇〇円のようになっています。

ポイント
手続きが終わると公正証書の正本を一通ずつつくれる（双務契約の場合）。

★公正証書にしておくとメリットがあるというが
公正証書は、公証人が当事者の嘱託を受けて、法律行為について、法律の定める要件に従って作成した証書を言います。そのメリットは、
① 内容が法律に違反していないかチェックされる
② 公証人が作成したものだから証拠力がある
③ 公正証書の1通は公証人役場で保管されているので、焼失や滅失しても安心できる
④ 金銭債権その他代替物については、執行認諾条項が付いていれば、相手が契約違反した場合、訴訟をしなくても強制執行ができる
などです。

⑬

債権回収と契約書❺

債務弁済公正証書のサンプル

▼債務弁済公正証書の例（売掛金の例）

令和□年第壱弐〇号

債務弁済公正証書

本公証人は後記当事者の嘱託により左の法律行為に関する陳述の趣旨を記録してこの証書を作成した――

第壱条　令和□年参月壱日債務者甲野一郎は債権者乙川株式会社に対し同年壱月八日に買い受けた〇〇型コンピュータの買掛代金六百万円也の債務を負担することを承認し以下の条項によって弁済することを約し債権者はこれを承諾した――

第弐条　債務者は次の事項を履行することを諾約した――

壱、元金は平成□年参月から同八月まで毎月末日かぎり金壱百万円也ずつ、計六回の割賦にて弁済すること――

弐、利息は定めない――

参、元金を期限に弁済しないときは以後完済に至までの間年参割の割合による遅延損害金を支払うこと――

四、左の場合には期限の利益を失い催告を要しないで直ちに元金を皆済すること――

一、割賦金を一回以上期限に支払わないとき――

一、他の債務につき仮差押、仮処分又は強制執行を受けたとき――

一、他の債務につき競売、破産又は民事再生の手続開始の申立があったとき――

一、国税滞納処分又は国税滞納処分の例による差押を受けたとき――

第参条　丙山三郎は本契約による債務を保証し主たる債務者と連帯して債務を履行することを諾約した――

第四条　債務者甲野一郎および連帯保証人丙山三郎は本証書記載金銭債務を履行しないときは直ちに強制執行に服する旨陳述した――

本旨外要件

※本書式サンプルは、代理人として弁護士をたてて公正証書を作成する場合の例（縦書き）です。

※公正証書は公証人が作成します。

①金銭貸借の時や取引開始時に契約を公正証書にする場合が多いのですが、債務者が支払いの延期をしてきた時などに作成するのもいいでしょう。

②第弐条四が期限の利益喪失約款と呼ばれるもので、契約に反した場合、債務の全額を直ちに返済しなければなりません。

③第参条は保証人の条項ですが、このような保証人を立てる場合は連帯保証人になってもらうといいでしょう。

④第四条は、執行認諾約款と呼ばれるものです。公正証書を作成する主

東京都中央区銀座〇丁目一番五号
債権者　乙川株式会社
右同所同番同号
右代表取締役　乙川五郎
昭和壱拾五年壱月九日生
東京都新宿区新宿〇丁目壱番壱号〇〇ビル弐百壱
右代理人　弁護士　丁海八郎
右は本職其氏名を知り且つ面識がある――
右代理人の提出した委任状は認証がないから本人の印鑑証明書によりその真正なことを証明させた――
神奈川県横浜市緑区〇丁目参番六号
債務者　会社役員　甲野一郎
昭和壱拾八年壱拾弐月生
東京都三鷹市新川〇丁目三番四号
連帯保証人　丙山三郎
東京都渋谷区渋谷〇丁目五番地五号〇〇ビル弐壱
右両名代理人　弁護士　田畑九郎
右は本職其氏名を知り且つ面識がある――
右代理人の提出した委任状は認証がないから本人の印鑑証明書によりその真正なことを証明させた――
以　上
この証書は平成□年参月弐日本職役場において法定の方式に従って作成し列席者に閲覧させその承認を得た――
依って本職及び列席者各自左に署名捺印する――
東京都世田谷区世田谷〇丁目八番五号
東京法務局所属
公証人　松田　雄一㊞
丁海　八郎㊞
田畑　九郎㊞
この正本は嘱託人甲野株式会社の請求に依り平成□年参月弐日本職役場にて原本に基づき作成したものである――
東京都世田谷区世田谷〇丁目八番五号
東京法務局所属
公証人　松田　雄一㊞
（署名捺印）

な理由の一つは、公正証書により強制執行ができるという点にありますが、この条項がないと強制執行ができませんので、必ず入れるようにしてください。

※貸金や売掛金の弁済契約書などを公正証書にする場合、管轄の公証役場はなく、どこの公証役場でも作ることができます。

債権回収の注意点❶

14 債権の回収では特に時効に注意する

金銭貸借は債権者が権利を行使できることを知った時から五年で消滅時効

債権回収を担当する者にとって、意外と忘れがちなのが「**時効**」です。金銭貸借の場合の時効は民事の場合（友人にお金を貸す場合など）五年ですが、商事（商人との貸し借り）の場合は五年で消滅時効にかかってしまいます。商取引の場合、特に債権回収の原因である商品の売掛金の時効期間は二年（商法五二二条）でしたが、令和元年の民法債権編の大改正により、短期消滅時効の規定は削除され、一般債権と同様に五年となりました。

商品を買っておきながら、金を払わなくてもよいとは、正義を守る法律にあるまじきこと、と怒る向きもあるかもしれませんが、法律の建前は「権利の上に眠る者は救済しない」というのが原則です。請求できるのに放っておいたわけですから、救済はされないのです。

時効期間が過ぎてしまったのに、債務者の側で、「買った代金は払うよ。私はそんな不義理はしない」と言って払ってくれれば、断る理由はありません。

時効というのは、あくまでも時効の利益を受ける者が、これを援用することによって成り立つものだからです。時効の利益を受けないことを「**時効の利益の放棄**」といいます。

なお、時効期間の満了する前に、時効の利益を放棄してもらうことはできません。

時効の進行をストップさせる

民法改正により、従来の時効中断の制度は

◆参照条文

（債権等の消滅時効）

民法一六六条① 債権は、次に掲げる場合には、時効によって消滅する。

一 債権者が権利を行使することができることを知った時から五年間行使しないとき。

二 権利を行使することができる時から十年間行使しないとき。

② 債権又は所有権以外の財産権は、権利を行使することができる時から二十年間行使しないときは、時効によって消滅する。

③ 前二項の規定は、始期付権利又は停止条件付権利の目的物を占有する第三者のために、その占有の開始の時から取得時効が進行することを妨げない。ただし、権利者は、その時効を更新するため、いつでも占有者の承認を求めることができる。

なくなり、これに変わるのが時効の完成猶予と更新の制度です。時効の完成猶予の要件には、①請求、②差押え、仮差押え、仮処分、③承認、の三つの方法があります。

①の請求は、裁判上の請求（支払督促、和解・調停、破産・再生・更生手続き参加）と裁判外の請求とに分かれます。一般的に行われる請求は、裁判外の請求に当たりますが、これは時効の完成を六か月だけ遅らせる効果しかありません（それも一度だけ）ので注意が必要です。それも、後で請求を受けた、受けないでもめることのないように、内容証明郵便により請求をすることが欠かせません。

②の差押え、仮差押え、仮処分については、裁判所での手続きが必要で、しかも専門的知識が必要です（一七八・二〇六頁参照）。

③の承認は、債務者が債務承諾書を書いてくれれば、問題はありませんが、一〇〇万円の請求のうち一万円でも払ってくれれば、これも債務の承認とみなされますので、時効完成前にいくらかでも払ってもらうよう交渉してみることです。ただし、払ったことの立証が必要です。

なお、民法改正により、権利についての協議を行う旨の合意がなされたときは、一定期間時効は完成しない旨の規定が新設されています（民法一五一条）。

〔時効の完成猶予・更新〕

- 請求
  - 裁判外の催告（内容証明による催告は6か月間時効は完成しない）
  - 裁判上の請求等 ＝ 訴訟・支払督促・和解・調停・破産・再生・更生手続きの参加
- 差押え・仮差押え
- 仮処分
- 承認（承認のときから時効進行＝時効の更新）

ポイント

内容証明郵便による請求では六か月だけ時効の完成を延長できる。

★時効により消滅した債権は絶対に回収できないか

「権利の上に眠る者は保護しない」というのが時効制度の趣旨です。ですから、一度消滅した債権は、どんな高額債権でも回収はできません。

しかし、一つだけ例外があります。時効によって消滅した債権が、その消滅以前に、相殺ができる状態になっていた場合（双方の債務が弁済期にある）には、その債権者は、相殺ができるようになっています（民法五〇八条）。

すなわち、消滅した債権の相手方である債務者に、債権者が債務を負っていれば、時効消滅した債権をもって相殺ができ、死んだはずの債権を生き返らせることができるわげです。

債権回収の注意点❷

⑮ 貸金業者の取立てには規制がある

貸金業者は取立てについて特別な規制をうける

貸金業者は貸金（貸付けの契約に基づく債権）の取立てについての規制があります。貸金業者以外の者が本人の債権回収をする場合、このような規制はありません。規制は「貸金業法」の第二章第二節「業務」の一二条の二から二四条の六が主たるもので、中でも二一条（取立て行為の規制）が中心となります。

同条には、「債権の取立てをするに当たって、人を威迫し又は…人の私生活もしくは業務の平穏を害するような言動をしてはならない」とあります。

また、取立てを行うときは、相手の要求があれば、貸金業者の商号、名称、氏名だけでなく、現に取立てを行う者の氏名をも明らかにしなければなりません。

人を威迫、平穏を害するとはどんなことか

（威迫の例）①暴力的な態度をとること。②大声をあげたり、乱暴な言葉を使ったりすること。③多人数で押し掛けること。

（平穏を害することの例） これについては、貸金業法の二一条一項第一号～一〇号において、具体的な規制内容があげられています。概要は以下のとおりです。

①正当な理由なく、午後九時から午前八時まで、その他不適当な時間帯に、電話やファックスを送り、または訪問すること。

②日中（前記①以外）においても、債務者が

◆参照条文

貸金業法二一条（取立行為の規制） ① 貸金業を営む者又は貸金業を営む者の貸付けの契約に基づく債権の取立てについて貸金業を営む者その他の者から委託を受けた者は、貸付けの契約に基づく債権の取立てをするに当たって、人を威迫し又は次の各号に掲げる言動その他の人の私生活若しくは業務の平穏を害するような言動をしてはならない。（②以下省略）

弁済し、または連絡し、連絡する時期を申し出た場合に、電話やファックスを送り、または訪問をすること。

③正当な理由がないのに、勤務先その他の居宅以外の場所に電話やファックスをし、または訪問すること。

④勤務先等を訪問して、債務者等から退去するように言われたのに退去しないこと。

⑤はり紙、落書き、その他の手段で、債務者の借入れに関する事実、その他プライバシーに関する事項等をあからさまにすること。

⑥他の者からの借入れやクレジットカードの使用等により、弁済することを要求すること。

⑦法律上支払義務のない者に対し、支払請求をすること。

⑧法律上支払義務のない者に対し、取立ての協力を拒否しているのに取立ての協力を要求すること。

⑨債務者が弁護士等に債務の処理を委託した場合に、直接債務者に要求しないよう求められたにもかかわらず、弁済するよう要求（電話・電報・ファックス・訪問）すること。

⑩債務処理に関する民事上（調停、裁判）の手続きをとったことの通知を受けた後に、正当な理由なく支払いの要求（電報・電話・ファックス・訪問）をすること。

　この二一条一項の規定に違反したときは、二年以下の懲役もしくは三〇〇万円以下の罰金または併科に処せられます（四七条の三）。

　また、貸金業者が営業上の貸金債権を他人に譲渡するときは、譲渡を受けた者も以上の制約を受けるということを、譲受人に通知しなければなりません。他人、ことに素人に制約を受けた債権の押し付けを防ぐ趣旨です。

　さらに、債権譲渡の相手が取立制限者（暴力団など）であることを知りまたは知ることができた場合、債権譲渡が禁じられています。

ポイント

いわゆるヤミ金融等の取立て規制が強化されている。

★利息制限法の制限金利以上の利息はとれない

利息制限法は金銭貸借について、下記の制限金利を設けています。

①元本が一〇万円未満の場合……年二〇％
②元本が一〇万円以上一〇〇万円未満……年一八％
③元本が一〇〇万円以上の場合……年一五％

この金利以上の利息の超過部分は無効となります。

なお、貸金業者については、出資法が規定する刑罰金利の年二九・二％までは有効とする見なし弁済規定がありますが、裁判所はこれを認めませんでした。その後、平成二二年六月に改正法が施行され、この規定は廃止されました（刑罰金利は二〇％に引下げ）。

　賠償額の予定（遅延損害金）については、前記の制限利息の一・四六倍（営業的金銭貸借は二〇％）を超えた部分は無効となります。

⑯ 債権回収の注意点❸

取立てで脅すと恐喝になる場合がある

恐喝にならないように注意する

恐喝というのは脅迫手段を用いて相手から金品を巻き上げ、または財産上の不法な利益を得ることをいいます。

そこで、債権者が債権回収のために圧力をかけるのは恐喝にならないか、です。

ひと口に断言することはなかなか難しいのですが、一応のことをいえば、正当な債権回収のためであれば多少のことは恐喝になりません。

多少のこととは、どの程度か、と聞かれると答えにくい問題です。なぜなら個々の事案で異なるからです。

判例は古くは、権利の実行の手段として恐喝をしても恐喝罪は成立しないという原則がありました。

しかし、昭和三〇年の最高裁判例は、これを修正し、度を過ぎると恐喝罪が成立するとしました。債権回収は権利実行のためですから、権利の無い単なるタカリなどの場合とは異なります。かなりのことをしても、程度を越えないともいえます。

判例は社会通念上一般に認容すべき程度を逸脱した場合は、恐喝罪が成立するとしていますが、なにが社会通念なのかとなると難しい問題です。

なお、恐喝罪にはならなくても脅迫罪は成立するという判例もあります。

法律の適用、法律の実務はケース・バイ・ケース

◆参照条文・判例

刑法二四九条〔恐喝〕人を恐喝して財物を交付させた者は、一〇年以下の懲役に処する。

②前項の方法により、財産上不法の利益を得、又は他人にこれを得させた者も、同項と同様とする。

〔判例〕権利の範囲内であっても権利行使の手段が社会通念上一般に認容すべき程度を逸脱したときは恐喝罪が成立する（最高裁判所、昭和三〇年一〇月一四日）。

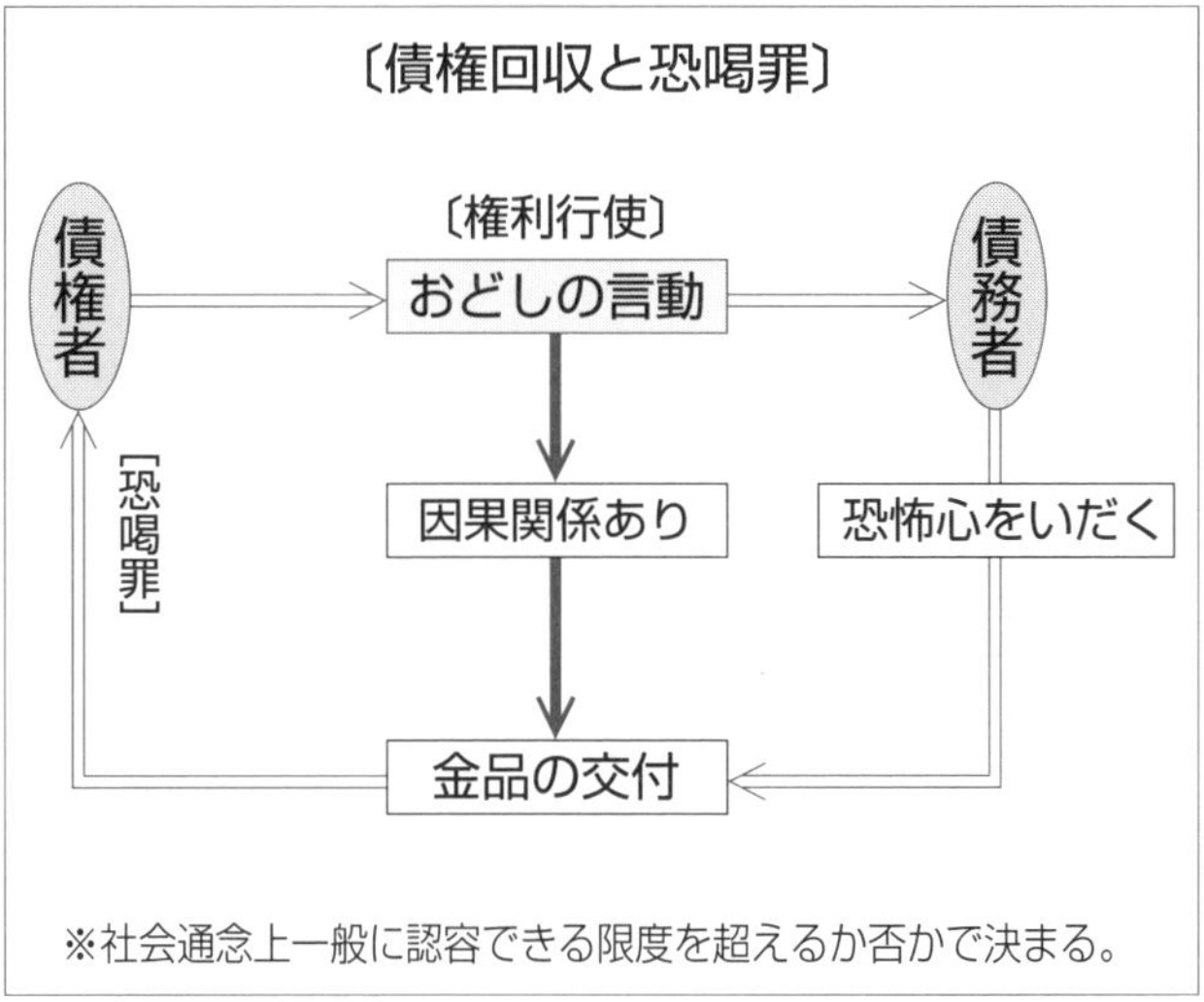

法律は厳格なものであり、曖昧なことがあるはずはない、と思っている善意の人は実に多いのですが、しかし違うのです。法律は海のようなものです。水位が大きく違うはずは無いが、大波もあれば干満もあります。津波も、潮流もあるのです。

新聞に新しい判例のニュースを見ることは少なくありません。裁判もその時により異なることを示すものです。

また同じ事案に異なる判決が下ったように見えても、全く同じ事案は無く、別の事情に別の判決が下っていることもあります。過去に少しの判例があるとしても、次に起こる事件について断定的なことは言えないものです。同様の事件と思っても、実は個々により、事件の内容は少しずつ異なっているのです。

要するに債権回収のためなら、ある程度の強引さは許されるが、あくど過ぎてはいけないということです。後はその時の事情次第で臨機応変に解釈するほかはありません。本項でこれまであげた例は、まず恐喝にならないといえる程度のことです。

ポイント

ある程度、強気なことを言っても恐喝にはならない。

★金を返せば新会社の取締役にすると言われたが

人をだまして財物を受け取ったときには、詐欺罪になり、一〇年以下の懲役となります。問題は、金を返したのに新会社が設立されないなど約束が実行されない場合に詐欺罪になるかどうかです。正当な権利者が権利の実行のために、行う行為であるから、詐欺罪にはならないように思われます。

ただし権利実行のためなら、相手をだましてもよいということでは、社会の法秩序が乱れます。要は、社会通念上認容できるものかどうかで、判断されます。

◆債権が回収できなかった場合の税務上の処理

■とりっぱぐれと税金の処理

基本的には、回収不能となった債権は貸し倒れであり、「損金」として取り扱われます。

また、法律上の手続きで、倒産の事実が明確になると、例えば自己破産の申立した事実のみで、債権額の五〇パーセントの額が「直ちに」損金処理ができます。残りの債権額は、法的手続きが終わった段階で、配当分を差し引き、残りを損金として処理できます。つまり、貸し倒れ金が確定した段階で最終処理をします。

銀行取引の停止処分を受けた場合も、同様です。債務者が銀行取引が停止になった、手形が落ちない、小切手は不渡りになった、といった場合です。

ところが、法的な手続きが長引く場合があります。そうした場合は、残りの五〇パーセント分の大部分を税務署の認定を受けて「債権償却特別勘定」に入れることができ、実質的な「損金」の処理ができます。このためには手続きが必要です。また、倒産処理では債権届や、債権者集会に出席し、関連資料を収集しておく必要があります。そうした資料が「債権償却特別勘定」に入れるための認可のとき、必要になってきます。

■法的な倒産手続きでは、申立時に五〇%が損金処理できる

会社更生手続開始の申立、民事再生手続開始の申立、特別清算開始の申立、破産手続開始の申立があったときは、前述したとおり損金処理が五〇パーセトできます。

しかし、債権について抵当権を設定している場合は、抵当権の実行の後に損金が生じるまで、損金処理はできません。

これらのことは通達（法基通九六—五）で定められています。

ただし、実際の処理にあたっては、難しい問題もありますので、申告をしている税務署で事前に相談ください。

■債務の免除と税金の取扱い

債務の免除と税金の取扱いは、基本的には取引先の倒産の場合と似たことになります。

実質的にみて貸し倒れと見ることができる場合には、その免除の額が損金処理できます。そのためには客観的な事実が必要で、法的手続きにおける法律上債権が消滅してしまう額を債権放棄した場合に損金処理が認められます（所基通五一—一一、法基通九—六—一）。

詳しくは税務署で聞いてください。

第2章 交渉による債権回収の仕方

◆債権回収は話合い（交渉）によって解決できれば、それに越したことはありません。しかし、今まで支払ってくれなかったものが簡単に支払ってくれるとは思えません。そこには自ずからテクニックが必要になってきます。この章では、このテクニックを余すところなく解説しました。

◆交渉のコツは相手に支払う気を起こさせること

■支払意思を起こさせるには道徳心に訴える

債権回収というと、どんな本でも、債権者の側に立って、回収のテクニックが述べられています。本書では、債権者の立場だけに固執せず、発想を逆転させ、債務者の立場に立って、債権回収を考えてみます。

ポイントは、債務者が債権者に対して、支払いをしようという気を起こさせることです。すなわち、債務者に支払意思を起こさせるには、どうしたらよいかです。これを理解すれば、交渉のコツがわかるというものです。

一つは、**債務者の道徳心に訴える**ことです。道徳といっても、学校で教える道徳のことをいっているわけではありません。どんな債務者でも、心のどこかに「借りたものは返さなければならない」という気持ちを持っているものです。世の中には、道徳心の強い人と道徳心の薄い人がいます。しかし、大部分の人は、ある程度の道徳心を持ち合わせているものです。

債権回収の交渉では、まず第一歩は、相手に債務があることを確認させ、この道徳心に訴えることです。この道徳心への働きかけをあきらめ、最初から策を弄する人がいますが、これは相手に真面目に対応する気持ちをなくさせるだけで、逆効果になるケースが多いようです。

もちろん、道徳心に訴えるだけで債権回収ができるといっているわけではありません。確実に債権回収を行うには、法的手段を背景とする種々の権謀術数が必要です。その基盤となるのが、道徳心への訴えかけなのです。

■債務者の心理状態を把握し手段を考える

その方法として、まず**相手の心理状態を理性的に把握する**ことが必要です。人は誰でも、自分を正当化しがちです。自分が正しいと思い込み、義務に対する負担感を忘れがちです。もし、支払いをしない原因が、事実関係についての誤解や解釈の食い違いにあるならば、当然これを正す必要があります。また、こちら側に何らかの不備があれば是正することも必要です。

その結果、相手が道徳的負担感を感じる人かどうか、感じる状況にあるか、現に感じているかを、交渉を通じて確認していきます。これを確認した上で説得すれば、それ相応の効果が期待できますし、それだけで具体的効果は上がらなくても、次頁以下に述べる力学的な手段を有効にする潜在力になるのです。

道徳心の薄い人でも、道徳的な体裁を気にする人は多いようです。特に経済の世界に生きる者にとって、道徳的体裁は直接信用に係わってくるものですから、この点を突いていくことも、債権回収の実行手段としては有効な戦術であるといえます。そして、道徳的体裁に弱い人は、正当性に弱いものです。ですから、請求する場所、時間を選んで、債権回収の正当性が第三者にもわかる形で請求するのも重要なポイントとなります。

■契約書があれば強気で…

どんな威勢のいい人でも借金取りには弱いようです。これは道徳心があるからでしょうか。しかし、借金の約束を書面にしていない場合には「そんな借金あったかな？」と開き直られることがあります。

お金を貸す時だけでなく、返済を延ばす時も必ず書面で約定にすることです。

★営業の力と債権回収

債権回収のための戦術は、決まりきったパターンがあるわけではありません。債権者の持っている債権がどのような債権かによっても異なりますし、また債務者の態度や状況によっても異なることは当然です。

ただ、共通していることは、債務者に債務を支払うだけの財産があるのかどうか、債務者の人柄がどうなのかを、あらかじめ知っておくことは最低限欠かせません。

これらのことを一番知り得る立場にいるのが、債務者である取引先に出入りしている担当の営業マンです。営業マンは単に商品の注文を取ったり売り込みをするだけでは十分とはいえません。取引先の社長の人柄も、また置かれている状況も把握しなければなりません。少しでも危険な兆候があれば、会社に報告し、取扱量を減らすとか、場合によっては新たな担保を取るなどの対策を取らなければなりません。

営業マンの力が債権回収を容易にすることを肝に銘じてください。

交渉のテクニック❶

1 支払う気を起こさせるよう上手に圧力をかける

❖どんな場合にどのような圧力をかけるのが効果的か

債務者に支払う気持ちを起こさせるための方法は、**心理的に圧力をかける**ことです。

毎日、債務者の家に出向いて行って、支払ってくれ、支払ってくれというのも、一つの圧力のかけ方には違いありませんが、上手なかけ方とはいえません。心理的に圧力をかける手段は請求だけではありません。

相手の利害や打算に訴える利益誘導もあれば、名誉や信用に訴えかける方法、相手の思惑を利用する方法、虚栄心をあおる方法、心理的な苦痛を起こさせる方法など、たくさんの方法があります。債務者の態度、支払いに対する道徳心の厚薄、資産の有無など、これまで述べてきたことを踏まえた上で、どの方法を取るべきかを決めなければなりません。その意味では、頭脳的な戦略を立てることが不可欠ともいえます。相手になんらかの心理的な圧力を加えて支払う気持ちを起こさせるのが、これから述べる心理的強制方法です。

たとえば、相手に相当の資産があるのであれば、名誉や信用の側面から返済の交渉をするだけで支払ってもらえる可能性は強いといえます。しかし、資産がそれほどない場合には、訴訟、告訴、差押えといった、より強い圧力をかけることが必要です。

また、債権の催促を受けることは、道徳心の厚い人にとっては苦痛となります。その苦痛をやわらげるには、この際、債務を支払っ

◆ことわざ

★過失なければ責任なし

一般人の払う注意を欠いて、そのために違法な行為等を行うと不法行為となります。民法では過失は故意と同じ扱いをされ、過失があれば民事責任を負わねばなりません。契約上の義務を履行しない債務不履行では、債務者に過失がなければ責任を負いません。

ただし、金銭を支払う債務不履行では、たとえ不可抗力による場合であっても、少なくとも利息（約束がなければ年三%の法定利息）だけの損害は払わなければならないことになっています（民法四一九条）。

たほうが得策だと思わせるテクニックを使うことが必要です。この場合には、有利な事業に参加させるとか、二〇回の分割払いにするとかの利益誘導が効果的な方法となります。

⊠直接行動を取らなければならない場合の注意点

　場合によっては、債権回収のための直接行動、すなわち暴力的な態度や脅迫まがいの言動、その他のいやがらせの手段を取ることが必要なケースもないではありません。特に債務者が倒産の場合などにありがちですが、その限界はわきまえておかなければなりません。債権回収が正当な権利行使である以上、多少の圧力の行使や、計略をめぐらすことは、違法になるわけではありません。

　約束の期日に払わなければ家に火をつけるというのは脅迫罪になりますが、払ってくれるまで家に押しかけてねばったり、多少声を荒げたとしても脅迫罪になるわけではありません（貸金業者には一定の規制がある。六六頁参照）。

　こういった圧力のかけ方で注意することは、スマートさが必要なことです。人間関係を損なわない、世間的にも嫌味のない方法で心理的に圧力をかけ、支払意思を起こさせるように心理的強制をかけることが眼目ですので、この点は注意してください。

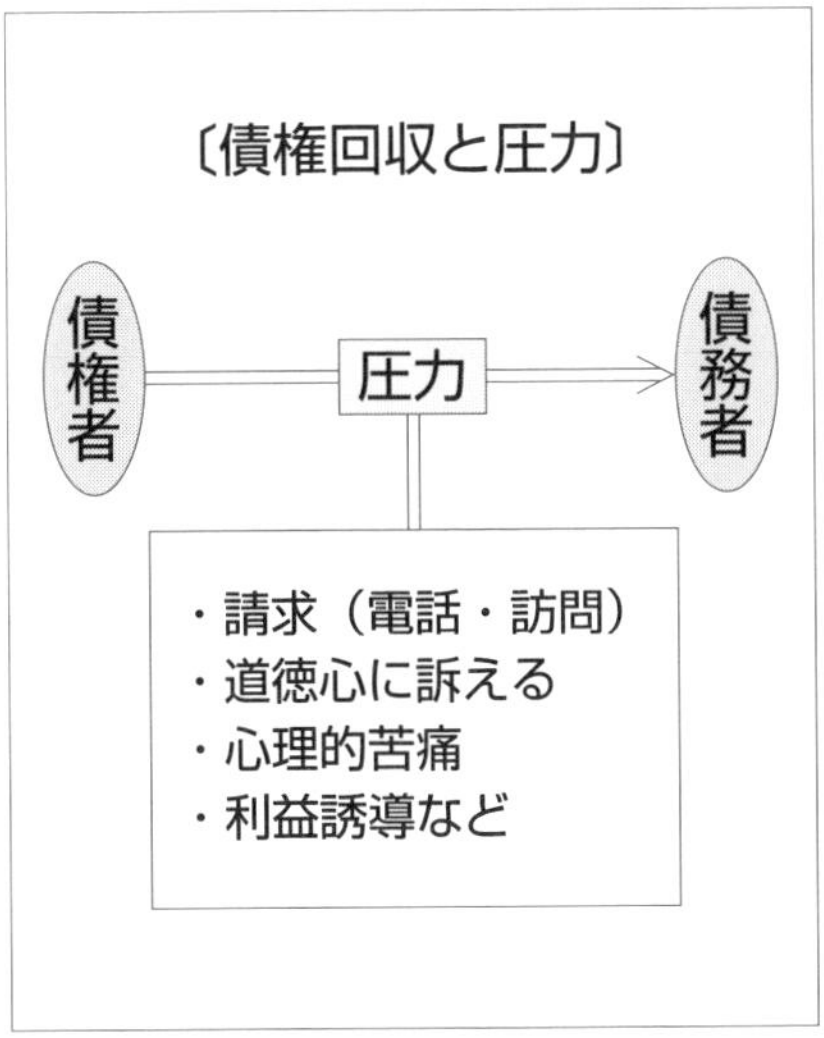

ポイント

圧力をかけ間違えると逆効果になる場合もあるので細心の注意が必要。

★圧力をかける限度とは

　債権回収で、「訴訟などの法的手段をとる」と相手に通知することは問題ありません。しかし、度を越すと脅迫などの罪に問われる場合があります。

　また、貸金業法では、貸金業者について、人を威迫し、正当な理由がないのに早朝深夜（午後九時～午前八時）に電話をかけたり、居宅を訪問したり、あるいは日中の執拗な取立をして、相手（債務者）を困惑させることを禁止しています（違反すると二年以下の懲役または三〇〇万円以下の罰金）。

　暴言により相手を困惑させる回収は許されず、法的手段を折り込んだ圧力こそが重要となっています。

交渉のテクニック❷

❷ 相手の信用に訴えかけて回収を図る

◎債務の不履行が信用にかかわることを訴えかける

人間にとって大義名分は大切であり、また有用です。これが前に述べた道徳性の問題です。これに訴えかけることも、債権回収の強力な力となります。

が、商人はもとより社会人にとって信用はもっと大事なものです。

信用とは支払能力と支払意思の総合ですし、これが無いと皆に思われたら、以後、仕事にならなくなります。

回収のための心理作戦の一つに、**相手の信用尊重心に訴える**という方法があります。

社会的な信用を問うことは債権回収の基本です。そのためには債権が明確でなければなりません。

つまり、債務の不履行が信用にかかわる性質のものでなければならないということです。前に債権を確定させることが必要だと言ったのはそのためでもあるのです。逆に、人前で言えないような債権や、根拠が不明確で争いを含んだ債権は回収を図るに当たっても力が弱いといえます。そのことを盾にとられると回収は困難となります。

債権債務の存在、金額といったものは明確であることが必要ですし、その債権は社会的に公表できるものでなければなりません。

何かの都合で公表を憚るような債権の場合には、これを公表できるような場所を作らなければなりません。たとえば、ばくちの貸金

◆参考判例

★詐害行為取消権を行使する相手

債権者Aの債務者Bが、他に見るべき資産がないにもかかわらず、自己所有の不動産をCに贈与し、Cはさらに Dに売却してそれぞれ移転登記をした。

判例は、債権者Aは、受益者Cに対して詐害行為取消権を行使して賠償を求めるか、転得者Dに対して詐害行為取消権を行使して直接返還を求めるか、自由に選択して取消権を行使できる（大審院・明治四四年三月二四日判決）。なお、この場合、債務者Bを相手にする必要はないというのも判例である。

はばくち場で、泥棒の分け前は泥棒の巣で、といったように場所柄をとらえて請求することになります。

倫理や信用というものは場所やグループによって異なってくるものです。普通の貸金債権を詐欺師の集まりの中で請求してみても、同情よりも嘲笑が返ってくるのが落ちです。倫理も信用も使い分けるのに**時と場所が重要**です。

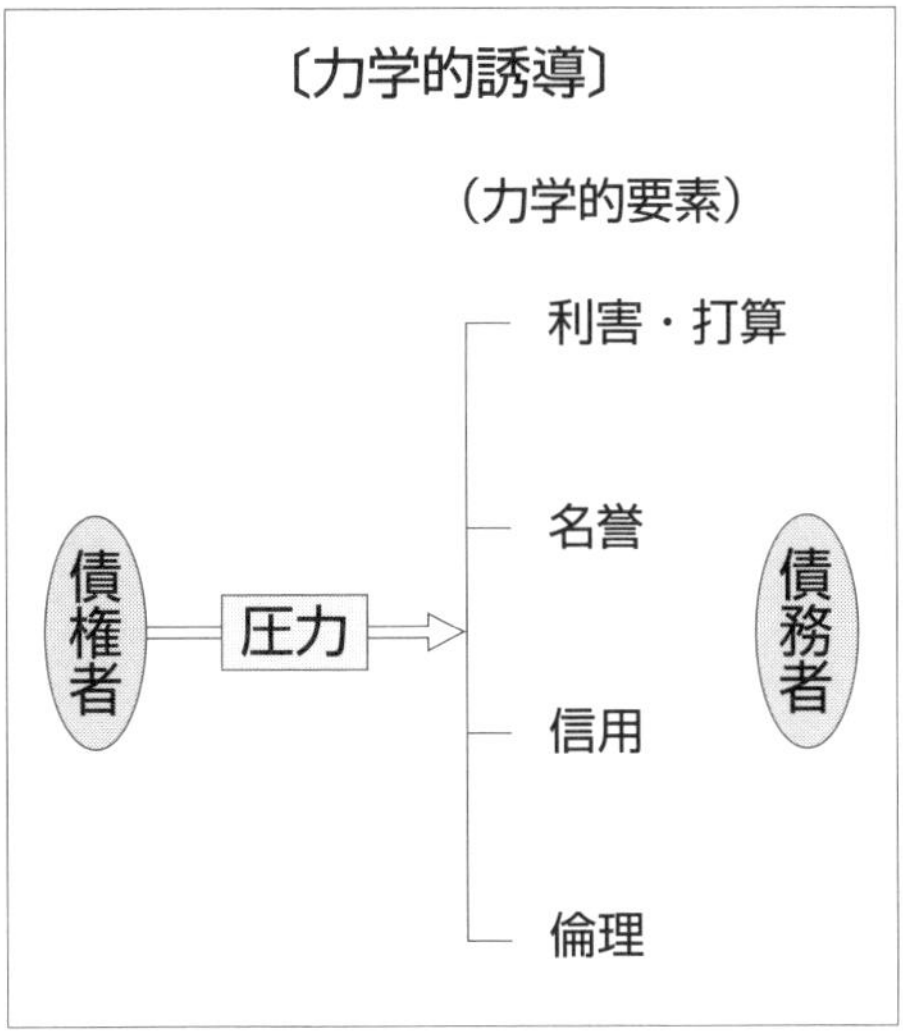

⊠力学的要素の上手な使い方

さて正面切って倫理、信用を持ち出すものの、世の中のことは実は力関係によって動いています。力関係といっても広い意味のものであり、力学的要素という方が近いでしょう。利害打算、名誉、信用、その他あらゆる社会的価値は力学的な要素になります。そのような力学的要素によって相手の意思を支払いの方へ向けるのです。

人間はすべて害を避けて利につき、不愉快を避けて愉快を取り、恐怖を避けて安心へ赴き、不名誉を避けて名誉を維持したがるものです。このような要素を利用して、できるだけ人間関係を損なわず、世間からみても嫌味のないスマートな圧力をかけるべきです。心理的な圧力をかけ相手を心理的に強制するわけです。

ポイント

力学的要素を上手に活かせれば債権回収への道は開ける。

★「信用」「信用毀損」とは

「信用」とは、国語辞典によれば、「信頼すること」などとされています。

商売の世界では信用取引などがあり、まさにこれは信用によって成り立つ世界です。今日の経済社会では、信用を失うことは、商売がしにくくなる（もしくはできなくなる）ことを意味します。

刑法では「信用毀損罪」（二三三条）の規定を設けているように、「信用」は経済生活における人格的な法益であり、財産的な意味も持つものです。

くれぐれも債権回収が腹立ちまぎれに、「あの企業はもう倒産だ」などと「信用」を傷つけるような軽はずみなことは言わないことです。

交渉のテクニック❸

❸ 攻めるばかりでなく利益誘導により効果を上げる

☒回収を成功させるには押すばかりでは駄目

債権回収というのは、相撲と同じで押しの一手だ、という人がいます。確かに一理ある話ではあります。しかし、いつも、どんな相手でも、通用する話ではありません。相撲の世界でも、押しの通用しない相手に対しては、肩透かしとかはたき込みとかの引き技があるように、債権回収でも押しの通用しない相手には引き技が必要です。

これが、これから述べる**利益誘導による回収法**です。

一つ実例を紹介します。倒産の噂の立っているA産業の債権回収を担当している山田さんは、A産業に隠し財産があるらしいのですが、実態を調べる手掛かりがつかめませんでした。経理関係者や従業員からあの手この手で情報を取ろうとしましたが、一向に成果は上がりません。そこで、考えたのが利益誘導です。かといって、金はない。そこで、考えた。A産業は倒産の噂が立ち、従業員はつぎの就職先で困っていた。山田さんが目を付けたのは、A産業の社長付の運転手でした。社長付きの運転手なら、色々の隠し事を知る機会は多いはずで、隠し財産のことも知っているかもしれない。そこで、社長付きの運転手の就職を斡旋しました。

読みは見事に的中し、社長付きの運転手から得た隠し財産の情報で、山田さんは他社を尻目に抜駆け的に債権回収に成功したのです。

◆参照条文

（更改）

民法五一三条　当事者が従前の債務に代えて、新たな債務であって次に掲げるものを発生させる契約をしたときは、従前の債務は、更改によって消滅する。

一　従前の給付の内容について重要な変更をするもの

二　従前の債務者が第三者と交替するもの

三　従前の債権者が第三者と交替するもの

債務者にもメリットのある条件を提示する

一口に利益誘導といっても、数えきれないほど色々のパターンがあります。バブルの最盛期には、うまい土地転がしの話を持っていき、すぐにでも大儲けできるような話をして、手形を切らせるなどの例もありました。詐欺にはならなくても、詐欺に近い利益誘導もないわけではありません。

しかし、返せ、返せと声高に叫んでいて、急に「じゃあ、五〇〇万円を一度に返すのは大変だろうから、五〇万円ずつ一〇回の分割にしよう」と柔らかな口調で迫ると、相手も渡りに船と話に乗ってきやすいものです。

また、債務者の希望どおり支払期日を延期する代わりに、売買代金を金銭貸借に切り換えて公正証書にしてくれ、あるいは利息は棚上げするからなどというのも、利益誘導の一方法です。

前に、債権回収のためには、債務者に上手に圧力をかけろと言いましたが、これはいうなればマイナスの圧力と言えましょう。

ポイント

回収がゼロになることを思えば多少譲歩してもよい。

★詐欺にならない利益誘導のやり方

利益誘導による債権回収は、ウマイ話を持ちかけて、だまして債権回収を図ることです。詐欺というのは、①騙して相手を錯誤におとしいれる、②その錯誤によって金を出させる、という二点が揃ったものを言います。すなわち、騙す→錯誤の因果関係と、錯誤→金を出させるの因果関係が揃わなければ詐欺にはならないわけです。

たとえば、出物の不動産の儲け話を持っていく、その話とは別に債権を買い取ってもらう話をする、相手は不動産の儲け話があるからしぶしぶでも債権を買い取る、不動産の儲け話は実現しない。この場合、二つの因果関係が揃わないから詐欺にはなりません。

★貸倒れで税務処理するには

取引先の企業が倒産した、貸金業者で貸付先の個人が自己破産した、などの場合、もはや債権の回収は困難です。

このような場合、債権は貸倒れとして、税務上、損金に算入ができます。こうして、損金に算入することにより、黒字会社であれば、税金が安くなるメリットがあります。

ただし、貸倒れで損金処理するためには、税法上いくつかの要件をクリアしなければなりません。事前に税務署で相談してください。

交渉のテクニック❹

❹ 電話戦術をとるにもテクニックがある

電話作戦のメリットは

債務者に対して、債権者が請求する方法のうち一番よく使われるのは、電話による請求でしょう。

電話一本で債務を支払ってくれるのなら、苦労はしないよ、と思う方もいるでしょう。しかし、電話による戦術も使い方如何によっては効果を上げるものです。ただし、電話による請求のメリットとデメリットを正確に把握しておくことは重要です。

電話によるメリットは、**電話が距離を克服する**という点です。

債務者が遠距離に住んでおり、そのため五〇万円の債権を取るために往復の旅費と宿泊費に一〇万円近くも払って請求に行くのは効率的ではありません。確実に払ってくれればまだしも、新幹線と特急電車を乗り継いで行ったのに、空振りというケースも起こり得ます。こんな場合に、電話を最大限に活用することです。

とにかく毎日電話をかけます。債務者本人（会社であれば責任者）がいなければ、上司でも部下でも、あるいは取次ぎの女の子でもつかまえて、必ず用件をくわしく言って、とにかく困っている、支払いをしてくれ、明日また〇時頃必ず電話をするからと予告しておきます。

そして、また予告した時間に電話をします。電話も便利なようで不便なもので、電話がかかってきた場合、誰からかかってきたかはわ

◆ことわざ

★不能を行う義務はない

不能なものはできないので、これを行わせる法もありえないし、権利も認められません。海の近くにある別荘の売買契約を結んだが、その時には類焼していて存在しない場合、引渡しは不能だから引渡義務は発生せず、また代金支払義務も生じません。従前は、契約後に類焼した場合は、代金の支払義務はなくならない（旧民法五三四条一項）という危険負担の債権者主義をとっていましたが、民法改正により削除され、新設された五三六条は、債権者は反対給付を拒むことができるとしています（債務者の危険負担）。

かりません（最近は相手がわかる電話機もありますが）。居留守を使うにも、他の人に電話口に出てもらうにも、何度も頼むのは、頼まれる方も頼む側も嫌なものです。

毎日のように電話すれば債務者の側でも差し支えが出てくることもあって、参ってしまいます。ここまで頑張らないと電話戦術とはいえません。

また、相手が居留守を使っていると思われるときは、電話口に出た相手に請求内容を話し、哀願口調でねちねちとやります。一度これをやられるとその人がまず音を上げます。ついには、本人に出るように言うようになること請け合いです。

電話の場合にはデメリットもある

電話によるデメリットは、相手が債務を何日に支払う、あるいは何日に会いましょうと約束しても、電話の内容をテープにでもとらない限り証拠が残らないことです。一週間前の約束が「そんな約束はしていない」と言って、履行されない場合も出てきます。

電話による約束の場合には、必ず後で、あるいは約束の日の寸前に、電話をして確認を取ることが大事です。証拠が残らないものを確実にする方法としては、他にもあるかもわかりませんが、確認を取るのが手っ取り早い方法といえます。

もちろん、電話だけで解決することは困難でしょうが、相手の支払いに対する考え方や相手の気持ちを探る効果を上げることもできます。電話によって得た相手の感触をもとに、次の戦術を立てることができます。

ただし、貸金業者の電話での督促は午後九時から午前八時までは禁止されています（日中でも、債権者が連絡あるいは連絡を受ける日時を申し出たなどの場合には、正当な理由のない執拗な取立行為は禁止）。

ポイント

電話だけでは証拠が残らないので残す方法を考えること。

★期限が過ぎても貸金を返さないが損害金を取りたい

貸金を期限どおりに支払わないときは、特に約束がなくても、遅れた日数に応じて完済の日までの損害金を取ることができます。その場合の損害金は、利率の約束がなければ年三％（商行為の場合も年三％）となります。

また、損害金について利率を予め決めておくこともできますが、貸金額に対して、

・一〇万円未満　年二九・二％
・一〇～一〇〇万円未満　年二六・二八％
・一〇〇万円以上　年二一・九％

という利息制限法上の制約がありますので要注意です（超過部分は無効）。

交渉のテクニック❺

夜討ち朝駆け戦術が許される限度とは

夜討ち朝駆けは昔から債務者をつかまえる法

請求の本流は、債務者のところへ出向いて行き、こちらの主張を述べ、相手の言い分を聞いて、いつ払ってくれるのかを確認することです。

とはいうものの、債権回収がなかなかできないケースでは、何月何日の何時頃に伺いますと電話して行っても、急に用事ができたとか、あるいは代理の者に話を聞くように言って出かけたなど、はぐらかされることが多いのも事実です。また、電話して行くことを予告すると、居留守を使われることも、よくあることです。

そこで債権者としては、何が何でも債務者をつかまえるには、どうしたらよいかを考えることになります。

昔から使われているのが「**夜討ち朝駆け**」です。

本来は、戦における夜襲から来た言葉ですが、新聞記者や編集者などが、どうしてもコメントを取りたい相手をつかまえるために、夜遅くあるいは朝早く相手方を訪問するのに使われてきました。

夜よりも朝押しかける方が効果が上がる場合が多い

債権回収をするために債務者の自宅や債務会社に出向くのは当然の権利行使ですから、何ら問題はありません（ただし、貸金業者については、多人数で押しかけることや、正当

◆参考判例

★詐害行為になる場合

債務超過の債務者が、特にある債権者として通謀して、右債権者のみに優先的に債権の満足を得させる意図で、自己の所有する重要な財産を右債権者に売却して、右売買代金債権と右債権者の債権とを相殺する旨の約定をした場合には、たとえ右売買価格が適正価格であるとしても、右売却行為は詐害行為になる（最高裁・昭和三九年一一月一七日判決）。

な理由なく、午後九時から午前八時までの間は訪問を禁止。また、日中でも正当な理由のない執拗な取立行為は禁止）。

　では、夜討ちをかける場合、深夜一時頃に出向いて行ってもよいかとなると、「そうだ」とは一概に言えません。

　債務者の自宅が住宅街にあり、深夜一時にドアを激しくノックするなどの行為は、いやがらせと見られ、脅迫罪になる恐れもあります。

　しかし、回りが賑やかな商店街でバーや飲み屋も多く、深夜一時に終業する債務者であれば、その時間が問題になることはまずないでしょう。

　また、債務者からもらっていた手形が不渡りとなった日の深夜に、目を血走らせた債権者が債務者の自宅へ怒鳴り込んで行ったとしても、手形の買戻しや資金繰りの急迫性を考えれば、これは無理からぬこととされるでしょう。

　では、朝はどうか。債務者にとっては、自宅であれ、店舗であれまたは債務者が会社であれ、朝の方が債務者や代表者がいる確率は高いのです。店舗や会社に朝から来られるのは士気に影響します（貸金業者は勤務先の訪問や電話などについては、一定の規制を受ける。六六頁参照）。

　どこでも朝一番は打合せや会議の時間としているケースは多いのです。そこで、債権者が一日中粘るぞという態度で押しかけると、債務者としても何らかの譲歩案でも、ということになりがちです。

　ここでは、夜と朝の時間についてだけ述べましたが、敵を攻める時間は夜と朝に限りません。どんな場所、どんな時間に、債務者に接触するのが一番有利かを研究することが大事です。

ポイント

要は効果の上がるT・P・O（タイム、プレイス、オケイジョン）を選ぶこと。

★電話による請求は効果があるのか

請求書を送ったのに何ら応答がない場合には、再度請求書を送ります（前に送った請求書の紛失などが考えられます）。しかし、それでもダメなら電話による請求を行います。電話による請求だけで回収できることは少ないでしょうが。

　電話による請求は、債務者の言い分を聞き、債務支払いの遅れている理由を探り、次の手（内容証明出す、支払督促や調停を申し立てる、訴訟を起こすなど）を選ぶ場合の判断材料を収集するためと割り切った方がよいでしょう。

❻ 交渉のテクニック❻
催促に行ったら最低限「債務確認書」を取る

債権回収に出向いたら手ぶらでは帰らぬ心構えが大事

民法の建前からいうと、債権とは債権者の住所または営業所で支払うのが原則ですが（四八四条、商法五一六条）、だからといって待っているだけでは債権回収など望めません。債権の回収が困難であればあるほど、債務者のところへ足を運んで、債務者と直談判するのが先決です。

そして債務者をつかまえたら、いつ払ってくれるのか、いくらかでも払ってくれと連呼するだけではなく、何らかの約束を取り付けることです。

ここで実例を紹介します。

ある日、こじれている債権回収を命じられたＡ君は、債務者のところへ何度も足を運びましたが、いつも肝心の債務者は留守で、そのたびに空振り。上司からは、「お前を遊ばせるために給料を払ってるわけじゃない」などと、嫌味を言われる始末でした。

しかし、今日のＡ君はいつものＡ君ではなく、どっかと腰を据え、応対に出た係長を相手に、ねちねちと粘り強く、債務者である社長の誠意の無さをなじり、今日は手ぶらでは帰らないと強固な態度を示しました。

応対に出てきた係長も困る有り様です。係長の一存で支払いをする権限などないし、支払う金が果たしてあるのかどうかもわからないのです。

ついにＡ君もしゃべり尽くし、せめて催促

◆参照条文

民法四八四条（弁済する場所） 弁済をすべき場所について別段の意思表示がないときは、特定物の引渡しは債権発生の時にその物が存在した場所において、その他の弁済は債権者の現在の住所において、それぞれしなければならない。

商法五一六条（債務の履行の場所） ① 商行為によって生じた債務の履行をすべき場所がその行為の性質又は当事者の意思表示によって定まらないときは、特定物の引渡しはその行為の時にその物が存在した場所において、その他の債務の履行は債権者の現在の営業所（営業所がない場合にあっては、その住所）において、それぞれしなければならない。

にきた証にと「金が払えないのなら、せめて今月末に支払うという支払約束書を書いてくれ」と方針を切り換えました。すると、当の係長は「自分の書いた支払約束書なんて効果なんかないよ」と文句を言いながらも書いてくれたのです。

帰社したA君は、また、上司に怒られるかとおずおずその支払約束書を見せたところ、「どうやら、今回は給料分の働きはしてきたみたいだな」と言われて、怒られずにすみました。

A君は未だもって係長の支払約束書が法律的に有効なものか、よくわからないのですが、上司が裁判を起こすぞ、と電話したのが効いたためか、月末に支払われました。

⊠支払約束書の法律上の効果は

貸金や売掛金などの債権があれば、請求すればよいのですから、別に支払約束書を取る必要はないのではないかと、考える人が多いようです。

確かに債権者と債務者の関係が、請求すれば払うというスムーズな関係にあるときには、支払約束書など必要はありません。

しかし、両者の関係がこじれればこじれるほど、いつ債権の有無をめぐって争いが起こるかもしれません。

商品の受渡しがあった、あるいは金の貸し借りがあったという前提の下での支払約束書ですから、係長に支払いを約束する権限はなくとも、彼の書いた支払約束書は、債務確認者として裁判上立派な証拠となるのです。

さらに、債務者の支払約束書は、債務の存在を認めたことで、時効の進行をストップさせる効果を持っています（一八・六四頁参照）。A君の仕事が高い評価を受けたのはこのためです。

ポイント

請求に行って黙って帰ってくるようでは営業マン失格。

★取引先の訪問で重要なことは

企業の債権回収で最も注意しなければならないのは、相手企業が倒産の危機にあるかどうかの判断です。通常、倒産の前には、①言い訳や嘘が多く社長の様子がおかしい、②従業員や組合の動きがおかしい、③よからぬ人物が出入りしている、など、何らかの危険信号があるはずです。こうした動きは、取引先に出入りしていれば容易につかめるものです。

出入りの営業マンは、こうした点にも注意し、危険信号をキャッチしたらすぐに上司に報告すべきです。

⑦ 支払延期をしてきたときが条件をつけるチャンス

支払期日の延期の申し入れをしてきたときが力関係で優位に立てるチャンス

取引を開始する場合の取引条件は、お互いの力関係で決まります。たとえば、中小企業が銀行から金を借りる場合には、貸す側の銀行の方が力関係は上位になります。

ですから、銀行が土地家屋に抵当権を設定してくれ、連帯保証人を立ててくれと言ってくれれば、これに応じる他はありません。このことは個人間の貸し借りでも同じことがいえます。

会社同士の取引でも、大会社と小会社とでは、大会社の方が力関係では上位ですし、また特許等を持っていて独占的な商品を売る会社であれば、これを仕入れようとする会社は力関係で劣るという場合が多いでしょう。

一般には、対等な力関係にある取引がほとんどでしょうが、この力関係が変わり優位に立つことがあります。

債権を回収するための請求をし、債務者が支払期日までに支払えず、支払期日の延期を申し入れてきた場合です。

「はい。わかりました」と言っているようでは、債権回収は無理でしょう。

ここはチャンスです。この段階で、力関係が変わり、優位に立てる場面なのです。

では、どうすればいいでしょうか。答えは、この**債権をより強い力を持った債権に変更する**ことです。力関係で優位に立ったからこそ、できるのです。

◆参照条文

（保証人の責任等）

民法四四六条① 保証人は主たる債務者がその債務を履行しないときに、その履行をする責任を負う。

② 保証契約は、書面でしなければ、その効力を生じない。

③ 保証契約がその内容を記録した電磁的記録によってなされたときは、その保証契約は、書面によってなされたものとみなして、前項の規定を適用する。

民法四五四条（連帯保証の場合の特則） 保証人は、主たる債務者と連帯して債務を負担したときは、前二条（催告の抗弁、検索の抗弁）の権利を有しない。

自分の債権をどのようにしてより強い債権にするかを考える

では、どうすれば、今までの債権をより強い力を持った債権に変身させることができるでしょうか。

今までの債権に、担保がついていなければ、これを要求します。もちろん、抵当権、根抵当権、代物弁済の予約などの物的担保でもよいし、相手の会社の社長や専務などの個人保証（連帯保証）でもよいでしょう（五〇頁参照）。相手も、支払期日をどうしても延期してもらいたければ、この申し出をむげに断ることができないはずです。なお、個人根保証の契約をする場合、極度額を定めなければ効力を生じません（四六五条の二）。

〔強い債権にする法〕

〈従前の契約〉		〈新しい契約〉
契約書がない	→	強い内容の契約書を作る
担保がついていない	→	抵当権・根抵当権をつける
	→	社長や専務を連帯保証人にする
手形を取っていない	→	支払日に合わせた手形をとる

※その他、不動産や機械があれば譲渡担保にとる

手形を差し入れてもらうことも、実務ではよく行われる方法です。支払期日に手形が落ちなければ不渡りとなり、会社の信用にかかわるからです。

譲渡担保として、不動産や債務会社の機械などを担保に取る方法もあります。そこまでしなくても、という場合には、違約金の定めがなければ、契約条項にこれを入れる方法もありますし、売買代金にこれまでの利息を含めたものを貸金として契約を結びなおし、その上で公正証書にする方法も考えられます。

ポイント

支払期日延期の申入れがあったら最大限にこれを活かすこと。

★支払いを猶予する場合の契約書の書き換えは

支払猶予を認めるときは再猶予がないよう念を押すと共に、担保のない債権ならば担保を取り、保証人が付いていなければ保証人を付ける等交渉すべきです。契約書を書き換える場合、支払期日だけを訂正するだけでは不十分です。別紙等で訂正の事実関係を記録して念書や覚書として取っておくのも一つの方法です。新たに作成する契約書には、訂正した期日の不払いに備えて、過怠約款の定め、遅延損害金の定めも入れ、この内容を公正証書または即決和解調書にしておくとよいでしょう。

相手の出方と交渉❷

8 返済を延ばすときは社長個人の保証を取り付ける

会社の債務の責任を社長は個人的には負わない

法律の建前からいうと、会社の行った取引行為について、代表取締役である社長や他の取締役も、なんら個人的な責任を負うわけではありません。法律上、株式会社（有限会社でもそうですが）では、社長といえども、**自分が出資した限度で会社の負うべき責任を負えばよく、それ以上の責任は負わなくてもよい**とされています。

しかし、会社の債務とはいえ、社長や専務取締役といった会社の代表者が事実上発生させた債務ですから、それが焦げついたとなると、法律上は責任がないからとはなかなか道義的にもいえないものです。

たとえば、取引先に悪い噂が立った、あるいは返済する約束を何度も破るというような場合が、個人保証を要求するチャンスといえます。この機会を捉えて、社長個人にも保証人になってもらうよう要求すべきです。中小企業では、会社が倒産しても社長個人としては支払能力を持っている例は数多くありますので、是非とも個人保証を取っておくべきです。

単なる保証と連帯保証とは効果が異なる

保証には、単なる保証と連帯保証とがあります。いずれも債務者の負った債務を保証する保証契約ですが、その違いは、前者が債権者の請求に対して、まず主たる債務者に先に請求してくれという「催告の抗弁権」や、ま

◆参照条文

商法五一一条（多数当事者間の債務の連帯）①　数人の者がその一人又は全員のために商行為となる行為によって債務を負担したときは、その債務は、各自が連帯して負担する。

②　保証人がある場合において、債務が主たる債務者の商行為によって生じたものであるとき、又は保証が商行為であるときは、主たる債務者及び保証人が各別の行為によって債務を負担したときであっても、その債務は、各自が連帯して負担する。

ず主たる債務者の財産に対して強制執行をしてくれという「**検索の抗弁権**」を持っているだけでなく、保証人が数人の場合は、頭数で割った分ずつしか保証義務がない（分別の利益）のに対し、後者はこのいずれの抗弁権も持たず、債務者と同等の立場で債務を負担する点です。

商法では、債務が、保証をしている主たる債務者の商行為によって生じたとき、または保証することが商行為であるときは、債務者と保証人とが別個の行為によりそれぞれ債務を負った場合でも、連帯保証となると規定しています（五一一条）。

なお、保証人に請求すると、債務者が勝手に印鑑を使って連帯保証人にさせられた、などと言われることがあります。本人を目の前に置いて印鑑を押させる場合は問題はありませんが、保証契約書を後で持参するなどのケースでは、受け取ったあと、すみやかに保証の意思の有無を確認することが必要です。

ポイント

単純保証よりは連帯保証のほうが効果あり。

金銭借用書等証書

一、金五〇〇万円也
弁済期　令和〇年〇月〇日
利息　年一割五分
遅延損害金　年三割
右、正に借用いたしました。
令和〇年〇月〇日
住所
借主　株式会社A社
右代表取締役　甲野　太郎　㊞
右借用金の返済について、連帯保証をいたします。
令和〇年〇〇月〇日
住所
連帯保証人　丙野　三郎　㊞
住所
乙野　二郎殿

★根保証と保証人の解約をするには

根保証とは、取引で生じる債務を継続的に保証するもので、期間や極度額（保証の上限）を定めるのが通例です。

期間の定めがない保証契約の解約の争いで、最高裁は、「主債務者に対する保証人の信頼が害されるに至った等、相当の理由がある場合には、債権者が信義則上見過ごしできない損害を被るような特段の事情がある場合を除いて、保証人から一方的に保証契約を解約でき」るとしています（昭和三九年一二月一八日）。

なお、根抵当設定者（債務者など）は、設定の時より三年を経過したときは、いつでも元本の確定を請求できます。

相手の出方と交渉❸

❾ 手形のジャンプの依頼には保証を取り付ける

⊠手形のジャンプとはどういうことか

債務者が担保代わりに手形を差し入れている場合には、債務が約束の期限までに支払えなければ、振り出した手形は不渡りになってしまい、**不渡りが重なれば銀行取引停止処分**となり、倒産ということになりますから、期限前に債権者の所へ来て、手形の期日を書き替えてくれるように頼んできます。これを一般に手形の「**ジャンプ**」と言っています。

債権者にとっては、ここは思案のしどころです。安易に応じるのは考えものです。

だからといって、債務者の依頼を断って、そのために債務者が倒産（六か月以内に二回の不渡りを出せば銀行取引停止処分を受け事実上の倒産）するようなことがあれば、元も子もありません。書替えに応じてやれば、手形の期日には本来回収できるはずの債権が、先に延ばされることになります。しかし、考えようによっては、債権をより確実に回収するチャンスでもあります。この場合に、まずなすべきことは、手形の書替えを断れば債務者に倒産の危険があるかどうか、書替えに応じてやれば新たな期日には手形が落ちるかどうか、相手の資産状態や取引状態を調査した上で判断することです。

⊠手形の書替えに応じる場合の注意点

書替えに応じる判断をしたら、次の点に注意することです。

①　書き替える手形の金額は、書替え前の手形金額に遅延利息を加えた金額にしてもら

◆参照条文

手形法三〇条（保証の要件）　①為替手形ノ支払ハ其ノ金額ノ全部又ハ一部ニ付保証ニ依リ之ヲ担保スルコトヲ得

②第三者ハ前項ノ保証ヲ為スコトヲ得手形ニ署名シタル者ト雖モ亦同ジ

手形法三二条（効力）　①保証人ハ保証セラレタル者ト同一ノ責任ヲ負フ

②保証ハ其ノ担保シタル債務ガ方式ノ瑕疵ヲ除キ他ノ如何ナル事由ニ因リテ無効ナルトキト雖モ之ヲ有効トス

③保証人ガ為替手形ノ支払ヲ為シタルトキハ保証セラレタル者及其ノ者ノ為替手形上ノ債務者ニ対シ為替手形ヨリ生ズル権利ヲ取得ス

うこと。

② 書替え前の手形に、裏書人、手形保証人がある場合には、再度同じ裏書人、手形保証人を付けてもらうこと。

債権回収が難航すると、なかなか遅延利息までは請求できないものです。それが手形を書き替えることによって、確実に回収できるとなれば、これを活かさない手はありません。

また、旧手形に付いていた裏書人や手形保証人を改めて付けてもらえば、万一、手形が不渡りとなっても、これらの人に手形金を請求できるわけですから、書替えによって損失を被る心配はありません。ですから、手形の書替えに応じる際には、前の手形金額に遅延利息を加えた手形と手形債務者を要求し、これができなければキッパリと断ることです。

なお、手形ジャンプは突然頼まれることが多いので、期日が近づいたら心の準備が必要です。また、旧手形は必ずコピーを取っておくことです。

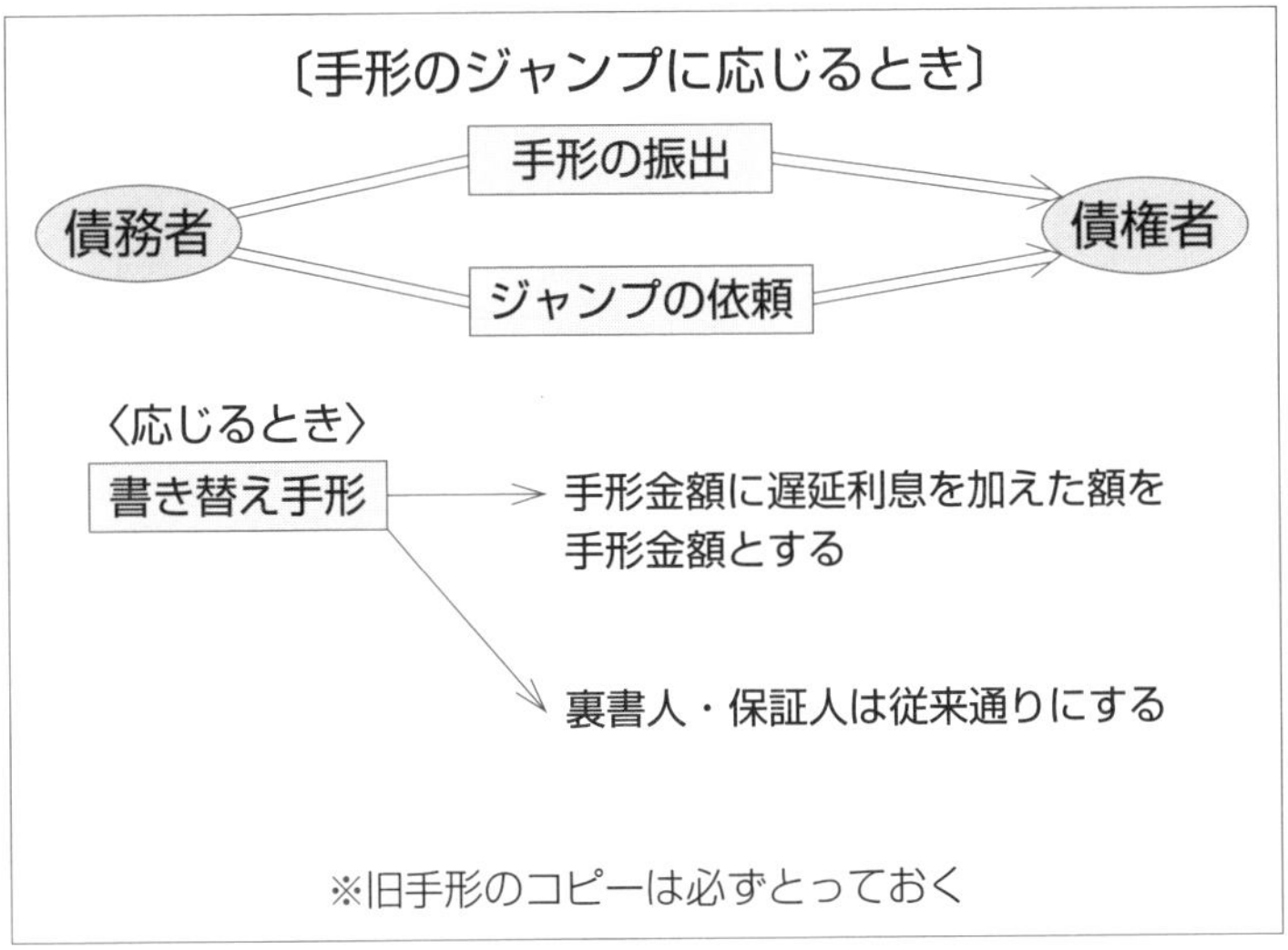

ポイント

手形ジャンプに応じる場合、振出人の資産調査が先決。

★手形の不渡りと対策

不渡りの連絡を銀行より受けたら、その理由と異議申立ての有無をまず調べます。

異議申立てがあれば、異議申立て預託金の仮差押えをすぐにすべきです。

また、異議申立てがないようでしたら、至急手形の振出会社の財産を調査しその仮差押えをします。

その後、手形の振出会社との折衝ということになりますが、対応がなければ、「手形訴訟」を起こし、判決を得て強制執行することになります。

10 債権回収の第一歩は督促（請求）から

請求には法律的効果がある

債権を持っていれば、請求することが必要です。請求できること、これは債権の効力の一つです。

というと、そんな当たり前のことは、誰でも知っている、そんなことを知るためにこの本を買ったのではない、と思われる向きもあるかもしれません。しかし、大事なことは、まず基本的なことを確実に理解し、実行することです。

これが法律の分野、いや野球や剣道などのスポーツの世界でも同じですが、基本ができていないと、上達も望めないことは論を待ちません。

請求したとはいうものの、請求の電話を入れたけど、相手が不在で、ついそのままになっている、あるいは単に請求書を送っただけというようなケースも決して珍しくはありません。

請求書を送ったけど返事はいつもらえるか、というようなフォローをしないと、債務者も人の子、忘れることもありますし、放っておかれるかもしれません。

きちんとした請求をすれば、請求を受けた相手も心理的な圧力を受けるものです。同時に請求をすることによって、法律的な効果も発生します。

債権が期限付きのものでない場合には、請求することによって債務者には支払義務が発生します。

その時点から債務者には債務不履行の責任

◆参照条文

（裁判上の請求等による時効の完成猶予及び更新）

民法一四七条① 次に掲げる事由がある場合には、その事由が終了する（確定判決又は確定判決と同一の効力を有するものによって権利が確定することなくその事由が終了した場合にあっては、その終了の時から六箇月を経過する）までの間は、時効は、完成しない。

一 裁判上の請求

二 支払督促

三 民事訴訟法第二七五条第一項の和解又は民事調停法若しくは家事事件手続法による調停

四 破産手続参加、再生手続参加又は更生手続参加

② （略）

（催告による時効の完成猶予）

民法一五〇条① 催告があったときは、その時から六箇月を経過するまでの間は、時効は、完成しない。

② 催告によって時効の完成が猶予されている間にされた再度の催告は、前項の規定による時効の完成猶予の効力を有しない。

が発生し、その結果、遅延損害金の請求もできるようになるのです。

⊠請求（催告）によって時効の完成が猶予される

請求（催告）することによって、債権の消滅時効の完成を猶予させることもできます（一八、六四頁参照）。

裁判による請求の場合には、完全に時効の完成は猶予されますが、**裁判外の請求の場合には、六か月間だけ時効が完成しない**という効力があるだけです（民法一五〇条）。

なお、この六か月の起算日は催告（催告書）が相手に届いたときからです。届いたかどうかは催告をした側が証明しなければなりませんので、必ず**配達証明付内容証明郵便**でするようにしましょう。

時効完成間近の場合には、何はともあれ請求をすることです。これも電話など口頭による請求だと相手が請求を受けたことがないなどと言いかねませんので、内容証明郵便により請求をすることです。

しかし、債権者が請求をすれば、支払いを滞らせている横着な債務者でも「あと一か月何とか待ってくれ」ぐらいのことは言うでしょう。「待ってくれ」の一言があれば、これは債務の承認があったことになります。この場合も、後で言った言わないでもめないよう「○年○月○日には支払います」等の書面を取っておくことが大事です。

この「**債務の承認**」があれば、時効はその時から、新たに進行を初めます。（時効の更新）。

相手が千円でも、一万円でも払ってくれれば、これも債務の承認になります。この場合にも控付きの領収書を作って渡し、サインをもらい、後日に証拠を残すようにすることが大事です。

ポイント
債権は支払いを待っているだけでは時効により消滅する。

★**時効が停止は完成猶予に変わった。**
時効の停止は、時効の中断をすることが困難な事由があるときに、一定の期間だけ時効を停止（その期間だけ時効期間を延長）するものでしたが、民法改正により、その期間時効の完成が猶予される、と変更になりました。
①時効満了時に未成年であったとき→六箇月
②夫婦が離婚したとき→六箇月
③相続人が確定しなかったとき→三箇月
④天災等が発生したとき→二週間
なお、時効の完成猶予は、すでに完成した時効には適用がなく、もうすぐ時効が完成しそうだという場合に役立つものです。

⓫ 請求に応答がなければ内容証明郵便で請求する

内容証明郵便による請求は証拠を確保するため

内容証明というと、何か法律的な効力を持っているような文書という感じがしますが、内容証明自体には何ら法的な効力が与えられているわけではありません。

正式には、内容証明郵便といいますが、これは内容証明郵便を受け付けた**郵便局が、どんな内容の手紙を出したかを公に証明してくれる**というものです。これが一般の手紙ですと、そんな手紙は受け取った覚えがないとか、手紙は受け取ったがそんな内容の手紙ではなかったなどと、言われる恐れがあります。

しかし、配達証明付の内容証明郵便を使えば、いつ、どのような内容の手紙を出したかを郵便局が証明してくれるわけですから、強力な証拠になり、裁判でも強い証拠力を発揮するものといえます。

内容証明郵便には隠れた効果もある

内容証明には、隠れた効果があります。内容証明郵便を受け取った相手は、これは単なる請求ではない、次は何らかの法律的な手段を取ってくるのではないかと、心理的な圧力がかかってきます。一種の脅かしにもなりかねないのです。

ですから、債務者が支払いに応じないからといって、誰に対しても内容証明による請求をしていいとは限りません。すなわち、今後も円満に継続的な取引関係を望む相手であれば、内容証明による請求は逆効果となります。

◆参照条文

（意思表示の効力発生時期等）

民法九七条① 意思表示は、その通知が相手方に到達した時からその効力を生ずる。

② 相手方が正当な理由なく意思表示の通知が到達することを妨げたときは、その通知は、通常到達すべきであった時に到達したものとみなす。

③ 意思表示は、表意者が通知を発した後に死亡し、意思能力を喪失し、又は行為能力の制限を受けたときであっても、そのためにその効力を妨げられない。

何度請求してものらりくらりと逃げの一手、挙げ句は居留守を使うなど、悪質な債務者で、場合によっては取引中止になっても構わないという相手であれば、こちらの毅然とした態度を示す意味で、内容証明は効果があると言えます。

　要するに、債務を支払う意思はあるのですが、本当に金繰りに窮しているような、未だ良心的な債務者であれば、内容証明による請求は避けて、話合いにより解決の道を探すべきです。

　内容証明の中身である文章の書き方如何によっては、相手の心証を害する場合があります。書き方がよくわからない、どんな内容のものを書けばよいかわからないという場合には、気軽に弁護士に依頼するのもよいでしょう。内容証明を書いてもらうだけなら、費用もそんなにはかかりません。

　いくら催促しても梨の礫であった債務者が、弁護士の名前で出された内容証明を受け取ったために、すぐに支払いにきたという例は、よくあることです。

　このように内容証明による請求には、単なる催促に止まらず、法的手段を取るぞという宣戦布告的な意味合いを持っていますので、使うかどうかは、慎重に判断することが必要です。

〔内容証明郵便の効果〕

証拠	⇒公的機関が文書の内容を保証
確定日付	⇒債権譲渡など確定日付の必要なものがある
保管	⇒5年間は郵便局が保管してくれる
隠れた効果	⇒次に法的手段でくるという予告

ポイント

弁護士の名前で出す方が債務者に圧力を与える効果がある。

★時効完成前に内容証明を出したが受取拒否された

時効が完成する直前に、これに気がついて内容証明郵便で催告（請求）するという例はよくあります。民法では、到達主義をとっていますので、相手が受取りを拒否した場合、時効が完成してしまいそうです。

最高裁の判例では、民法上の意思表示の到達というのは、意思表示が相手方にとって了知可能な状態に置かれたことであって、相手方が現実に受け取ったことではない、としています。

⑫ 内容証明の書き方には一定の方式がある

内容証明郵便で出す場合にはルールがある

内容証明郵便は一般の手紙と同じだと述べましたが、では、自由に手紙を書いて郵便局の窓口へ持って行けば内容証明郵便にしてもらえるかというと、これは受け付けてはもらえません。内容証明郵便を出す場合には、一般の手紙と違ったいくつかの制約があるからです。

まず、一枚の紙に書ける文字数の制約があります。縦書きの場合には、一行二〇字以内、一枚二六行以内に納めなければならないことです。横書きの場合は、一行一三字以内、一枚四〇行以内か、または一行二六字以内、一枚二〇行以内となります。要するに、一枚の紙に書ける文字数は、五二〇字までということです。これより少なければ、一行一六字、一枚一二行でもよいわけです。

また、これを超える場合には、二枚目に書けばよく、二枚分の料金がかかります（内容証明郵便に使う用紙は文房具店等で市販されています）。

文章が長くなり、二枚以上にわたる場合には、ホッチキスや糊で綴じ、そのつなぎ目には、差出人のハンコを押します。この印のことを**割印または契印**といい、三文判でもかまいません。

また、内容証明郵便では使用できる文字についての制限があります。使用できるのは、仮名（平仮名、カタカナ）、漢字、数字です。

◆参照条文

郵便法四八条（内容証明）

① 内容証明の取扱いにおいては、会社において、当該郵便物の内容たる文書の内容を証明する。

② 前項の取り扱いにおいては、郵便認証司による第五八条第一号の認証を受けるものとする。

郵便法四七条（配達証明）

配達証明の取扱いにおいては、会社において、当該郵便物を配達し、又は交付した事実を証明する。

数字は算用数字でも漢数字でも使えます。英語は固有名詞に限り使用可能です。その他、句読点、かっこ、一般に記号として使用されているもの（＋、×、％＝など）は使用できます。

◇一般の手紙と異なる点は書き損じた場合の訂正方法

文字を書き間違え、削除する場合は、二本の線を引いて消します。

書き間違えた文字を削除して訂正する場合には、二本線を引いて消した文字の右（横書きの場合は上）に、正しい文字を書き加えます。

削除したり訂正した文字は読めるようにしておかなければなりませんので、塗りつぶさないようにしてください。

文字を挿入する場合には、挿入する箇所の右（横書きの場合は上）に挿入する文字を書き、かっこで挿入位置を指定します。

その上、削除、訂正、挿入する場合には、これを行った行の上欄または下欄の余白あるいは末尾の余白に、「○行目○字削除」、「○行目○字訂正」というように記載し、これに押印しなければなりません。

このようにして同文のものを三通（差出人が複数の場合は、その数に二通を加えた数）と、差出人、受取人の住所氏名を書いた封筒を受取人の数だけ持って、郵便局（集配を行う郵便局と地方郵便局長の指定した無集配郵便局）の窓口へ行ってください。その際、字数計算の間違いなど訂正用に印鑑を持っていくのがよいでしょう。

料金は内容証明料金が一枚につき四四〇円（一枚増えるごとに二六〇円加算）、書留料金四三五円、通常の郵便料金八四円（二五グラムまで）、配達証明を付ければ料金三二〇円が必要です。

ポイント

ルールに適合していればワープロで打ったものやコピーでもOK。

★内容証明は必ず配達証明付にしなければならないか

債権者が債務者に対し何度請求書を送っても、何ら対応を示さない場合には、内容証明で債権の請求をすることはよく行われることです。内容証明郵便では、どんな内容の郵便物を出したかという証明はしてくれますが、それが相手にいつ届いたかの証明はしてくれません。民法では、意思表示の通知は相手方に到達したときとしていますので、いつ届いたかが重要になってきます。これを証明してくれるのが、「配達証明」です。配達証明付で郵便を出すと、相手に到達した日を記載したハガキがその配達局から送られてきます。このハガキが配達した証明書となります。

督促と内容証明❹

⑬ 貸金・売掛金請求の内容証明のサンプル

▼貸金請求の内容証明のサンプル

貸金請求書

私は、貴殿に対し、令和元年九月五日金二〇〇万円を、利息年一割、返済期日令和二年三月五日の約束でお貸しいたしましたが、すでに返済期日は過ぎておりますが、いまだに返済していただいておりません。

つきましては、本書面到達後七日以内に、金二〇〇万円およびこれに対する令和元年九月五日から完済に至るまで年一割の割合による利息をお支払い下さいますように、ご請求申し上げます。

なお、右期間内にお支払いなき場合、法的手続きをとらざるを得ませんので、ご了承下

▼売掛金請求の内容証明のサンプル

売掛金請求書

貴社益々ご清栄のこととお慶び申し上げます。

さて、弊社が貴社に対して、令和元年一二月三日に販売いたしました〇〇型コンピュータの代金額金五〇〇万円を、令和二年一月三一日に支払う約束にもかかわらず、令和二年三月三一日の現在まで、支払っていただいておりません。

つきましては、本書面到達後七日以内に、金五〇〇万円をお支払い下さいますように、ご請求申し上げます。

万が一、右期間内にお支払いなき場合、遺

◆アラカルト

★内容証明郵便
どこで出すのか

内容証明郵便を出したいとき、近所の郵便局へ行っても受け付けてくれない場合があります。内容証明を取り扱っている郵便局は、集配郵便局、特定郵便局（特に指定した無集配郵便局）です。

※内容証明郵便を出すと

内容証明郵便が受け付けられると、郵便局から差出人に「書き留め郵便物受領書」が渡されます。これには、差出人、受取人の名前、引受日時、引受番号が記載されています。この受領書は、何らかの事情により配達されなかった場合の損害賠償を請求するときに必要ですし、また郵便局に保存してある内容証明郵便を閲覧したり、後述する**再度証明**をもらうときにも必要ですから、大切に補完しておきましょう。

さい。

令和二年四月一日

東京都中央区銀座〇丁目一番一号

通知人　甲　野　太　郎　㊞

東京都新宿区新宿〇丁目一番一号

被通知人　乙　野　次　郎　殿

憾ながら訴訟、強制執行その他の法的手続きをとらざるを得ませんので、その旨ご了承下さい。

令和二年四月一〇日

東京都中央区銀座〇丁目一番一号

株式会社甲野産業

代表取締役　甲野太郎　㊞

東京都新宿区新宿〇丁目一番一号

株式会社乙野商事

代表取締役　乙野次郎殿

■内容証明郵便と不在

内容証明郵便を出しても不在で相手に届かない場合があります。この場合、内容証明郵便が到達しないのですから、時効の完成猶予等の効果は生じません。

このような場合には、裁判所に訴訟を提起するなどをして時効の完成猶予をするしかありません。なお、行方不明の債務者には公示による方法があります（民法一四七条、民事訴訟法一一一条）。

また、不在を装って受取りを拒否して、時効を完成させるなどの行為は、許されるものではなく、内容証明が到達したものとして債権の支払いを命じた判決があります。

★内容証明を紛失したら

後日、裁判の証拠として必要なのに、紛失してしまったという場合には「再度証明」が利用できます。

これは差し出した郵便局で内容証明郵便を閲覧し、そっくり同じものを作って郵便局に持っていきますと、その郵便物が内容証明郵便として差し出されたことを証明してもらえます。これを「再度証明」といいます。この際、前述した書留郵便物受領証を持参します。

なお、内容証明郵便が保存されている期間は、五年間に限られています。謄本を閲覧する場合の料金は四四〇円です。

14

督促と内容証明❺

効果的な内容証明の書き方

⊠内容に間違いがあると逆効果になる

内容証明郵便は、相手方に出した文書の内容を、受け付けた郵便局で証明してくれるものです。そのため、裁判において、証明力の高い文書であるといえます。

このことから、内容証明に書く文書は、**事実関係をよく調べ、確認した上で書くこと**が必要です。裁判になった場合、間違った事実を書いてあると、その後の主張や請求の根拠についても疑いを持たれかねません。

また、余分なことや不正確なあいまいな表現にすると、相手に揚げ足をとられることも起こります。表現はできるだけ簡潔に、かつ明確に書くことが大事です。

よく、手紙と同じということから、時候の挨拶に始まって、だらだらと手紙と同じように書く人がいます。いわゆる手紙を書くのであれば、内容証明郵便にする必要は全くありません。内容証明郵便を出すからには、どんな目的で出すのかを、考えてください。

売掛金の請求であれば、タイトルを「売掛金請求書」と書いて、いつ、何を売った代金の請求で、〇月〇日と〇月〇日に請求書を送ったが支払いがない、あるいは〇月〇日電話により〇月〇日に支払いをする旨の約束であったのに、未だもって支払いがないなどのように、まず請求の根拠を書きます。

そして、どのような支払いを請求するのか（本書面到達後一〇日以内に現金で、というように）、もし、それが実行されない場合、

◆ことわざ

★形式は事物を存在させる

債権に関する行為は方式自由が原則なので、この諺（ことわざ）のように一定の方式を踏んだ場合に成立する行為は少ないのですが、身分行為では、婚姻、離婚、養子縁組など届出によって成立します。一般の人の感覚では、不動産の売買など重々しい契約では、契約書がないと成立しないと思っている人が多いようですが、法的には口頭でも成立します。

自分の方としてはどんな手段を取るかなどを簡潔に書くのが一般的です。

内容証明郵便を受け取った相手方も、これは単なる請求ではないなと思っているはずです。ですから、支払いがなければ法的手段を取る、あるいは担保権の実行をするなど、何らかの強いこちらの側の姿勢を見せることです。そうすることによって、内容証明郵便はより一層効果的なものになります。

〔内容証明郵便に要する費用〕

内容証明料	440円（2枚目から1枚につき260円増加）
書留料	435円
郵便物の料金	25グラムまで84円 50グラムまで94円
配達証明料	320円

配達証明付の郵便にすることを忘れないこと

それと忘れてならないのは、必ず配達証明付の郵便にすることです。法律的な効果を持つ文書は、それが相手方に到達したときに効力を持つというのが民法の原則です（九七条）。いつ届いたかが争いになる場合は、配達証明付きで出してあれば、これも公的な証明力を持つものですから、裁判上十分な証拠力を持つわけです。

配達証明にするには、内容証明郵便を出す際に申し出るのですが、一年以内であれば、内容証明郵便を出した後でも、配達証明を出してもらうこともできます。ただし、この場合は配達証明料四四〇円がかかります。

ポイント

何らの対応がなければ法的手段をとるなどを予告しておくと効果がある。

★従業員の使い込んだ金を身元保証人に請求できないか

入社に際しては、身元保証契約書を入れさせる会社は多いようです。ただし、身元保証契約の期間は三年で、最長五年（商工業見習者は五年）とされています。また、契約更新も五年を超えることはできません。さらに、その社員に業務上不適任または不誠実な事実があったとき、または任務または任地の変更があったときには、身元保証人への通知が必要です。

以上の条件をクリアーしていれば、身元保証人へ使い込み金の請求は可能です。ただし、判例では会社の監督責任もあることであり全額認めるケースは少なく、一、二割のケースが多く、多くても五割程度しか認めないようです。

⑮ 頭脳的回収法❶

取引先から買った商品や製品の代金と相殺する

※取引相手に債務があれば相殺を活用する

取引が順調にいっていれば、債権回収ができなくなるということは、余程のことがないかぎり起こらないものです。

しかし、取引先の中には、こちら側の些細なミスをあげつらって、なかなか商品代金を払おうとしない相手もいるものです。

このような場合、債務者に対して債務（買掛金や手形金など）があれば、商品代金債権とあなたが負っている債務とを**相殺**（そうさい）することによって、債権回収をするのと同様の効果を上げることができます。

相殺というのは、債権者と債務者とが、お互いに債権を持っている場合に、一方の意思表示によって、対等額だけ双方の債権を消滅させるものを言います（民法五〇五条）。

たとえば、あなたが債務者に対して二〇〇万円の売掛金を持っており、債務者があなたに対して三〇〇万円の売掛金を持っているという場合に、債務者の売掛金債権の支払期日が過ぎていれば、相殺の通知を債務者に出すだけで二〇〇万円について相殺することができ、実質的に債権回収をすることができるわけです。

※相殺ができるための必要条件は

相殺というのは、このように通知一本で債権回収の実を上げることのできる決済方法ですが、相殺を行うためには、いくつかの条件があります。

一つは、債権者と債務者とが、お互いに同

◆参照条文

（相殺の要件等）

民法五〇五条① 二人が互いに同種の目的を有する債務を負担する場合において、双方の債務が弁済期にあるときは、各債務者は、その対等額について相殺によってその債務を免れることができる。ただし、債務の性質がこれを許さないときは、この限りでない。

② 前項の規定にかかわらず、当事者が相殺を禁止し、又は制限する旨の意思表示をした場合には、その意思表示は、第三者がこれを知り、又は重大な過失によって知らなかったときに限り、その第三者に対抗することができる。

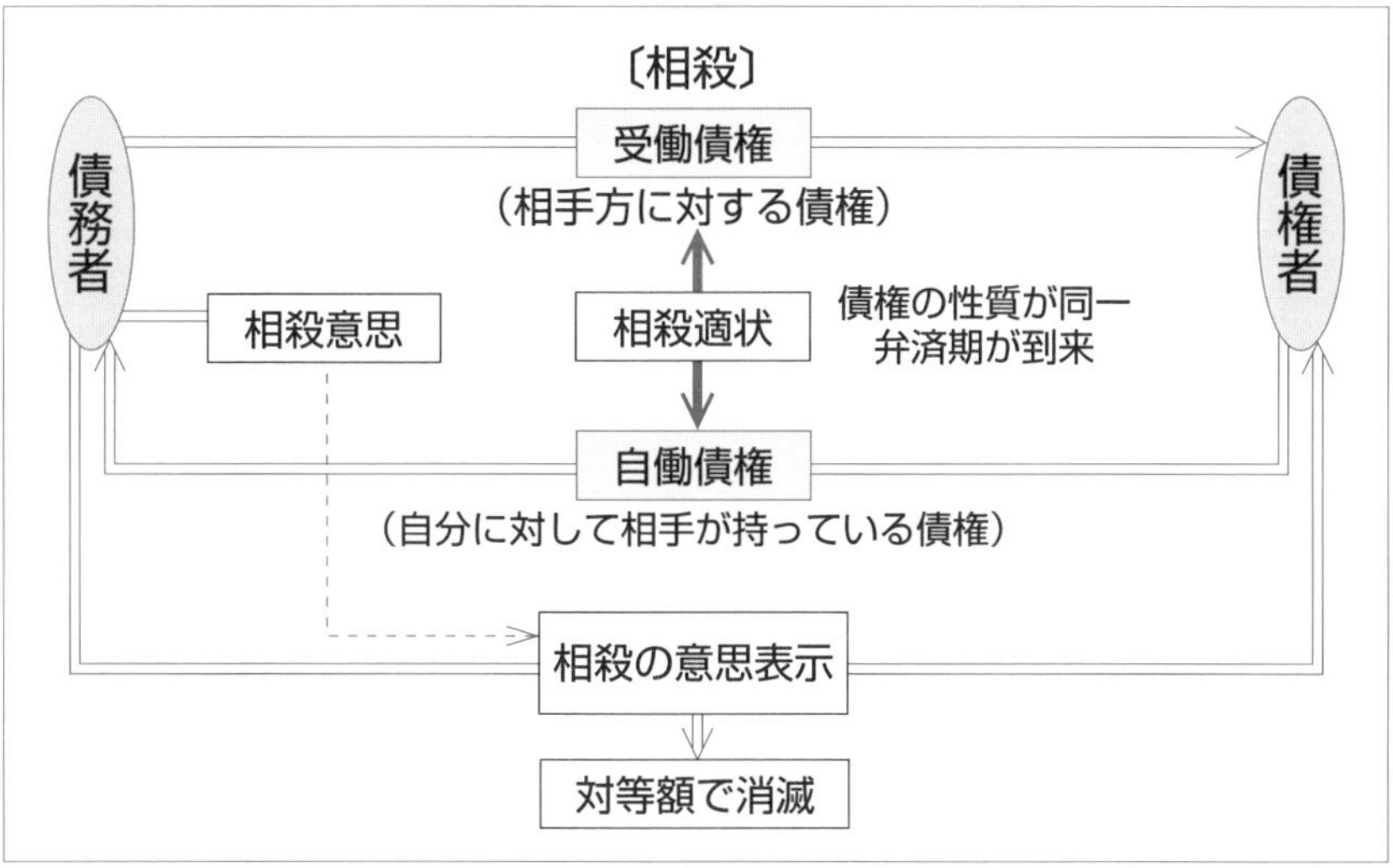

種の債権を所持していること、です。

また、相殺をするには、相殺の禁止されていない債権であることが必要です。相殺禁止に当たるものは、不法行為による損害賠償請求権、賃金債権、差押禁止債権、抗弁権（相手方に主張できる権利）のついている債権などです。

また、双方の債権が相殺できる状態にあることが必要です。これを**相殺適状**といいます。すなわち、両債権が弁済期にあることです。ただし、相殺をする側は弁済期前でも、支払う意思があれば期限の利益を放棄することができますので、要は**相手方の債権が弁済期にあればよい**ということです。

さらに、相殺の通知をすることです。一般には、後でモメないよう内容証明郵便で通知します。

ポイント　時効で消滅した債権でも相殺可能の場合がある。

★取引先が相殺予約契約をしたいと言ってきたが

相殺契約は個々の債権債務について、当事者間において、相殺して債務を消滅させる合意をいいます。これを将来発生する債権を相殺しよう、という合意が相殺予約契約です。このような予約契約をしておくメリットは、相殺適状になるのを待たずに、どんどん相殺して、第三者からの差押えに対して、相殺を主張して対抗するための根拠に利用できるという点です。

頭脳的回収法❷

16 債務者の取引先の債権を譲り受け回収する

⊠危ない会社でも債権の一つや二つは持っているもの

債権の回収は、何も現金で耳を揃えて返してもらう方法ばかりではありません。債権の代わりに不動産や財産的な価値のある動産で返してもらう「**代物弁済**」の方法でも、債権回収の満足が得られればよいわけです。

そのような回収方法の一つに、「**債権譲渡**」があります。これは債務者の所有している債権を、債務者の弁済として受け取る方法です。ただ、債権は自由に、誰に対しても譲渡できますので、追い込まれた債務者は何人もの債権者に対して、債権譲渡を行います。

債権譲渡の場合には、債権の譲渡人が譲り渡す債権の債務者に**譲渡の通知**をするか、または債務者が**債権譲渡の承諾**をしたときに、債務者や他の債権者などに譲り受けた権利を主張できることになっています。なお、この通知や承諾は、**確定日付のある証書**によって行うことが必要です。

中小企業では、資金調達のために不動産は金融機関に担保に取られ、また代表者の個人保証は幾重にも取られているのが通常です。回転資金があれば会社を建て直せるという場合、担保がなければ債権者としても、資金の融通はできません。

⊠集合債権を譲渡担保に取るには

そこで、最近注目されるようになったのが、会社の日常の中で発生し、または将来発生する債権を一括して担保として活用する「**集合**

◆参照条文

（債権の譲渡性）

民法四六六条① 債権は、譲り渡すことができる。ただし、その性質がこれを許さないときは、この限りでない。

② 当事者が債権の譲渡を禁止し、又は制限する旨の意思表示（以下「譲渡制限の意思表示」という。）をしたときであっても、債権の譲渡は、その効力を妨げられない。（③④略）

民法四六七条（債権譲渡の対抗要件）① 債権の譲渡は、譲渡人が債務者に通知をし、又は債務者が承諾をしなければ、債務者その他の第三者に対抗することができない。

② 前項の通知又は承諾は、確定日付のある証書によってしなければ、債務者以外の第三者に対抗することができない。

債権譲渡担保」です。この集合債権譲渡担保は、最初は判例で認められ、最近では、判例法で確立されるまでになっています。

　債権譲渡については、前述したように個別に債務者の承諾や通知を確定日付のあるものでしなければならないなど手続きが面倒で敬遠されていたのですが、平成一〇年に制定された「動産及び債権の譲渡の対抗要件に関する民法の特例等に関する法律」が制定され、利用しやすくなりました。

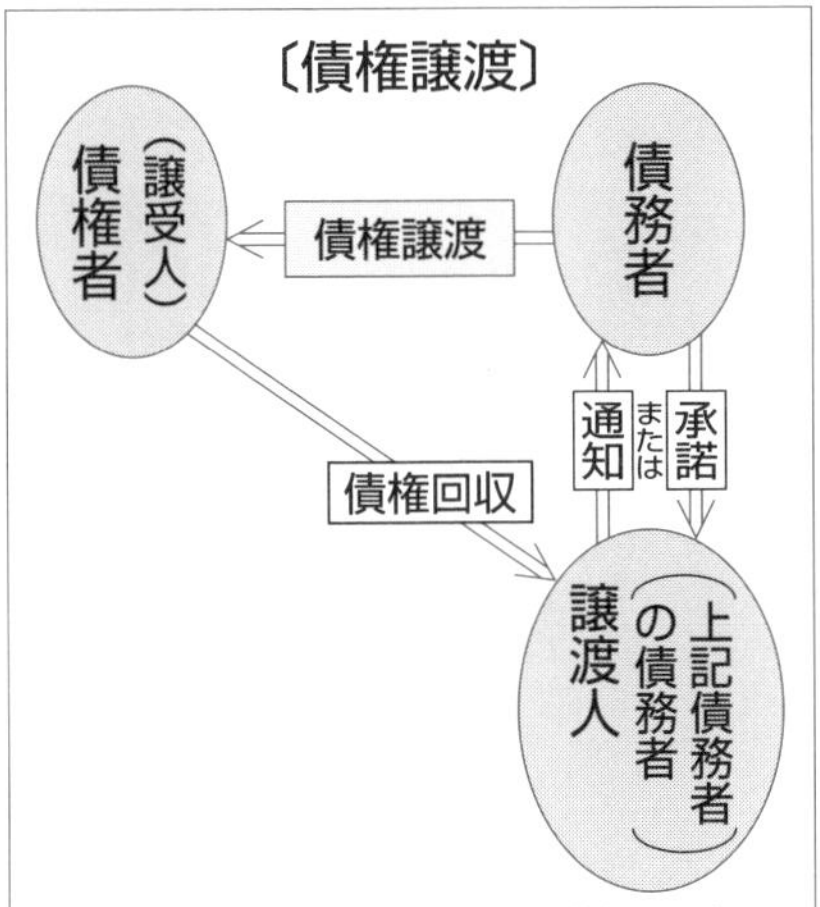

※通知や承諾は、内容証明郵便など、確定日付のある証書でする

　つまり、登記所の債権譲渡の登記ファイルに登記をすれば、当該債権の債務者以外の第三者については、確定日付の通知があったものとみなされ、また、この登記事項証明書を債務者に通知し、債務者が承諾した場合も債務者にも対抗できるようになったのです。

　担保の設定に必要な事項は、次のとおりです。

①　債務者の所有する債権の特定（指名債権で複数の債権も可能）

②　特定されたそれぞれの指名債権の金額の確定

③　第三者への対抗要件として債権譲渡登記ファイルへの登記（登記日が確定日付となる）

④　債務者が譲渡する債権の債務者に対して「登記事項証明書」を交付し通知する

ポイント

第三債務者への譲渡の通知または譲渡の承諾をとることが必要

★債権譲渡を確実にする債権譲渡登記とは

　債務者に財産がなければ、債権者が次に目を付けるのは、債務者の持っている債権です。これを債務者から譲り受けて、自分の債権の回収に充てます。ただ、債権の譲渡を受け、これを第三者に対抗するためには、確定日付のある証書（配達証明付内容証明郵便）による通知、または確定日付のある証書により第三債務者（債務者に対する債務者）の承諾が要件となっています。

　追い込まれた債務者は、複数の債権者に対して債権譲渡を行いがちです。そのため、優先権をめぐって争いとなります。これを防ぐのが、平成一〇年一〇月から施行されている「債権譲渡の対抗要件に関する民法特例法」です。これは登記所にある債権譲渡登記ファイルに債権譲渡の登記をすることで、対抗要件を備えることができます。この場合は、登記の日付が確定日付となります。

頭脳的回収法❸

17 債務者の取引先へ債権を譲り渡し回収を図る

債務者の取引先へ債権を譲り渡すには

債務者が商品や原材料を販売する者であれば、そこから商品を買い入れて、前に述べた相殺の方法により、債権回収の実をあげることができますが、債務者がこのような業務を行っていない場合には、この方法は利用できません。

では、どうするか。

まず、債務者の取引先を調べることです。あなたの債務を支払わないほどの債務者であっても、他に債権が皆無ということは少ないでしょう。

そこで、あなたが債務者に対して持っている債権を、債務者に対して債務を負っている人に譲渡して、その人に相殺をしてもらう方法により、実質的に債権回収の効果を上げることができます。

問題は、債務者に対して債務を負っている人が、あなたの債権を買うほどの資金的余裕があるかどうか、また見ず知らずの相手であるあなたとの交渉に応じてくれるかどうかです。

しかし、そこは交渉次第です。あなたの債権を多少なりとも低い価額で譲渡すれば、その人にとっても利益となるわけですから、話の持っていき方によっては、道が開けないとも限りません。

債権譲渡を問題なく行うには

回収の困難な債権を、法的な手段によって回収することにすれば、時間も費用もかかり

◆参照条文

債権譲渡の対抗要件に関する民法の特例等に関する法律二条（債権の譲渡の対抗要件の特例等） 法人が債権（指名債権であって金銭の支払を目的とするものに限る。以下同じ）を譲渡した場合において、当該債権の譲渡につき、債権譲渡登記ファイルに譲渡の登記がされたときは、当該債権の債務者以外の第三者については、民法四百六十七条の規定による確定日付のある証書による通知があったものとみなす。この場合においては、当該登記の日付をもって確定日付とする。

ます。債権譲渡を受け入れてくれるならば、すぐにでも回収の実を上げることができるわけですから、多少割り引いて譲渡することも無駄ではありません。

債権の譲渡は、当事者の合意だけで効力を生じますが、債務者に対して譲渡の効力を主張できるためには、**譲渡のあったことを債権者から債務者へ通知するか、債務者に承諾してもらう**ことが必要です。

また、債権譲渡を債務者以外の第三者に主張できるためには、通知や承諾が確定日付のある証書（たとえば、内容証明郵便など）によることが必要です。

なお、あらかじめ譲渡しない特約がある場合や恩給権や扶養請求権などの一身専属権は債権譲渡が許されませんので、注意してください。

ポイント

どの程度割り引いて譲渡するかがポイント。

★債権譲渡の優劣

会社の経営状態が悪く、危ないという噂が業界に流れると、その会社の債権者は競って回収を始め、挙げ句の果てはその会社の持っている債権を譲り受けることで回収を図る方法を取ります。

困窮した債務者は、債権を二重三重に譲渡してしまうケースも珍しくありません。

このような場合に備えて、民法では債権の譲渡人が債権を譲渡した旨を債務者に通知するか、債務者がこれを承諾した場合を除いて、債務者その他の第三者に対抗できないとしています。その通知や承諾も、確定日付のある証書（内容証明郵便など）によることとしています。二重に通知が出されていれば、確定日付の早いほうが優先します。確定日付のある通知が、同時にその債権の債務者（第三債務者）に届いたときは、先に払って貰った方が有利になります。

★二重に債権譲渡をした債務者の債務者（第三債務者）が供託をしたが

債権者の一人だけに払ってしまうと、後になって他の債権者に支払いを迫られるなどのため、二重払いの危険を避けるために、債務に相当する金額を供託してしまうことがあります。

債権者としては、先に譲渡通知が到達した方に優先権があるわけですが、同時に到達した場合は問題です。供託金の払渡しについて債権者同士で話がつけばよいのですが、話し合いがつかないときは、訴訟によるしかありません。判例はまちまちで、二分の一としたもの、一人に払い渡し債権者間で清算すべきとしたものがあります。

18 頭脳的回収法④
債務者に破産手続きを持ち出して回収を図る

破産宣告が下されるとどんな立場に置かれるか

債務を返済しようにも無い袖は振れないですよ、などと居直っている債務者に対する圧力のかけ方に、破産手続きを持ち出す方法があります。

破産というのは、一口で言うと、借金が過大で支払不能になった者に、裁判所が「破産宣告」を下すものです。破産宣告が下されると、一定の公務員にはなれなくなるし、会社の取締役なども退職しなければならなくなります。そればかりか、銀行取引は停止されますし、要するに世間の経済活動をシャットアウトされることになります。

一方では、破産管財人がつけられ、破産者の財産を整理し、すでに人にやったり、支払ったりしたものも一定範囲で取り戻し、総債権者に債権額に応じて配分されます。そのためには、破産者の財産は洗いざらい調べられますし、郵便なども管財人に開封されますし、居住地を代えるにも裁判所の許可が必要になるなど、おそろしく不自由な目にあうことになります。

債権回収に応じなければ、破産手続きも止むを得ませんね、といって、迫るのが債権回収の圧力になるわけです。

債務者に破産を持ち出して効果のある場合とは

これからも営業を続けたい、あるいは社会的な地位がある者にとって、破産者となるこ

◆参照条文

破産法一条（目的）　この法律は、支払不能又は債務超過にある債務者の財産等の清算に関する手続を定めること等により、債権者その他の利害関係人の利害及び債務者と債権者との間の権利関係を適切に調整し、もって債務者の財産等の適正かつ公平な清算を図るとともに、債務者について経済生活の再生の機会の確保を図ることを目的とする。

〔債権者による破産の申立て〕

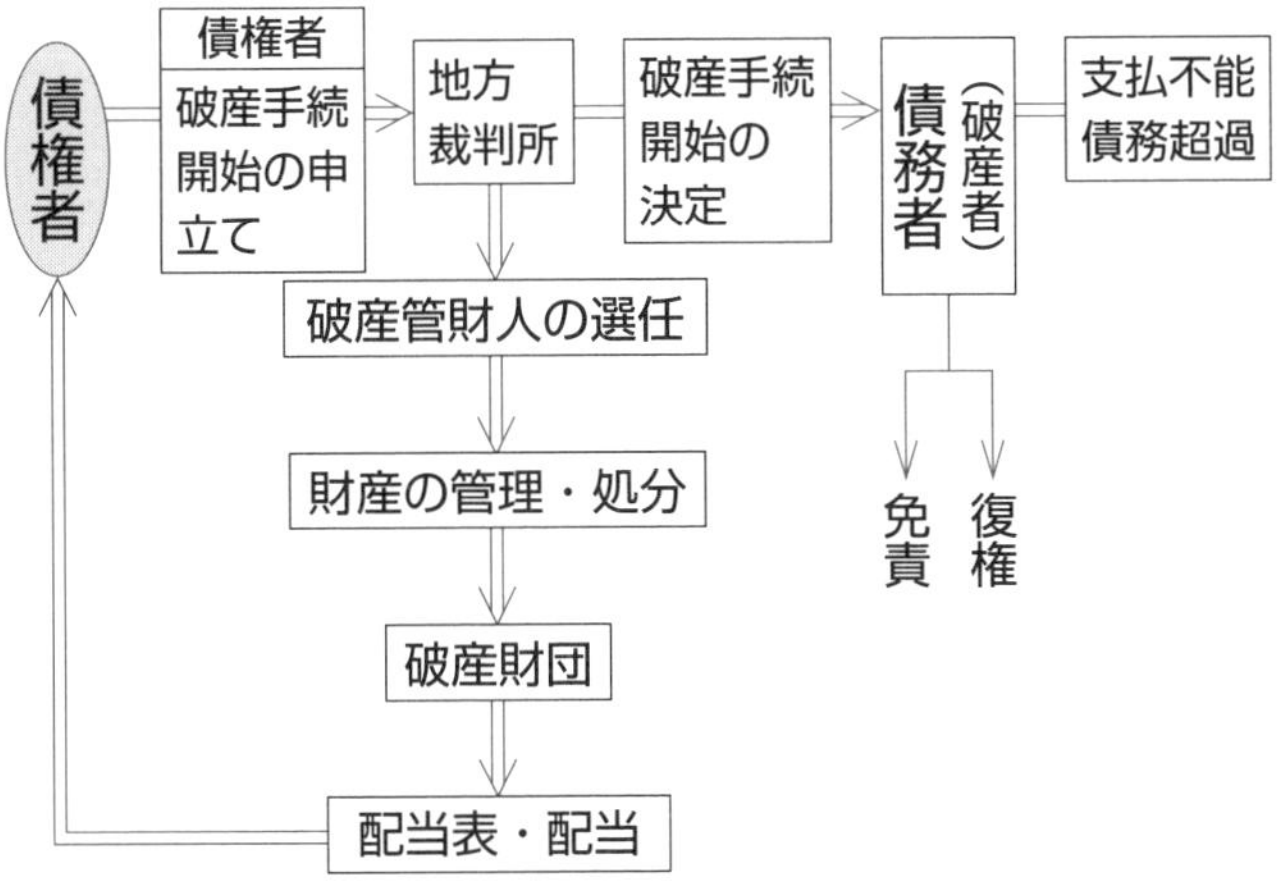

とは、ひどくこたえるものです。

何とか破産者となることだけは避けたいという債務者にとっては、債権回収のための有効な手段となりますが、地位や名誉はどうでもいい、破れかぶれだ、後は好きなようにしてくれ、という悟りの境地（？）に達した手合いに対してはヌカに釘です。

実際に破産手続をとるとなると、費用もかかります。さらには、破産管財人の報酬も必要です。これらの費用は、破産手続きの申立人が予納する（立て替える）ことになっています。

しかし、債務者に財産らしいものも残っておらず、整理しても二束三文にもならない場合には、立替費用は申立人の負担となります。もちろん、債権者として受け取るべき配当もゼロに近いものとなります。

このように、破産手続きを持ち出すかどうかは、**相手の財産状態や相手の社会的な地位などを十分に調査した上で、決断する**ことが肝心です。

ポイント

破産は両刃の剣。話を持ち出すには細心の注意を。

★債務者が自己破産すると言っているがどうすればよいか

債務者が自己破産の申立てをした場合は、債権者としてはこれを止める手段はありません。そして、破産宣告がなされ、その後の手続きで免責が確定すると債権の取立ては不可能となります。ただし、詐欺破産の場合やギャンブル等の免責不許可事由がある場合には免責は認められず、引き続き債権回収ができることになります。また、債務者に財産があれば、破産手続きにより、これを売却・換金して、債権者の債権額に応じて公平に分配されます。

なお、保証人がいれば、保証人も破産しない限り、保証人に請求することは可能です。

19

頭脳的回収法❺

債務者に刑事告訴を持ち出して回収を図る

⊠債権回収で刑事告訴を利用できる場合

暴力は最強の圧力となることは論を待ちません。ただし、原則として、暴力は国が独占しており、個人には許されていません。国の独占している暴力を利用する――これが法的な制裁であり、その最たるものが刑事上の処罰です。

会社の金を横領した、あるいは暴力を振るい役員に怪我をさせたというようなケースであれば、刑事事件になりますが、売掛金の請求を何度しても支払いに応じない（債務不履行）からといって刑事告訴をすることはできません。

ただし、強制執行を免れるために財産隠しを図った場合、借金の一時逃れを図るために友人名義の手形を偽造したというような場合、あるいは債務不履行となっている債務そのものの原因が詐欺であるというような場合には、**債務を返済しなければ告訴**（被害者が本人の場合）あるいは告発（被害者が本人以外の場合）するという圧力のかけ方は有効な回収手段となります。

告訴をするには、警察または検察庁へ告訴状を提出して、これが受理されることが必要です。

そして受理されて初めて捜査や起訴や不起訴などの刑事手続きがとられることになります。

⊠告訴の話を持ち出すだけと実際に告訴する方法とがある

債権回収の圧力手段として告訴するという

◆参照条文

刑事訴訟法二三〇条（告訴権者） 犯罪により害を被った者は、告訴をすることができる。

刑事訴訟法二四一条（告訴・告発の方式） ① 告訴又は告発は、書面又は口頭で検察官又は司法警察員にこれをしなければならない。

② 検察官又は司法警察員は、口頭による告訴又は告発を受けたときは調書を作らなければならない。

やり方は、警察からは「民事くずれ」といって嫌がられますが、それが犯罪になる以上、遠慮する必要はありません。

　告訴を圧力として利用するには、二つの方法があります。

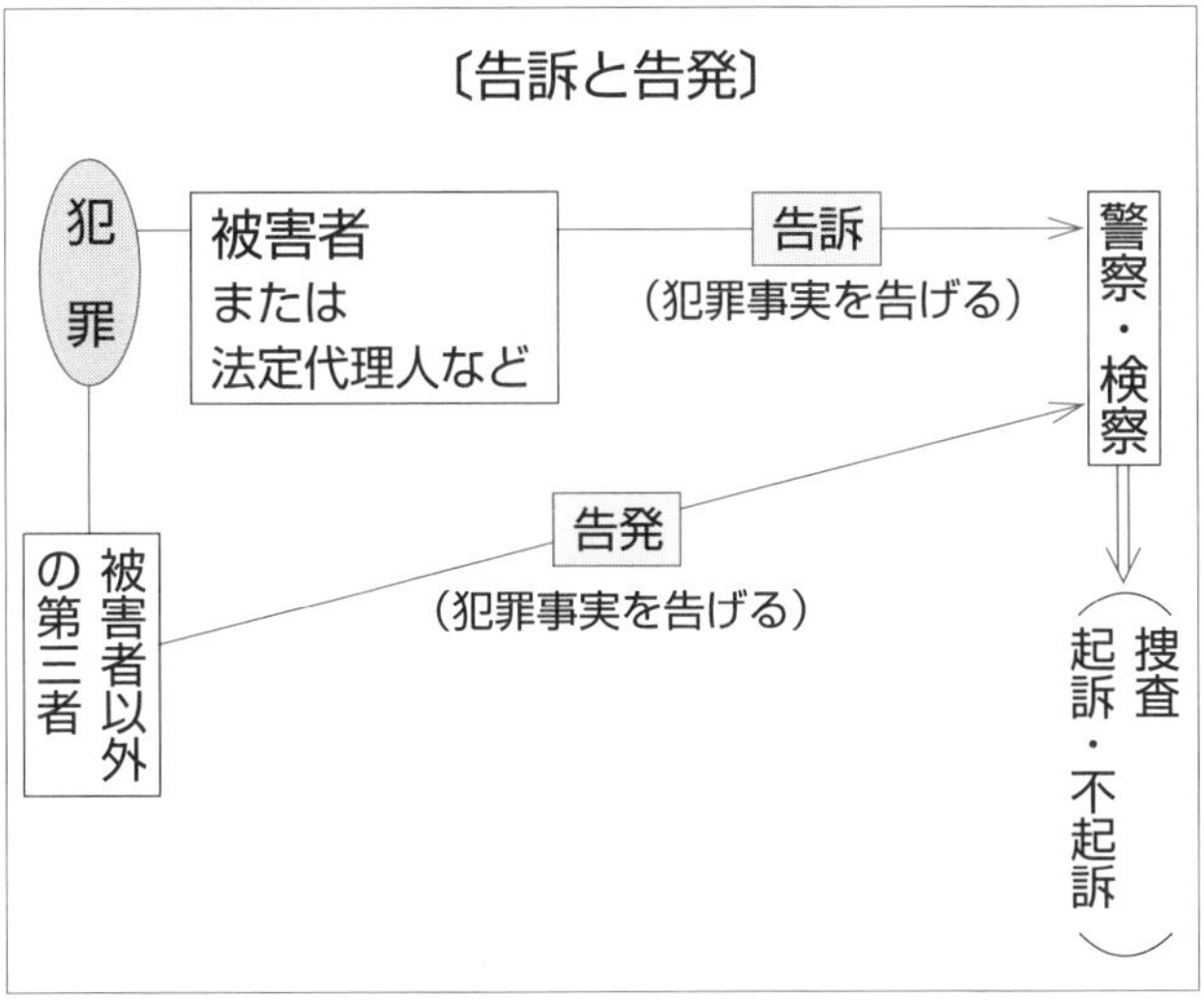

　一つは、告訴するぞするぞ、といって迫り、実際にはなかなか告訴をしないもの、もう一つは、本当に告訴してしまって、弁済があれば、告訴を取り消してやるものです。

　本当に告訴をしてしまうやり方は、相手も弱って、必死に弁済するという強力さはありますが、弁済前に検事が起訴してしまい相手が刑罰を受けてしまう、あるいは不起訴処分になってしまえば、弁済を受けることが不可能となる危険はあります。

　ところで、告訴するぞするぞというのは、おどかしの一種だから、脅迫罪や恐喝罪にならないか、という問題があります。

　しかし、告訴は告訴権という権利の行使ですから、弁済しなければ正当な権利を行使すると予告をすることは、度外れに強い態度でおどすようなことがなければ犯罪とはなりません。

ポイント

告訴をしても不起訴処分になるようでは逆効果。

★告訴と告訴事由は

告訴とは、犯罪の被害者などの一定の告訴権者が、犯罪事実を捜査機関に告げることによって、その犯罪者を起訴して欲しいという意思を表明することです。

告訴は書面または口頭で検察官か司法警察官に対して行います。そして、口頭で告訴をうけた検察官または司法警察官は調書をつくらなければならないとされています。

たとえば、金銭貸借でだまされた場合、詐欺罪で告訴することになります。なお、告訴は公訴提起（起訴）前であれば取り消すこともできます。

20 頭脳的回収法⑥

債務者に強制執行するぞと言い回収を図る

⊠電話の競売は債務者の会社の泣きどころ

債権回収の最終的な手段は、法律に訴える回収法です。

すなわち、法律的な手続きを踏んで、支払督促や調停や訴訟を起こして、強制執行が行える**債務名義**（仮執行宣言付支払督促、調停調書、確定判決など）を取って、国の執行機関である執行官や裁判所に申し立てて、強制執行をしてもらうことです。

これ以外にも、強制執行することを認諾した文言を記載してある金銭債権の公正証書も、債務名義となります。

強制執行の目的は、差し押さえたものを換金して支払いを受けることですが、相手の債務者に不動産などの財産があっても、それには銀行などの金融機関の抵当権などが付いているのが普通ですので、強制執行も戦術的な用い方をする必要があります。

相手が会社の場合に効果があるのは、電話の差押えです。

電話加入権は債権の一種ですが、手続きとしては特殊な条文によります（民事執行法一六七条）。方法としては、譲渡命令または売却命令によります。携帯電話やスマートフォン全盛時代、電話加入権自体は、たいした金額にはなりませんが、電話の持主にとっては、長年使われていればいるほど、大事なものなのです。新しい電話を入れても、長年売り込んできた電話番号の値打ちは取り戻せません。

電話の差押えだけは何とかかんべんしてく

◆参照条文

民事執行法一四三条（債権執行の開始） 金銭の支払又は船舶若しくは動産の引渡しを目的とする債権に対する強制執行は、執行裁判所の差押命令により開始する。

民事執行法一五五条（差押債権者の金銭債権の取立て）
① 金銭債権を差し押さえた債権者は、債務者に対して差押命令が送達された日から一週間を経過したときは、その債権を取り立てることができる。ただし、差押債権者の債権及び執行費用の額を超えて支払を受けることはできない。

（②以下略）

れ、といって処分前に売掛金を支払ってくれる例は多いのです。

債務者が会社員であれば給料の差押え

債務者が、どこかの勤めているサラリーマンであれば、意外に効果があるのは給料の差押えです。

給料の差押えも、債権に対する強制執行手続きを取りますが、給料の差押えは、人道的な配慮から、原則、四分の一しか差し押さえられません。ただし、給料が三三万円を超える場合は、超える部分は差し押さえができます（養育費など扶養義務等の定期金債権については二分の一）。

〔給料債権と差押え〕

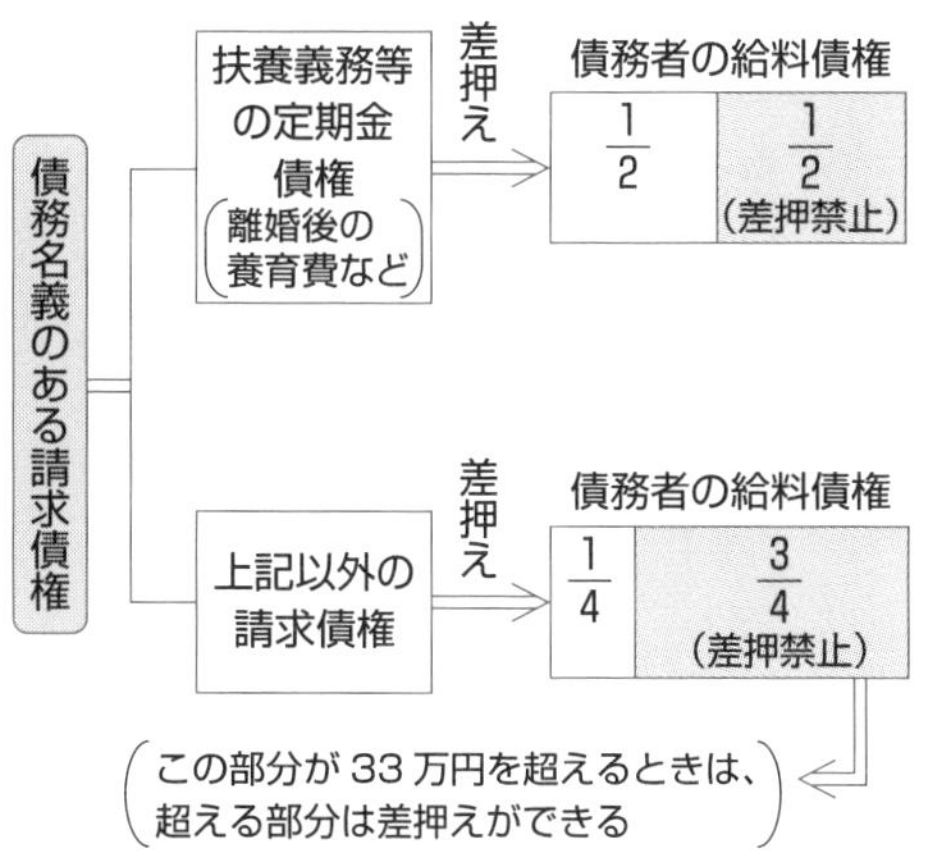

そのため全額回収には時間がかかります。

ところが、差押えを受ける側にとっては、自分の勤務先に強制執行をされることが知られてしまい、ひどく不名誉なことであり、また信用も落としてしまいます。その結果、どこからか金を借りてきてでも、給料の差押えだけはかんべんしてくれと言って債務の返済をしにくる例も、また多いのです。

会社の什器備品や、家庭の道具の差押えも、競売となると二束三文ですが、執行官が押しかけてきて、差押えの札を貼っていくショックが、回収の圧力となるのです。

ポイント

強制執行では、効果の上がる物を狙う。

★差押え禁止債権は

差押え禁止債権は民事執行法一五二条に規定がありますが、この他にも個々の法令で定めた差押え禁止債権があります。

①恩給受給権
②厚生年金保険給付受給権
③国民年金受給権
④国家公務員・地方公務員共済組合の給付受給権
⑤失業給付受給権
⑥児童手当・児童扶養手当受給権
⑦労災保険給付受給権
⑧国家公務員災害補償受給権
⑨生活保護の権利など

頭脳的回収法⑦

21 遅延損害金の特約を有効に活用する

⊠違約金を活用し回収に成功した二つの実例

〔事例1〕 売掛金の回収を命ぜられたA君は、債務者であるB社へ何度も足を運びましたが、担当者である経理部長は、その度に出掛けていたり、居留守を使われたりで、空振りの連続でした。意を決したA君は、ある日、早朝、電話もせずにB社へ直行しました。

捕まってしまった経理部長は、「一か月待ってくれ。必ず支払うから」と、きつく催促するA君に頼みました。

何度もだまされたA君。そこで「支払いが遅れたときは、月一割の違約金を支払うと書いてくれ」と言い、これを書かせることに成功しました。ところが、当の経理部長は、月一割の違約金は利息制限法違反で無効だよと笑っているとのことです。

一か月経っても支払いがなく、A君が催促に出向くと、経理部長から同様の答えが返ってきました。A君は「利息制限法は金銭貸借についての法律で、売買代金には適用されませんよ」と言いました。A君は、その日のうちに、債権回収に成功したとのことです。

ただし、こうした高金利の遅延損害金（違約金）の約束は、公序良俗違反あるいは権利の乱用として無効となる恐れがあります。また、消費者との契約においては、**違約金は未払い代金について年一四・六％を超える部分は無効**とされています。

〔事例2〕 精密機械の製造会社に勤めるC君

◆参照条文

民法四二〇条（賠償額の予定） ① 当事者は、債務の不履行について損害賠償の額を予定することができる。

② 賠償額の予定は、履行の請求又は解除権の行使を妨げない。

③ 違約金は、賠償額の予定と推定する。

利息制限法四条（賠償額の予定の制限） ① 金銭を目的とする消費貸借上の債務の不履行による賠償額の予定は、その賠償額の元本に対する割合が第一条に規定する率の一・四六倍を超えるときは、その超過部分について、無効とする。

のところへ、一台一五〇万円の機械の注文が三台、飛び込んできました。初めての取引先でしたので、信用調査をしましたが問題はなさそうでした。

　しかし、C君は気になったので、契約書に特約として、「本契約を解約する場合は、製作にとりかかった日から解約の日まで、一日につき契約金額の九〇分の一の割合で解約損害金を支払う」という条項を入れました。

　一か月後、心配していたとおり、解約の申入れがあり、その一か月後、取引相手は会社更生手続きに入りました。C君は一五〇万円を解約損害金として届け出ました。

　後日、更生手続きにより届出債権額の三〇%が配当されましたが、実際の損害は製作にとりかかって間がなかったため、ほぼこの金額で補塡でき、C君は上司より褒められたとのことです。

違約金は債務者に重くのしかかる

　違約金というのは、債務者が契約を履行しなかった場合に債権者に支払うことを約束した金銭のことをいいます。

　この違約金は法律上は、**損害賠償額の予定**であると推定するとしています（民法四二〇条三項）。

　この例にもあるように、違約金の条項があると、債務を延ばせば延ばすほど、利息が重く肩にのしかかってきますので、比較的容易に債権の回収をはかることができます。

　また、契約の中に違約金の条項がないのでしたら、債務者が支払期日の延期を申し出てきた場合など、この違約金条項を付け加える絶好の機会だと言えます。

　なお、貸金等の違約金は、法定の貸金の利息の一・四六倍（利息制限法四条）、営業的金銭貸借は、元本に対して年二割までです（同法七条）。

ポイント

違約金については、売買代金の場合、利息制限法の適用はない。

★契約書に入れておくと有利になる条項は

　期限の利益喪失条項は絶対に必要な条項です。「債務の分割金もしくは利息の支払が一回でも遅滞したときは、債務者は債務全額につき期限の利益を失い、残額を一時に支払わなければならない」等の条項です。この他に、相手が了解すれば損害賠償予定の条項を入れておきましょう。債務の不履行があった場合には、通常の金利の一・四六倍（利息制限法）にしておけば、債務者は心理的にも支払わなければならないという圧迫感を受けます。

　その他、執行認諾条項を入れておきましょう。債務不履行があった場合には、強制執行を受けても異議がない旨の条項です。公正証書にした場合に強制執行が容易になりますから。

22

頭脳的回収法❽

自社の納入した商品を取り返す

⊠債権回収が不能になる前の情報収集が肝心

会社の営業マンにとって、会社の商品を売ることは当然のことですが、それと同じくらい商品代金の回収は大事な仕事であるといえます。

たとえばA君が、利益率一割の商品を一億円売ったとします。会社の上げた利益は一〇〇〇万円です。

つぎにA君は、二〇〇〇万円の商品を売ったのですが、これが回収不能になりました。この赤字をばん回するためには、さらに二億円の商品を売らなければならないことになります。

これほど、債権回収不能は、会社にとっても、営業マンにとっても、大変な事柄なのです。

ですから、優秀な営業マンほど、取引業界や取引先の景気の動向、業績に注意を払いますし、かつ敏感です。

そして、万一取引先が不渡手形を出し、倒産の噂を聞きつけると、トラックを飛ばして行き、商品を運び出します。少しでも、回収が不能になることを避けるためです。

A君も、先輩を見習って、取引先の倒産の噂を聞き、自社で納入した商品を引き取って意気揚々と引き上げてきました。

上司の課長に、その旨を報告すると、相手から一札取ってきたかと聞かれ、何のことか分からずにいると、怒鳴られました。

◆参照条文

（代物弁済）

民法四八二条　弁済をすることができる者（以下「弁済者」という。）が、債権者との間で、債務者の負担した給付に代えて他の給付をすることにより債務を消滅させる旨の契約をした場合において、その弁済者が当該他の給付をしたときは、その給付は、弁済と同一の効力を有する。

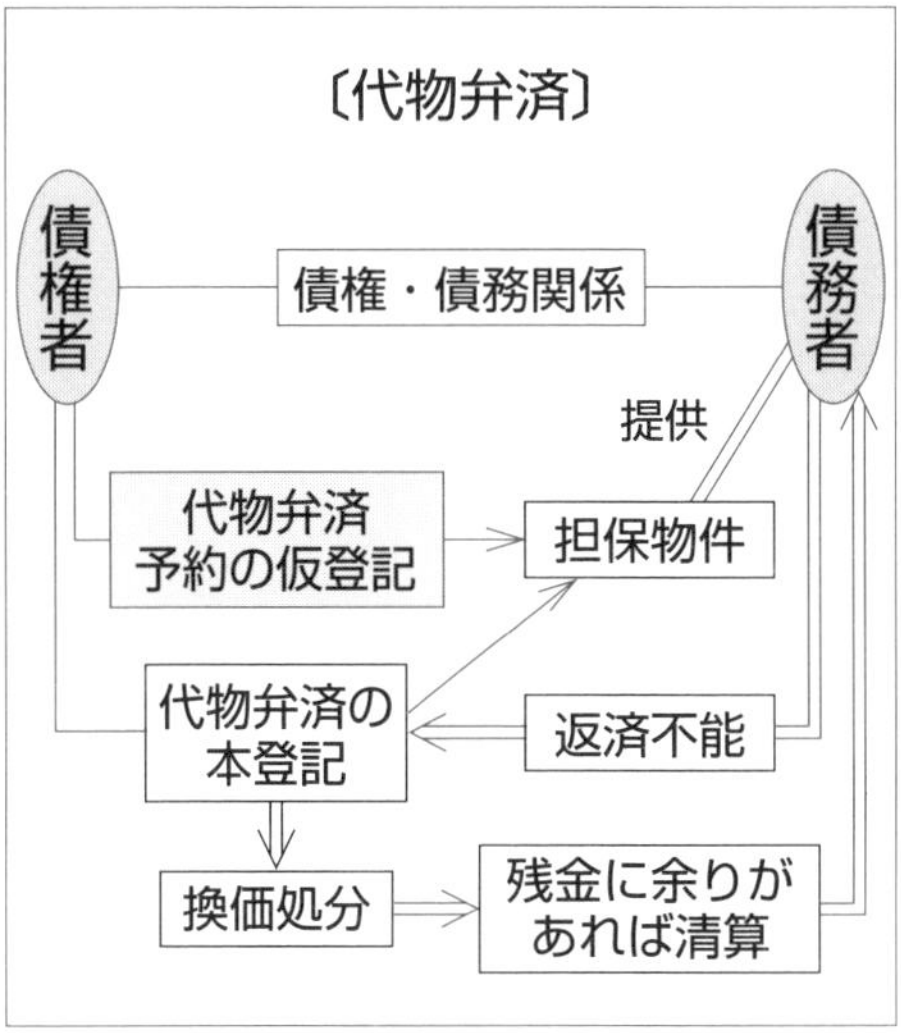

自社の納入品を持ち出す場合に忘れてならないことは

後になって、係長が一杯飲みながら次のような話をしてくれました。

取引というのは、一度、売りましょう、買いましょうという契約が成立して商品を納入すれば、売買代金を受け取ったかどうかにかかわらず、所有権は相手に移るのだ。

だから、自社の納入した商品だからといって、相手の承諾なしに運び出してくれれば、窃盗だと言われても仕方がない。

また、その場では、相手の同意や承諾があっても、後になって、そんな承諾はした覚えはないと言われることも、よくあることだ。

だから、商品代金〇〇円の代わりに、担保として、納入した商品を引き渡すという承諾書や覚書を取っておくことが大切なんだ。

これがないと、窃盗だ、強盗だなどと言いがかりをつけられかねない恐れがあるんだ。

ついでに、その承諾書に商品代金の期限を入れておき、その時になっても支払いをしない場合には、売掛金の代わりにこれを処分して、売掛金に当てられても異存はないということを入れておくと、完璧だと教わりました。

なお、倒産等では契約を合意解除し、返品として自社商品を引揚げる方法もあります。

ポイント

承諾書でも念書でもいいから一札を必ず取っておくこと。

★倒産した個人会社の社長から回収したいが

株式会社とは名ばかりで、実質的には個人商店という会社が多くあります。そして、会社の債務については社長個人は責任を一切取らないというケースもあります。これに対して、最高裁判所は「法人格がまったく形骸化にすぎない」場合で「法律の適用を回避するために濫用されるような場合」には、法人格を否認し、取引した相手は会社の背後にある個人（社長）に責任追及できることがあると判決をしています。ただ、どのような場合に法人格が否認されるかの判断は困難ですので、弁護士等の専門家に相談されることを勧めます。

頭脳的回収法⑨

23 会社更生や民事再生の申立てがなされた場合の回収法

⊠会社更生の申立てがあると管財人が一切を処理

会社再建のための法的手続きの代表が、会社更生手続きと民事再生手続きです。前者は、株式会社だけに適用され、それも申立ての際に必要な予納金が高額（四〇〇万円～一〇〇〇万円）なことなどから、大企業向けといわれています。これに対して民事再生法は株式会社に限られず、有限会社も、学校法人なども利用できる制度です。

会社更生の申立てがなされると、裁判所から会社財産については保全処分がなされ、また仮差押えや担保権実行としての競売処分などについて、中止命令が出されますので、債権者としては手も足も出せないということになります。なお、**会社更生手続きの開始決定があると、管財人が選任され、会社財産の管理権も経営権も管財人に移り、従来の経営陣は退陣を余儀なくされます。**また、債務の弁済も原則として禁止されます。

⊠民事再生では保全命令や中止命令が出されるかどうかがポイント

民事再生手続きの特色は、会社経営が破綻する前でも、申立てができる点です。その点が歓迎されてか、大手デパートの『そごう』を始め、多くの会社再建で利用されてきました（平成三〇年中の会社による申立件数一一四件）。会社更生手続きとは異なり、民事再生の申立ての場合には、申立てに際して保全命令が出されない限り、債権者は任意に代金

◆参照条文

会社更生法一条（目的）
この法律は、窮境にある株式会社について、更生計画の策定及びその遂行に関する手続を定めること等により、債権者、株主その他の利害関係人の利害を適切に調整し、もって当該株式会社の事業の維持更生を図ることを目的とする。

民事再生法一条（目的）
この法律は、経済的に窮境にある債務者について、その債権者の多数の同意を得、かつ、裁判所の認可を受けた再生計画を定めること等により、当該債務者とその債権者との間の民事上の権利関係を適切に調整し、もって当該債務者の事業又は経済生活の再生を図ることを目的とする。

などの弁済を受けることも、強制執行などの法的手続きも取れます。しかし、保全命令が出されると、債務者からの弁済も禁止され、進行中の法的手続きもストップされます。

〔民事再生手続きの流れ〕

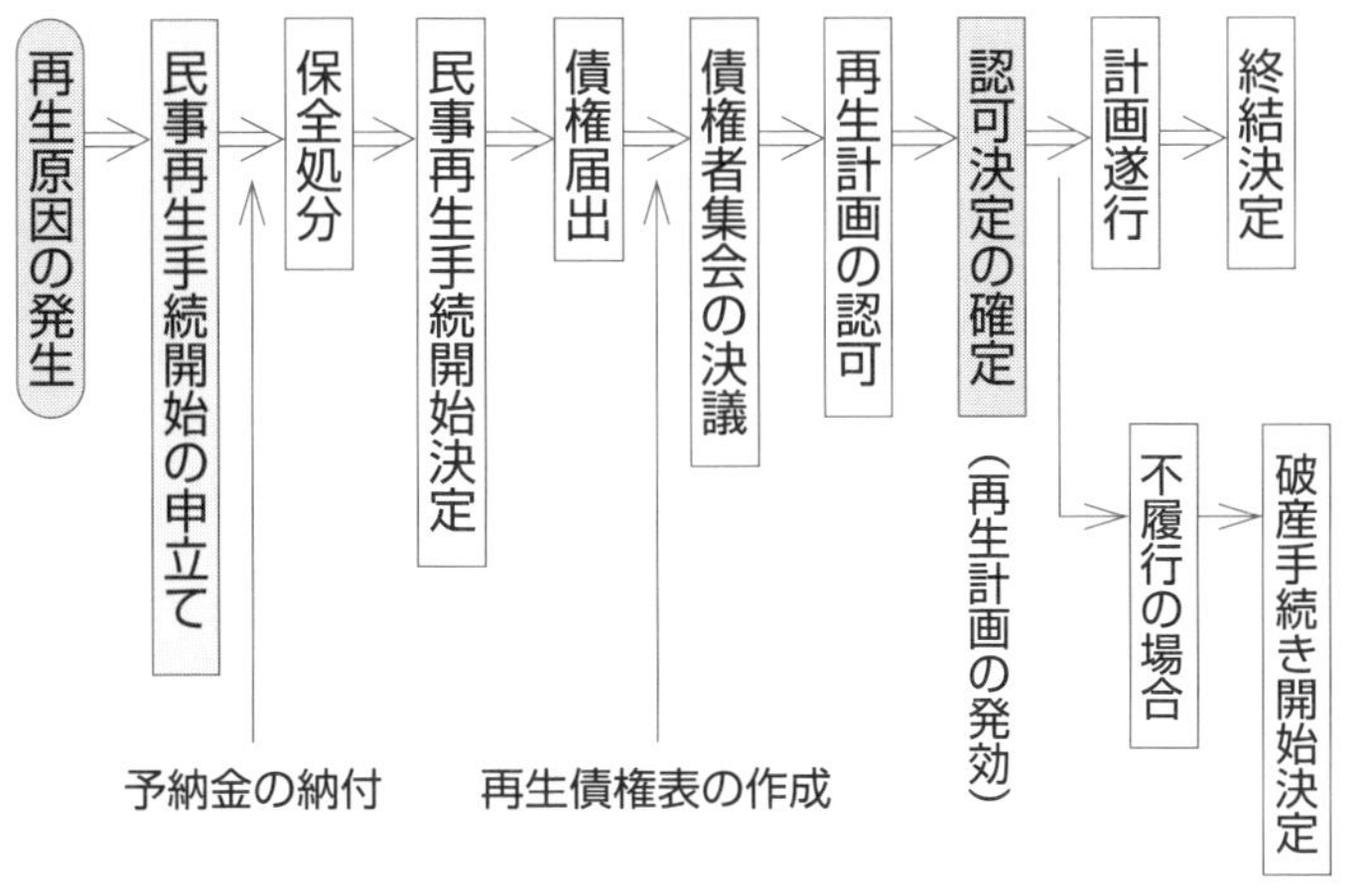

会社財産について担保権を持っている債権者については、民事再生手続きにより影響を受けることはありません。民事再生手続きの申立後であっても、担保権を実行できます（これを別除権といいます）。しかし、担保権の実行も、申立てと同時に中止命令が出されると、相当期間、担保権の実行が禁止されることもあります。

手続きが開始されると、裁判所から債権届出書が送られてきますので、期限までに届けることが必要です。届出をしないと権利を失います。

債権が確定すると、債権者集会が開かれ、民事再生計画の賛否が問われ、二分の一以上の賛成で成立し、債権者には計画で決まった弁済がなされることになります。

ポイント

保全命令が出なければ任意弁済は可能。

★民事再生法を申し立てた会社の抵当権は実行できないか

取引先の会社が、会社更生の申立てをすると、更生開始決定後は担保権の実行は、原則として禁止されています。しかし、民事再生法では、原則として債権者は再生手続きとは関係なく、勝手に担保権を実行できることになっています。抵当権は別除権とされており、再生手続きとは関係なく行使できるのです（民事再生法五三条）。

ただし、工場の土地建物に関しての抵当権のように、経営上必要な財産については、裁判所に申し立てて許可を得た上で、その財産の価額に相当する金銭を裁判所に納付することにより、担保権を消滅させることができることになっています（同法一四八条）。このような手続きが取られないかぎり、民事再生手続きが開始されても、抵当権を実行することは可能です。

24

頭脳的回収法⑩

倒産直後の会社から他社の製品を持ち出す

基本的には勝手に持ち出す自力救済は許されない

かつては、倒産の噂が立つと、商品を売ったり、卸したりしている取引先の営業担当者が先を競ってトラックで駆けつけて、怒号が飛び交い、商品の奪い合いが始まりました。

倒産してしまえば、売掛金を初めとする債権の回収は、絶対といっていいほど望めるものではありません。そのためには、どこの取引先も損失を最低限でも回収せんものと、死に物狂いになるのもうなずけます。

しかし、わが国の法律では、力づくで他人の商品を取り上げること（これを自力救済といいます）を許していません。勝手に持っていくと、窃盗か強盗になります。

だからといって、倒産の現場で手をこまねいていては、一円の回収もおぼつかなくなります。自社の納入した商品の回収については、前項で述べましたが、これが他社の納入した商品となると、勝手に持ち出してはいけないという理由は、さらに強くなります。

そこで、倒産した債務者の同意書を取り付けることが、自社の納入した商品の場合よりも絶対に必要となります。

相手から商品持出しの同意を取りつける法

問題は、自社の納入品の場合に比べて、他社の納入した商品となると、同意を取ることも難しくなります。相手も、反論しやすく、また同意書にサインも断りやすいのです。

◆参考判例

★自力救済

私力の行使は原則として法の禁止するところであるが、法律の定める手続によったのでは権利に対する違法な侵害に対抗して現状を維持することが不可能または著しく困難と認められる緊急やむをえない特別の事情が存する場合においてのみ、その必要の限度を超えない範囲内で、例外的に許される（最高裁・昭和四〇年一二月二七日判決）。

そこで、本書の冒頭で述べた圧力をかけることになります。とにかく、売掛金を返済せよ、それができないなら債権保全のために品物を預かる、断るのは言語道断、という理屈をつけ、後は商品をトラックに積み込んでしまいます。

そしてすかさず、「話がつかなきゃ持っていかないから安心しろ」と言って積込みを完了します。この既成事実ができると、相手が折れることも多いのです。相手が折れない場合には、「それじゃ、半分返そう、どの品物を降ろそうか」と持ちかけて、返す分の相談ができれば、残り半分を持っていくことの相談もできたことになります。

さらに、「では、この品物はいったん預かるだけで、必ず返す。預り証を書こう」と持ちかけて、預り証を書いてしまい、相手に押しつけます。

最後に、「ところで肝心の返済はいつしてくれるか」と噛みつきます。相手も、いつ返すと言うでしょう。では、その念書を書いてくれと要求し、その書面に預り証を受領しましたという文言を付け加えさせます。

こうしておけば、相手も押しつけられた預り証を破棄するわけにもいきません。このようにして、裏づけを取っておけば安心です。

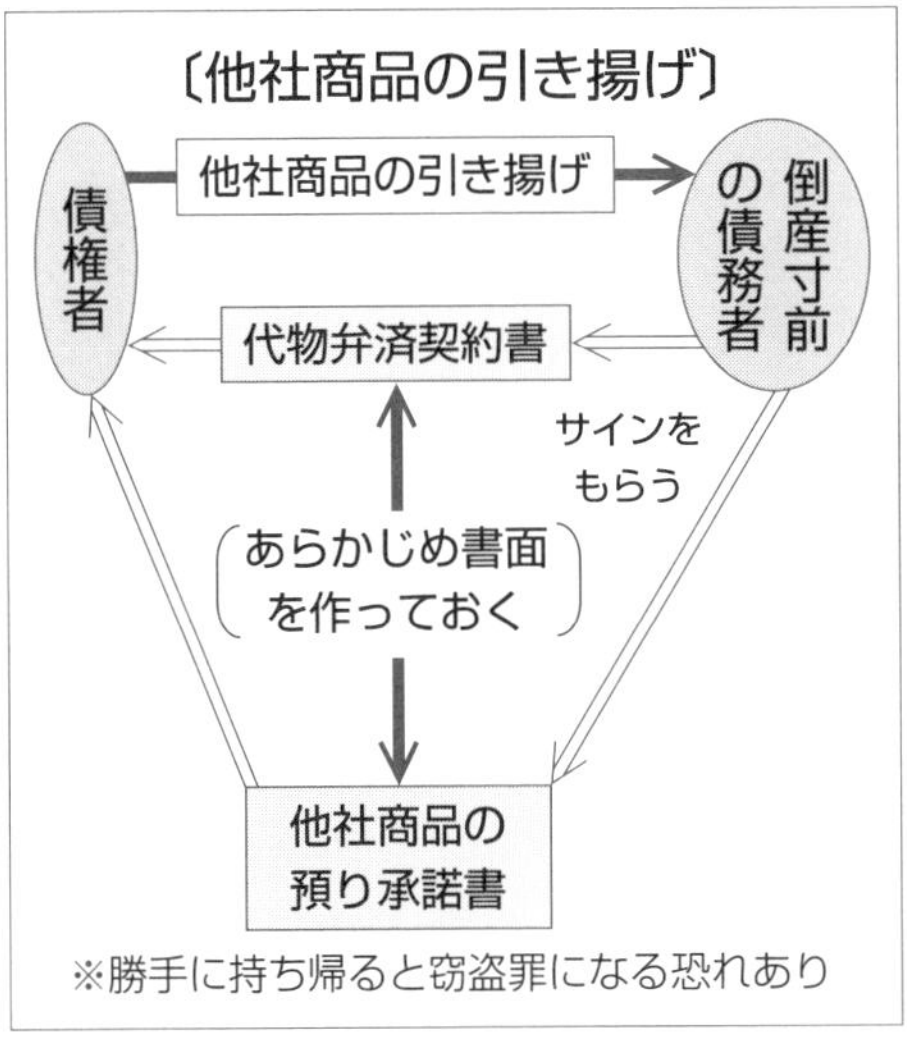

ポイント

他社の商品を持ち出すには頭とテクニックが必要不可欠。

★買主が倒産したので所有権留保の機械を取り戻したい

割賦販売の方法により物を販売する場合には、一般に、売買代金が全額支払われるまで売り主が所有権を留保しておく契約が結ばれます。買主が倒産したとなると、売買代金の請求をしても支払いは見込めません。問題は、どのようにして売った物を引き揚げるかということです。

まず、所有権留保付売買契約を解除します。話合いで合意解除できれば、機械の引渡しについての話合いもできますのでこれが望ましいのですが、買主が非協力的な場合は、後でモメないよう内容証明郵便によって、倒産または代金不払い等を理由に契約解除の通知をします。もちろん、勝手に機械を引き揚げるのは、刑法上の窃盗罪を問われかねませんので、あくまで買主の協力を得て引き揚げるようにすることが肝心です。

25

頭脳的回収法⑪

割賦方式で債権回収を図る

☒割賦（ローン）で支払わせるのは現実的な回収法

貸金や売掛金がかさみ、借金が多くなると、債務者は支払不能に近い状況に追い込まれます。このような場合、一度に返済せよと迫っても、自己破産するしかない、とか、倒産するしかない、といった悲観的な返答しか返ってこない場合があります。

このような場合には、債権者としては割賦（ローン）による返済を考えてみるとよいでしょう。

ただし、本当に割賦による返済ができるのか、慎重に債権者の収入の状況を把握する必要があります。そのためには、債務者から収入の状況を十分に聞き、お互いに納得のできる金額を割賦の金額とすべきです。

また、割賦による返済は長期に及ぶため、その間に思いもよらない事情が生じないともかぎりません。

債務の額にもよりますが、六か月から一年程度の割賦とし、長くても二年程度の割賦とするのが限界でしょう。

さらに、この場合、割賦による新たな返済契約書を作成すべきです。これは、**公正証書にし（五八頁以下参照）、期限の利益喪失約款、違約金の条項等を定め保証人を立てること**をお勧めします。

ポイント

信用がおける債務者なら割賦による返済も考えてみる。

★下請の事故の責任を元請会社に請求したいが

民法は、自分の使用する従業員が仕事中に他人に損害を与えた場合は使用者が責任を負うという、使用者責任を定めています（七一五条）。下請会社の社員は元請会社と雇用関係はありませんが、業務上の指揮監督関係がある場合には、元請会社の使用者責任が認められる場合があります。

元請会社が現場に出向いて指図をするなど指揮監督関係がある場合はもちろん、下請人の従業員がした行為の結果を予見できた場合、下請会社の従業員に対し間接的に指揮監督権を保有している場合も、元請人の使用者責任を判例では認めています。一度専門家に相談してください。

第3章 支払督促による債権回収の仕方

◆支払督促は、債権回収をするのに簡便な方法として利用されています。しかし、支払督促は金銭債権などの場合に限られ、また相手（債務者）から異議の申立てがあると訴訟に移行しますので、注意が必要です。

◆債権回収に支払督促はどのように役立つか

支払督促は簡便な回収の方法

これまでは何とか法律的な手段によらずに債権回収をする方法をいろいろと述べてきました。債権者とすれば、債権の支払いをしてくれない債務者ではあっても、それは取引先であったり、金を貸すほどの間柄の友人であったりするわけですから、できれば裁判ざたにはしたくないという配慮も働くわけです。

しかし、世の中には、債権者がいくら請求しても、誠意のかけらも見せない、債権者のとるどんな圧力にも屈しない、したたかな債務者もいます。こんな手合いには遠慮は無用です。法的な手段で臨むしかありません。

しかし、一口に法的手段といっても、いろいろなものがあります。法的手段を加味しながら、話合いで解決したいという場合には、次の章で述べる調停があります。また、当事者で分割払いなどの条件をつけて話し合った結果を裁判所で認めてもらう訴え提起前の和解（即決和解）もあります。

あくまでも訴訟は最後の手段です。訴訟は費用も時間もかかりますし、素人では相手方の弁護士と訴訟テクニックを駆使して戦うことは大変です。

しかし、「**支払督促**」なら、手続きが簡単ですから弁護士に頼まなくても自分でやれますし、また時間も費用もかからないというメリットがあるのです。

なかには、支払督促を受け取った債務者から、あわてて話合いをしたいと言ってきて解決したケースもあります。

支払督促とはどういうものか

支払督促とは、一口で言うと、裁判所が債務者に対して、これこれの債権（金銭債権に限られますが）について、支払督促を出してくれるよう申し立てる制度です。

申立書には「請求の趣旨」（請求金額や利息など）と「請求の原因」（請求の趣旨の発生した原因、何月何日に貸し付けた金銭であるなど）とを記載します。

申立書を受理した裁判所は、債務者を呼び出して事情

〔支払督促手続きの流れ〕

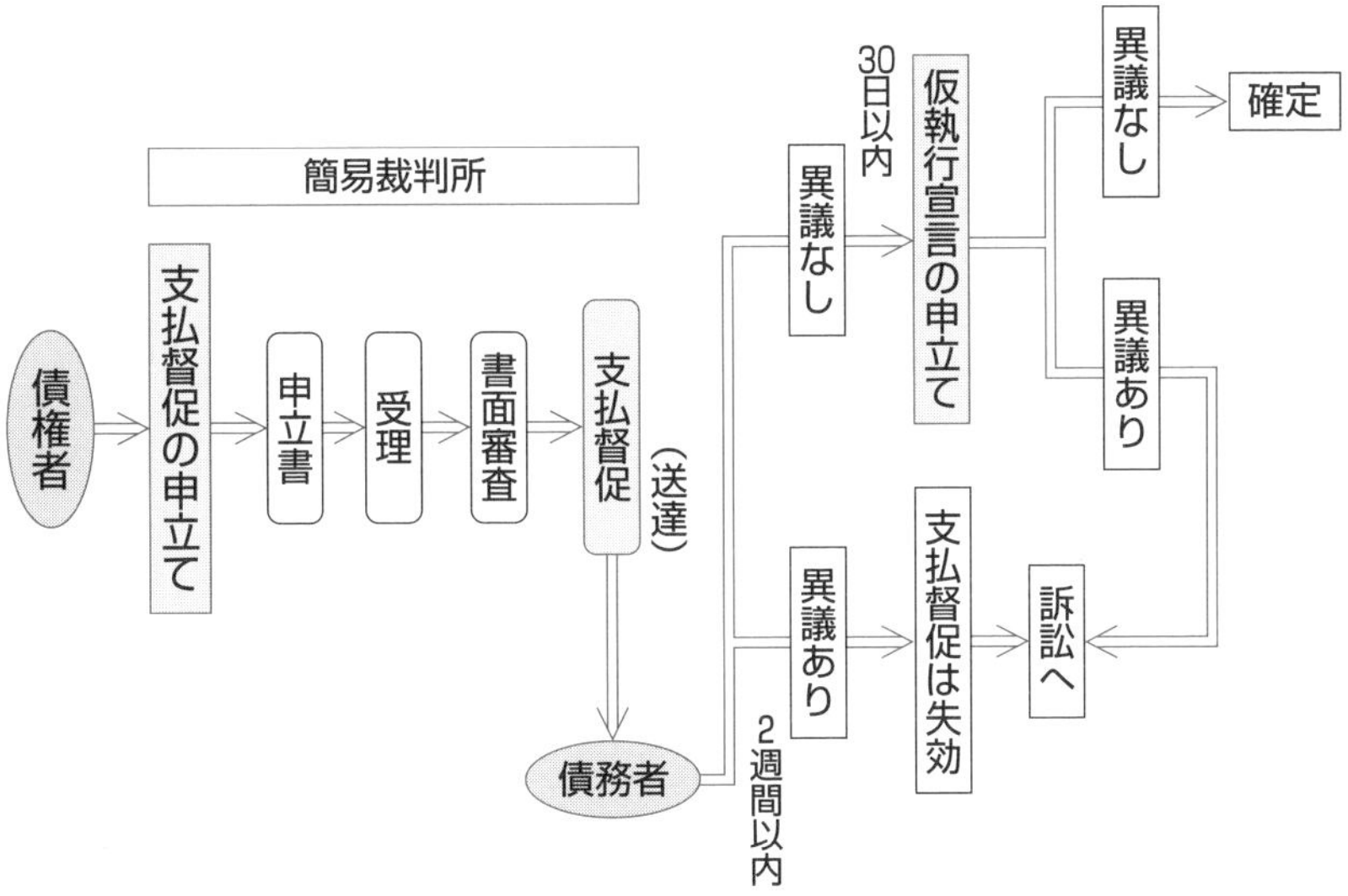

を聞くなどの行為は一切行わず、**申立書の形式面の審査**を行い、問題がなければ、支払督促を出してくれます。ですから申立書の内容が、申立人の虚偽に基づく申立であっても、あるいは思い違いによる申立てであっても、それが通ってしまうこともあり得るのです。

支払督促の裁判手続では、裁判所が債務者を呼び出し債務者の言い分を聞いて、申し立てた事実が真実かどうかを確かめもしないで、支払督促を出すのです。

余りにも債務者に酷なように見えますが、これはあらかじめ債務者に対する救済措置を設けているからです。それが支払督促に対する債務者からの「**異議**」の申立てなのです。

ですから債務者は、申立書に記載されている内容が事実とは違うとか、あるいは金額が間違っているなど、内容に納得いかなければ異議を申し立てれば、通常の訴訟に移行しますので、法廷の場で事実関係を争うことになります。

このように支払督促では、訴訟のように証拠調べや証人調べ等を行いませんので、進行が早く早期解決ができるのです。

支払督促一般❶

① 支払督促の申立てができる債権は限られている

⊠申立てのできる事項は法律で決められている

支払督促は、裁判における判決のように、証拠調べや証人調べが行われるわけではありません。申立人の提出した申立書に記載された内容から判断して、書記官が一方的に支払督促を発するものです。

ですから、申立人の請求に間違いがあったり、請求が事実無根だという場合には、**債務者は異議を申し立てて**、一般の訴訟でその是非を判断してもらうことになっています。

このように特殊な制度ですから、何らかの都合で（たとえば、長期の旅行中に支払督促が送達された場合など）、債務者が異議を述べる機会を失したとしても、どんな事件でも支払督促が出されてしまうのは問題です。

そのために、支払督促の申立てができる事項については制限が設けられています。

そこで、民事訴訟法では、「金銭その他の代替物又は有価証券の一定の給付」を目的とする請求権についてだけが支払督促の対象となると規定されています（三八二条）。

その他の代替物とは、米や麦、みかんといった金銭に代わるもので、その個性が問題とならず、同種のものが多数存在するもののことです。有価証券も同様で、その個性が問題にならないことが必要です（たとえば国債一〇〇万円券一〇枚のように）。記名式株券や小切手などは、その意味で対象とはなりません。

しかし、実際に支払督促が申し立てられる

◆参照条文

民事訴訟法三八二条（支払督促の要件） 金銭その他の代替物又は有価証券の一定の数量の給付を目的とする請求については、裁判所書記官は、債権者の申立てにより、支払督促を発することができる。ただし、日本において公示送達によらないでこれを送達することができる場合に限る。

のは、金銭の請求がほとんどですから、対象となるのは金銭の請求と覚えておいてもよいでしょう。

⊠争いのあるケースでは支払督促は役に立たない

支払督促の申立てについて、もう一つの要件があります。これは支払督促が必ず「**送達されること**」です。

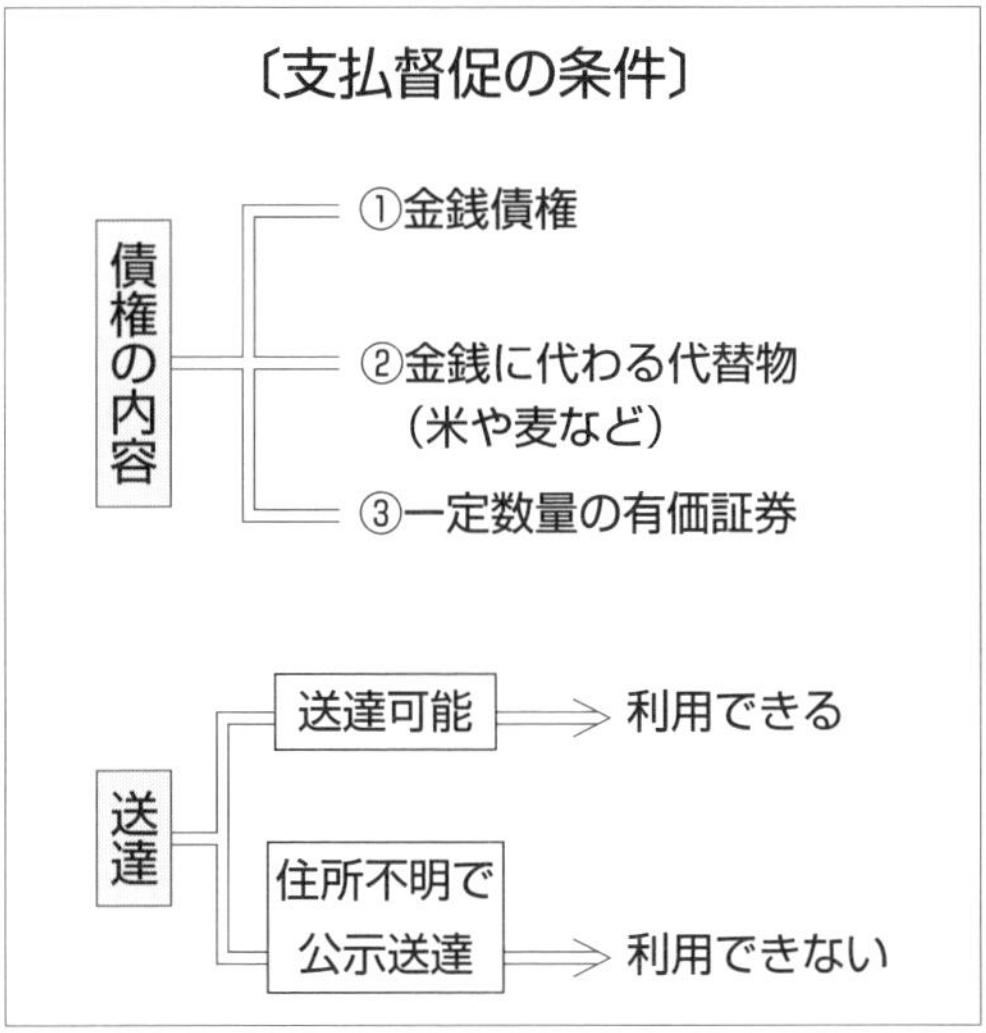

債務者は送達されてきた支払督促を読んで、異議申立てをするかどうかを決めます。債務者に異議申立てをする権利を認めているのが、支払督促制度の骨子ですので、たとえば債務者が外国に行っているなどのように送達ができない場合には、支払督促の申立ては認められません（民事訴訟法三八二条ただし書）。

さらに、支払督促の性質上から、支払督促に不向きな場合もあります。支払督促の最大の弱点は、相手方に異議を申し立てられると、一般の訴訟に移行してしまうということです。支払督促は、その段階で機能しなくなるということです。

このことから、相手方が異議を申し立てるようなケース、すなわち、請求金額や請求原因などについて、争いのあるケースの場合には、支払督促になじまないといえます。

ポイント

当事者間で争いのないケースが支払督促には適している。

★相手の住所が分からないと支払督促はできないのか

訴訟の場合には、当事者の住所が分からない場合には、裁判所の許可を受けてその書類を裁判所の書記官が預かり、裁判所の掲示場にいつでも名宛人がくれば書類を交付する旨を掲示し、その後一定期間が経過したときに送達があったものとみなす制度（公示送達）があります。

支払督促では、送達後二週間以内に異議を述べることになっていますので、公示送達では異議を述べる機会が失われますので、公示送達を認めていません。

相手の住所や居所が分からない場合には、支払督促は利用できません。

❷ 支払督促は簡易裁判所に申し立てる

☒支払督促の申立てを受け付ける裁判所は決まっている

一般の民事訴訟では、請求する金額が一四〇万円を超えるときは地方裁判所、一四〇万円以下の場合には簡易裁判所と訴訟物の価額によって決められていますが、支払督促の場合には、請求金額の如何にかかわらず、簡易裁判所と定められています。これを**簡易裁判所の「専属管轄」**といっています。なお、支払督促の申立は簡易裁判所の書記官に対して行います。

自分の請求は八〇〇〇万円だから、地方裁判所へ支払督促を申し立てたいと思っても、受け付けられません。支払督促は簡易裁判所と覚えておいてください。簡易裁判所といっても、日本全国いたるところにあります。支払督促を申し立てる場合は、どこの簡易裁判所でもいいというわけではありません。支払督促を申し立てることのできる簡易裁判所は、あらかじめ決められています。これを「管轄」といっています。

この管轄を間違えると、支払督促は却下され、受け付けてもらえません。隣町の裁判所だからと事件を移してくれる（移送といいます）ようなことはないのです。

では、支払督促の管轄はどこかというと、債務者、すなわち支払督促を申し立てる相手方の住所地（法人の場合には主たる事務所の所在地）を管轄する簡易裁判所というのが原則です。

◆参照条文

民事訴訟法三八三条（支払督促の申立て） ① 支払督促の申立ては、債務者の普通裁判籍の所在地を管轄する簡易裁判所の裁判所書記官に対してする。

② 次の各号に掲げる請求についての支払督促の申立ては、それぞれ当該各号に定める地を管轄する簡易裁判所の裁判所書記官に対してもすることができる。

一 事務所又は営業所を有する者に対する請求でその事務所又は営業所における業務に関するもの 当該事務所又は営業所の所在地

二 手形又は小切手による金銭の支払の請求及びこれに附帯する請求 手形又は小切手の支払地

支払督促の管轄は限定されている

債権回収の訴訟の管轄は、相手の住所地の簡易裁判所（地方裁判所）ですが、例外があります。その主なものを挙げますと、次のとおりです。

① 債務者が法人の場合には、その債権が支店や営業所の業務により生じたものである場合には、その支店や営業所を管轄する簡易裁判所でもよい。

② 手形や小切手による金銭の支払いの場合で、住所地と支払地が異なる場合には、支払地の簡易裁判所でもよい。

③ 交通事故などの不法行為による損害賠償を請求する場合には、不法行為地すなわち交通事故の発生地を管轄する簡易裁判所でもよい。

④ 債務の内容が持参債務（債務者が債権者のもとに持参して支払う債務）の場合には、債権者の住所地を管轄する簡易裁判所でもよい。

支払督促の場合は、①と②が例外となるだけで、③④はありません。他の管轄裁判所を利用したいときは、訴訟をすることです。

なお、契約であらかじめ紛争が起きた場合のことを考慮して、管轄裁判所の合意を決めておくことが行われますが、支払督促では認められません。

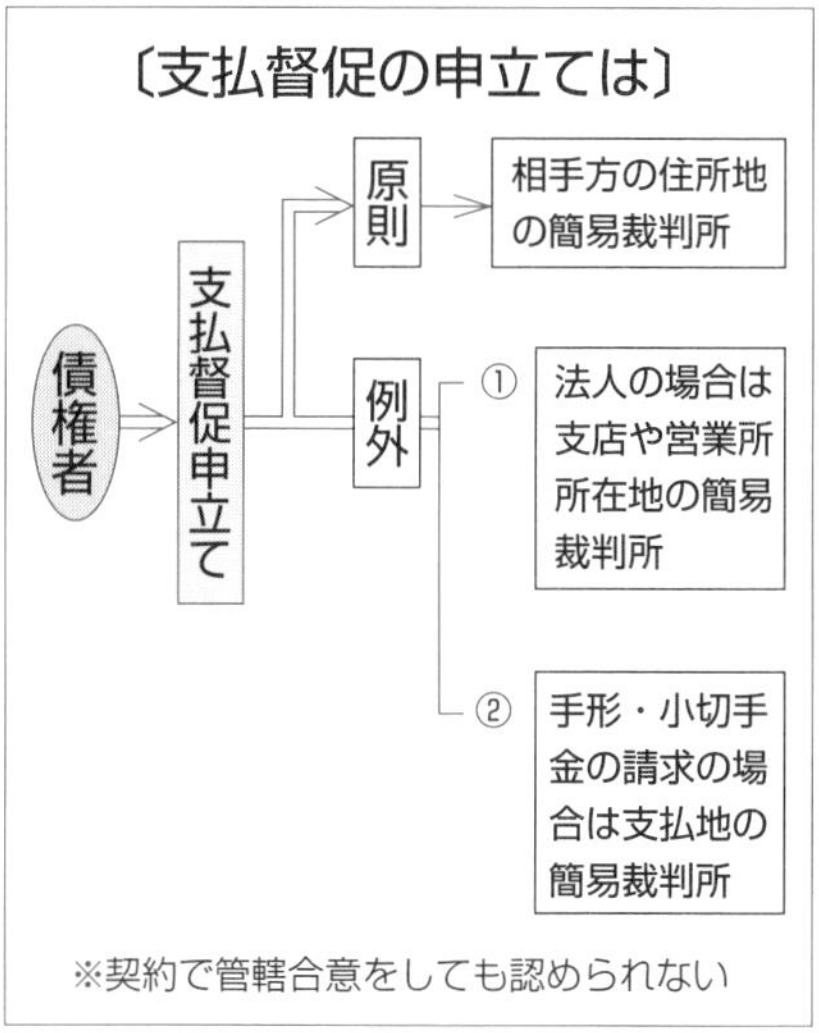

ポイント

管轄裁判所はどこかをあらかじめ調べてから申し立てること。

★裁判所の審査ではどんな場合に却下されるのか

支払督促の申立書が受理されると、裁判所は、以下の要件をチェックします。

① 申立ての目的が金銭その他の代替物あるいは有価証券の請求かどうか

② 申立書に決められた手数料や郵券が納付されているかどうか

③ 請求の趣旨と請求の原因とで書かれている内容に食い違いがないか

このように申立書を審査して間違いがあると、裁判所は申立人に対して改めるよう指摘します。これを任意補正といいます。これを放っておくと、改めて「補正命令」が出され、一定の期限内に補正をしないと、申立ては却下されます。

なお、管轄を間違えて申し立てた場合も却下されます。

❸ 支払督促に要する時間と費用・手間

☒支払督促にかかる時間は

同じ法的手段でも、訴訟となると、一審の判決が出るまでに、早くても半年、場合によっては二年もかかるのが通常です。

それに比べて、支払督促では、証人調べも証拠調べもせず、申立書のチェックだけで支払督促が出されますから、それほど時間はかかりません。

また、**支払督促が出されて二週間を経過すると、仮執行宣言の申立てもでき、仮執行宣言が付されると**、強制執行できるわけですから、早期解決が望めます（ただし、相手が争わない場合は訴訟をしても早く終わります）。

支払督促の申立てをしてから、強制執行まで早ければ一か月半くらいで片づくこともあります。

☒支払督促の申立てにかかる費用は

費用についていえば、支払督促の申立手数料は、一般の訴訟の半額です（二三九頁参照）。

一般の訴訟では、訴訟費用の他に、弁護士費用がかかりますが、支払督促は自分で申立てができるほど簡単ですから、自分でやれば弁護士費用は不要です。

その他に、支払督促を相手方に送るための送達費用として、相手方一人の場合、一二〇円分の郵便切手を貼った封筒、一一二五円分の郵便切手を貼った封筒、連絡用として官製はがき一枚が必要（これは東京簡易裁判所の場合で各裁判所により異なる）です。

なお、債務者が異議申立てをして、一般の

◆ことわざ

★詐術は年齢を補充する

未成年者が法定代理人の同意を得ないでした法律行為は取り消されます。しかし、未成年者がにせの身分証明書や親の同意書を示すなど詐術を用いたときには、その行為は取り消せません（民法二一条）。このような詐術を弄する未成年者は、一般取引の安全を犠牲にしてまで保護する必要はないという解釈です。この諺とはあまり関係ありませんが、未成年者が支払督促を申し立てて、補正が命じられ補正しない場合には、申立ては却下されます。

訴訟へ移行する場合には、すでに支払督促申立手数料として納めた金額は、訴訟費用として充当されますから、無駄になることもありません。

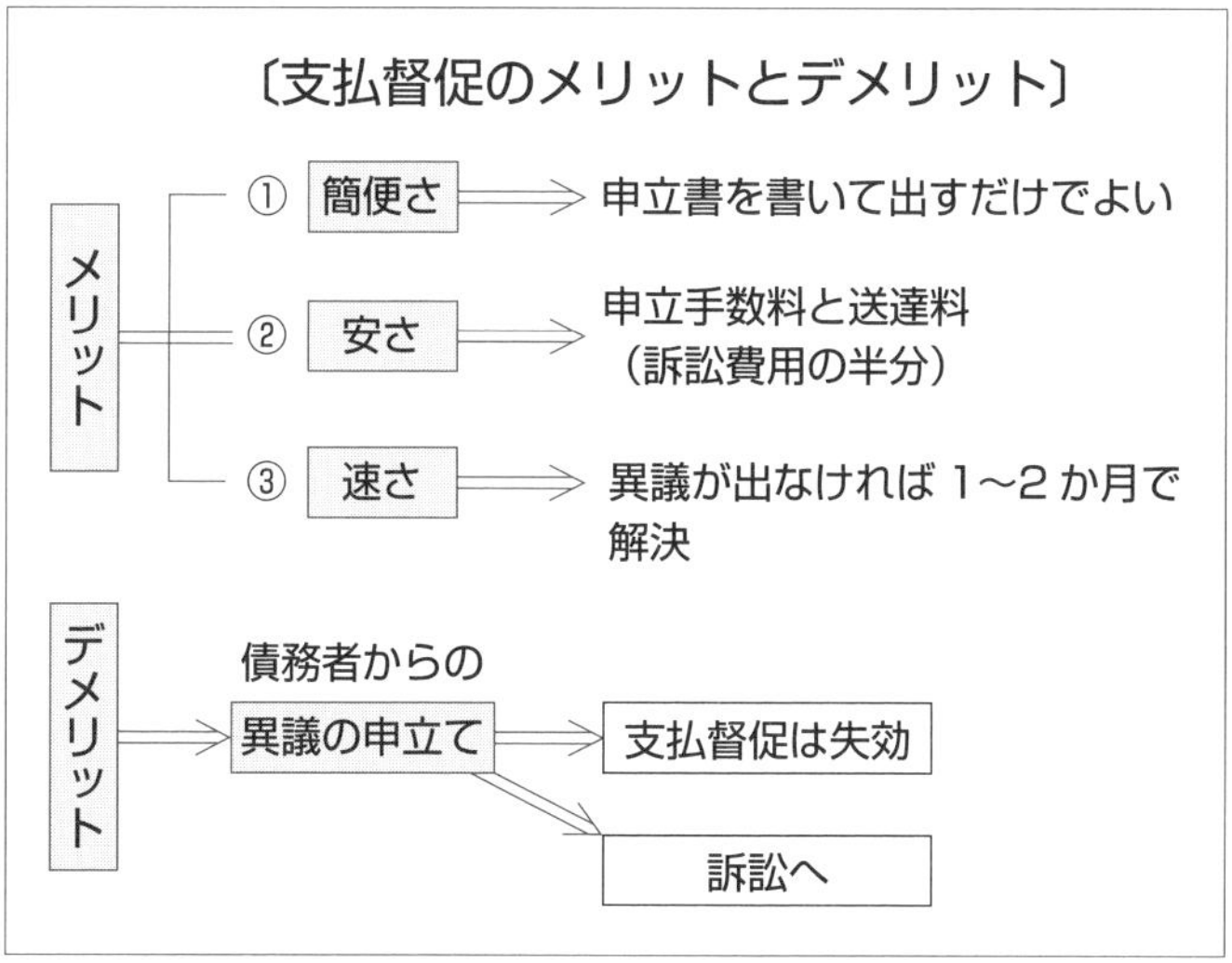

☒支払督促にかかる手間は

支払督促の最大の特色は、「簡便さ」にあります。

裁判所では、支払督促が申し立てられたからといって、実際に申立てどおりの金銭貸借があったのか、あるいはいつ商品を買って、いつ代金の支払いが滞ったのかなどの具体的な事実の審査を行うわけではありません。

もちろん、裁判所は申立書の内容の審査は行いますが、所定の手数料の収入印紙が貼られているか、郵券の金額に間違いはないかなどのチェックだけで、請求の趣旨と請求の原因について筋の通ったものであれば、支払督促を出してもらえるのです。

必要な手続きは、支払督促の申立てと支払督促が出された後の、仮執行宣言の申立てをするだけです。

ポイント　逃げ回っている債務者に対しては有効な武器となる。

★訴訟と支払督促の違いは

支払督促は、債権者側の言い分を記載した申立書により、債務者の言い分は聞かずに支払督促が発令されます。

これに対して、訴訟は原告（金銭債権の場合は債権者）、被告（金銭債権の場合は債務者）双方の主張を聞いて、裁判官が判決を下します。

支払督促は、訴訟の前段階ないしは予備段階といえるもので、支払督促に対して申し立てた内容に間違いや疑問があれば、債務者から異議申立てができ、この異議が出されると、訴訟に移行します。

4 支払督促の申立て❶ 支払督促の申立書を作成する

規定されているのは用紙の大きさだけ

実際に支払督促の申立てをしたい場合は、どうすればよいでしょうか。

民事訴訟法の定めによれば、支払督促の申立ては、書面または口頭ですることになっています（三八四条、二七一条）。

これが原則ですが、現実には簡易裁判所の窓口は、大変忙しく、口頭による申立てを受け付ける人的な余裕はなく、書面の書き方の指導はしてくれますが、申立書作成まではしてくれないのが現実のようです。

口頭による申立てが無理だとすると、**申立書は自分で作成**しなければなりません。

しかし、規則では、申立書の作成については、紙の大きさをA４判の用紙を使用しなければならないと規定しているだけであり、後は自由に作成してよいということになっています（必ず記載しなければならない所定の事項はあります）。文字は横書きにします。

このように作成方式が自由なため、中には、わざと難しい法律用語を使うなどして、判決と間違えるような申立書を作成する例もあったようです。

定型の書式が簡易裁判所に備え付けられている

そこで、平成に入り、支払命令制度（支払督促は、以前は支払命令という名称）についての検討が始められ、その改善案がまとめられました。

そして、平成七年四月一日から全国の簡易

◆参照条文

民事訴訟法三八四条（訴えに関する規定の準用） 支払督促の申立てには、その性質に反しない限り、訴えに関する規定を準用する。

民事訴訟法二七一条（口頭による訴えの提起） 訴えは、口頭で提起することができる。

裁判所で支払督促手続きの運用が改められることになったのです。

この改善の趣旨は、支払督促の内容については、法律知識のない人でも理解することができ、対応の仕方も判断できるものにするというものでした。

改善の内容の主なものは、以下のとおりとなっています。

①　事件の記載はすべて横書きとし、記録は左綴じとする。

②　一般の債務者も一読して支払督促の内容が理解できるよう難解な法律用語を使わず、請求の趣旨および原因の記載も箇条書きとし、表を利用して、用紙に収めるようにする。

③　裁判所は、支払督促を迅速に発するため、相手方への支払督促状に申立書を引用添付して作成するため、債権者はわかりやすい申立書を作成しなければならない。

④　申立書が読みやすく簡潔に記載されるとしても、訴訟において要求される請求原因事実（要件事実）は網羅されているものでなければならない。

というものでした。

なお、支払督促に関する書式のモデルが最高裁判所より公表され、これに準じた書式が簡易裁判所に用意されています。書き方についてのサンプルも用意してありますので、この書式を利用するとよいでしょう。分からないことがあれば、裁判所の申立書の受付で聞けば教えてくれます。

また、平成一六年の民事訴訟法の改正により、電子情報処理組織を用いて支払督促の申立てができるようになりました。これができる簡易裁判所は、最高裁判所規則により定められています。

ポイント

簡易裁判所にある書式を利用するとよい。

★支払督促にはどんな効力があるのか

支払督促が出されたとしても、法的には仮定的なものです。つまり、仮執行宣言の付く前の支払督促は、あくまで暫定的なもので、いったん「異議」が出されれば、支払督促は無効になるのです。しかし、支払督促に仮執行宣言が付くと、この支払督促に基づいて強制執行ができます（これに対しても異議を申し立てることができますが）。仮執行宣言付支払督促に対して異議が申し立てられず、確定すると、確定判決と同一の効力を持ちます。これが支払督促についての法的な効力です。

❺ 支払督促の申立て❷

支払督促の申立書の書き方

申立書は三つに分けて作成するのが普通のやり方

最高裁の事務局では、支払督促申立書のモデルを公表し、簡易裁判所に用意されています。これにしたがって書き方を説明します。

書式（次項参照）を見ていただければわかるように、**申立書は「表題部」「当事者目録」「請求の趣旨及び原因」の三つの部分に分かれています。**

①表題部ですが、「支払督促申立書」と書きます。

②それがどんな事件かを書きます（貸したお金の請求であれば貸金請求事件、売買代金の請求であれば、売買代金請求事件）。

③行を変えて、「当事者の表示」と書いて、「別紙当事者目録記載のとおり」として、当事者の住所、氏名は別紙に書きます。

④同じように、「請求の趣旨及び原因」と書いて、「別紙請求の趣旨及び原因記載のとおり」と書き、請求の趣旨と原因は別紙に記載します。

⑤「債務者は（複数の場合には債務者らはと書きます）、債権者に対して、請求の趣旨記載の金額を支払え、との支払督促を求める」と書きます。

⑥あとは、申立手続費用の合計額とその内訳、申立ての年月日、申立人の住所と氏名、申立裁判所、支払督促の手数料（印紙代）算定の基礎となる価額（請求する金額）、印紙額、予納する郵券の額、添付書類を順に

◆参照条文

民事訴訟法三八四条（訴えに関する規定の準用） 支払督促の申立てには、その性質に反しない限り、訴えに関する規定を準用する。

民事訴訟法一三三条（訴え提起の方式） ① 訴えの提起は、訴状を裁判所に提出してしなければならない。

② 訴状には、次に掲げる事項を記載しなければならない。

一　当事者及び法定代理人

二　請求の趣旨及び原因

書きます（法人の場合は代表者の資格証明書が必要です）。

⑦申立人の氏名の後には捺印します。

⊠別紙を作成するときの注意点

当事者目録には、支払督促の当事者の郵便番号、住所、電話番号、氏名を書きます。債務者の住所、氏名は必ず確認してから（間違っていると送達できませんので）書いてください。当事者が会社など法人の場合は、住所、会社名のほか、代表者名を書くこと。

請求の趣旨では、支払督促によって相手方に請求するものを、簡潔に、箇条書きにして書きます。

つぎに、遅延損害金の率と、いつから請求するかを書きます。利息制限法の利率を超えないようにすることが大切です。そして、支払督促の申立てにかかった手続費用を書きます（申立て費用については一三〇頁を参照）。

請求の原因では、請求の趣旨として書いた金額を、どのような原因に基づいて請求するかを書きます。請求する金額が、法律上どんな原因によって発生したものであるかを、具体的に、平易、簡潔に書けばよいのです。

〔請求の趣旨を書くときのポイント〕

主たる請求を書くとき

①　端的に請求金額を記載する
②　明確で、具体的に記載する
③　債務者が複数のときは個別に
④　連帯債務の場合はその旨を書く

付帯請求を書くとき

①　利息や遅延損害金を書く
②　利息が発生中の場合は起算日と利率とを書く
③　利息制限法を超える利息は却下される

ポイント　でき上がったら、左綴じにして、それぞれの用紙の間には割印をすること。

★従業員に申立てを代理させたいが

訴訟の場合には、法令で裁判上の行為を代理できる旨を規定している場合のほか、弁護士でなければ訴訟代理人となることはできません。

ただし、支払督促の申立てなど簡易裁判所の行う事件については、裁判所の許可を得れば、当事者でなくても訴訟代理人に選任することができます（民事訴訟法五四条一項）。

実務上は、弁護士でない代理人が、支払督促申立書に委任状と代理人許可申請書とをつけて代理人名義で支払督促を申し立てています。

6 支払督促の申立て❸ 支払督促の申立書のサンプル

▶支払督促申立書のサンプル

支払督促申立書

売買代金　請求事件
当事者の表示　　　別紙当事者目録記載のとおり
請求の趣旨及び原因　別紙請求の趣旨及び原因記載のとおり
「債務者は、債権者に対して、請求の趣旨記載の金額を支払え」との督促を求める。

申立手続費用　金5,545円

内　訳	申立手数料	2,500円
	支払督促正本送達費用（郵便切手）	1,125円
	支払督促発付通知費用	120円
	申立書作成及び提出費用	800円
	資格証明手数料	1,000円

令和3年2月12日
住所（債権者氏名）　株式会社　銀座商事
代表者　代表取締役　甲野　一郎　㊞
（電話：　　　　　）（FAX：　　　　　）

簡易裁判所　裁判所書記官　殿

価　額	420,000円	受取印	
貼用印紙	2,500円		
添付郵券	円		
葉書	1枚	貼用印紙　　円	
添付書類	□資格証明書　通	郵便切手　　円	
	□　通		
	□　通	葉書　　枚	

当事者目録

債権者	〒×××　東京都〇〇区〇〇×丁目××番××号 債　権　者　株式会社　銀座商事 代表者代表取締役　甲　野　一　郎 （電話：　　　　　）（FAX：　　　　　）	
	送達場所の届出	債権者に対する書類の送達は次の場所に宛ててください。 □上記の債権者の住所 □債権者の勤務先 名称： 所在地：〒 電話：　　　　FAX： □その他の場所（債権者との関係） 住所：〒 電話：　　　　FAX： 送達受取人：
債務者	〒×××　東京都〇〇〇区〇町××番××号 債　務　者　乙　川　次　郎 （電話：　　　　　）（FAX：　　　　　）	

◆必要書類

★支払督促の申立ての際に必要な付属書類

支払督促の申立てをする場合には、ケースによっていろいろな付属書類が必要です。

① 委任状　本人自身が申立てをする場合には必要ありませんが、代理人に頼んで申立てを行う場合に必要です。

② 法人の登記簿謄本　支払督促の当事者のうち、どちらかが会社や公益法人の場合には、代表者であることを証明するために法人の登記簿謄本（登記事項証明書）の提出が必要です。この書類を資格証明書といっています（発行後、三か月以内のものを要求する裁判所が多い）。

請求の趣旨及び原因

請求の趣旨

1　金420,000円（下記請求の原因2の残額）

2　上記金額に対する平成27年2月12日から完済まで年6%の割合による遅延損害金

3　金5,545円（申立手続費用）

請求の原因

1　(1)　契約の日　令和2年10月31日

(2)　契約の内容　債務者乙川次郎は、債権者から購入した下記商品の代金を分割して支払う。

（商品）着物

2

代金及び手数料	支払済みの額	残　額
1,224,190円	804,190円 （最後に支払った日 令和2.11.4）	420,000円

3　☑支払を催促する書面が届いた日（期限の利益喪失の場合）　令和3年1月10日

□分割金の最終支払期限　（　年　月　日）の経過

▶仮執行宣言申立のサンプル

仮執行宣言の申立

債権者　　甲　野　一　郎

債務者　　乙　川　次　郎

上記当事者間の御庁令和□年ロ□□□□号支払督促申立事件につき、債務者は令和□年□月□日付支払督促の送達を受けたが、法定期間内に督促異議の申立をなさず、また、債務の支払もしないので、下記の費用を加えた仮執行宣言を求める。

記

仮執行宣言の手続費用　金□□□□円

内　訳　支払督促正本送達費用　□□□円

申立書提出費用　□□□円

申立書書記料　□□□円

令和□年□月□日

申立人（債権者）　甲　野　一　郎　㊞

○○簡易裁判所御中

③　訴訟能力に関する証明書　支払督促の当事者が未成年者の場合には法定代理人が、被成年後見人（かつての禁治産者）の場合には成年後見人が申立てをすることになります。その場合には、未成年者については戸籍謄本または抄本、被成年後見者については後見登記の登記事項証明書を提出しなければなりません。

※簡易裁判所には定型の書式が用意されていますが、上記と異なる場合があります。

〔支払督促の申立て〕支払督促申立書には、請求金額に応じた印紙を貼る。

〔仮執行宣言の申立て〕支払督促が相手に送達され二週間経過しても異議がないとき。

〔支払督促に対する異議〕異議申立てがあると正式裁判に移行。裁判所は相手住所地の裁判所。

❼ 債務者が支払督促に対して異議を申し立てる場合もある

二週間待ってから仮執行宣言の申立てをする

支払督促の申立てが受理されますと、裁判所は支払督促を出してくれます。**債権者には支払督促の正本を債務者に発付したことの通知がなされます。**

支払督促は、タイトルの下に、判決の主文に相当する「債務者は、請求の趣旨記載の金額を債権者に支払え」という文句が記載されています。そして次に、警告文言といわれている「債務者が支払督促送達の日から二週間以内に督促異議を申し立てないときは、債権者の申立てによって仮執行の宣言をする」という文言が記載されています。

このように、支払督促が出されてから、債権者は債務者の督促異議申立期間の二週間は待たなければなりません。もし、その間に、債務者がなんらの督促異議申立てをしなければ、次に仮執行宣言の申立てをすることになります。

仮執行宣言とは、すでに出されている支払督促に、ただちに**強制執行をできる効力（執行力）を付与する旨の宣言**をすることです。仮執行宣言が付与されることによって、支払督促は裁判における判決と同様の効力を持つことになります。

しかし、支払督促が出されて二週間以内に、債務者から督促異議申立てがなされると、その支払督促は、異議の範囲内で効力を失います。

◆参照条文

民事訴訟法三八六条（支払督促の発布等） ① 支払督促は、債務者を審尋しないで発する。

② 債務者は、支払督促に対し、これを発した裁判所書記官の所属する簡易裁判所に督促異議の申立てをすることができる。

民事訴訟法三八七条（支払督促の記載事項） 支払督促には、次に掲げる事項を記載し、かつ、債務者が支払督促の送達を受けた日から二週間以内に督促異議の申立てをしないときは債権者の申立てにより仮執行の宣言をする旨を付記しなければならない。

一 第三八二条の給付を命ずる旨

二 請求の趣旨及び原因

三 当事者及び法定代理人

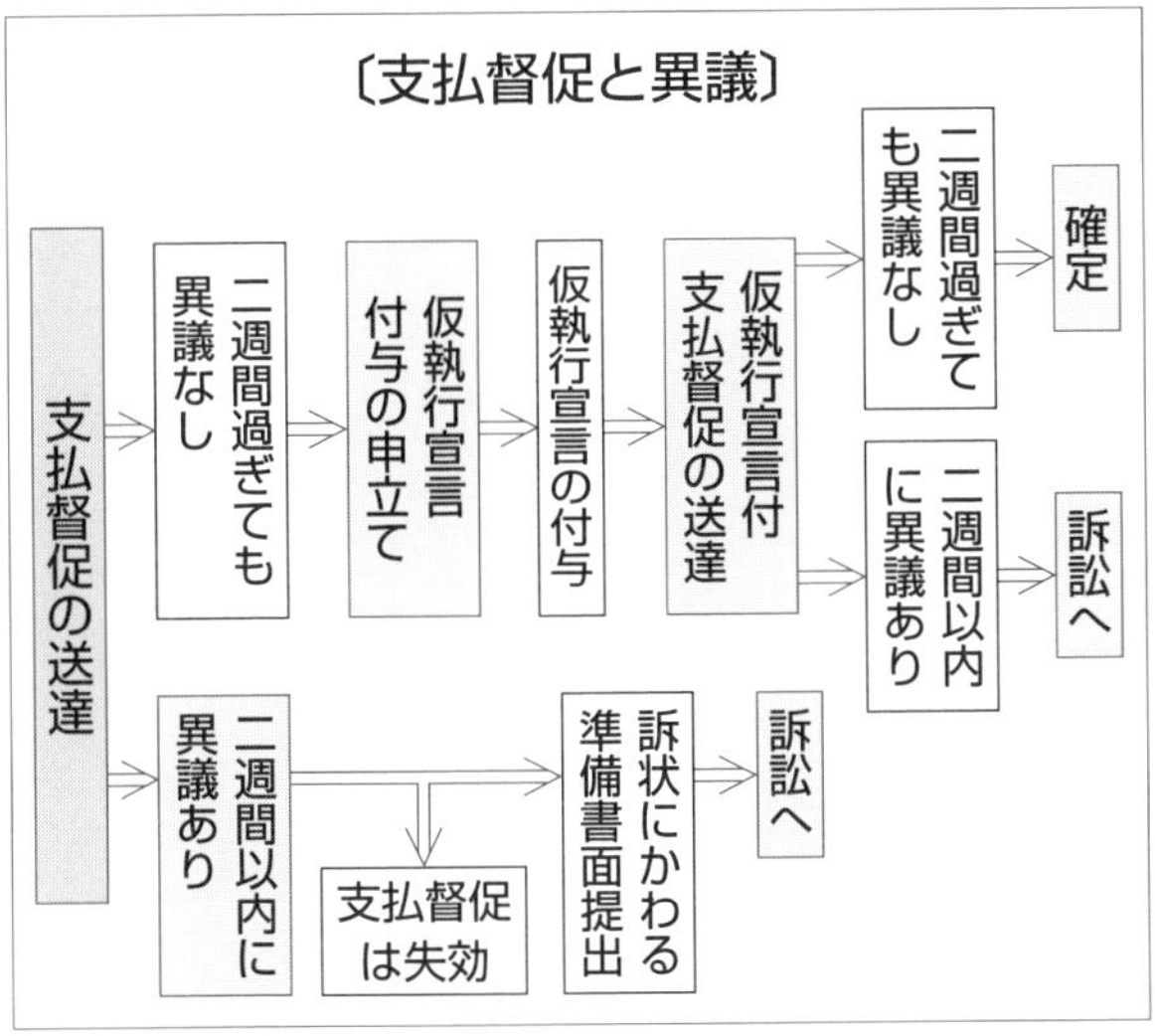

☒債務者から督促異議が出されると支払督促は失効する

督促異議申立てを受け付けた裁判所は、その申立てが権利のある者からの申立てかどうか、督促異議申立ての期間内の申立てであるかどうかを審査し、不適法と判断した場合には却下します。

適法な督促異議申立てがなされると、その支払督促申立ての時にさかのぼって、通常の訴訟が起こされたものとみなされ、請求金額が一四〇万円以内であれば同じ簡易裁判所へ、一四〇万円を超えるときは、その簡易裁判所の所在地を管轄する地方裁判所へと移行します。

適法な督促異議申立てを受けた簡易裁判所は、支払督促を申し立てた債権者に対して、補正命令によって訴訟手続きの手数料の追加納付をするよう命じます。

これは、支払督促申立ての場合の手数料は、訴訟の場合の手数料の半額ですから、訴訟を進めるために残りの半額を納めさせることが必要だからです。

訴訟費用の追納が終われば、後は通常の訴訟手続きになります。

ポイント

支払督促に督促異議が出されると訴訟に移行する。

★仮執行宣言の「仮」とはどういうことか

督促命令が出され、2週間の間に債務者から異議が出されなければ、仮執行宣言の申立てができます。この仮執行宣言とは、すでに出された支払督促に、いわゆる「執行力」を付与する裁判です。要するに、「執行してもよい」という裁判所のお墨付きです。これを執行裁判所や執行官に持っていけば、強制執行が認められるのです。

しかしあくまでも「仮」であり、暫定的なものですから、これを引っ繰り返すことも可能ですし、強制執行を止めることもできるのです。

8 支払督促が出たら仮執行宣言の申立てをする

仮執行宣言が付けば強制執行ができるようになる

支払督促の申立てをして、裁判所から支払督促が債務者に対して出されたとしても、それだけで債権者の目的が達成されるわけではありません。

もちろん、裁判所からきた支払督促を見て、あわててお金を払ってくれる債務者もいるかもしれませんが、金も払わず、かといって督促異議申立てもしない債務者に対しては、警告していた仮執行宣言の申立てをすることになります。

前にも述べたとおり、仮執行宣言というのは、**すでに出されている支払督促に対して、ただちに強制執行をしてもよいという裁判所のお墨付きです。**すなわち、支払督促に執行力が付与されるのです。

ですから、支払督促というのは、仮執行宣言が付くことによって、初めて一人前になるのです。

支払督促に仮執行宣言が付与されると、債権者はただちに強制執行の申立てをすることができるようになります。

判決や調停調書などの場合には、執行文の付与を受けなければ、強制執行の申立てはできないのですが、仮執行宣言付支払督促だけは、執行文の付与なしで強制執行の申立てができることになっています。

支払督促が出されて三〇日が経過すると効力はなくなる

◆参照条文

民事訴訟法三九一条（仮執行の宣言）① 債務者が支払督促の送達を受けた日から二週間以内に督促異議の申立てをしないときは、裁判所書記官は、債権者の申立てにより、支払督促に手続の費用額を付記して仮執行の宣言をしなければならない。ただし、その宣言前に督促異議の申立てがあったときは、この限りではない。

② 仮執行の宣言は、支払督促に記載し、これを当事者に送達しなければならない。ただし、債権者の同意があるときは、当該債権者に対しては、当該記載をした支払督促を送付することをもって、送達に代えることができる。

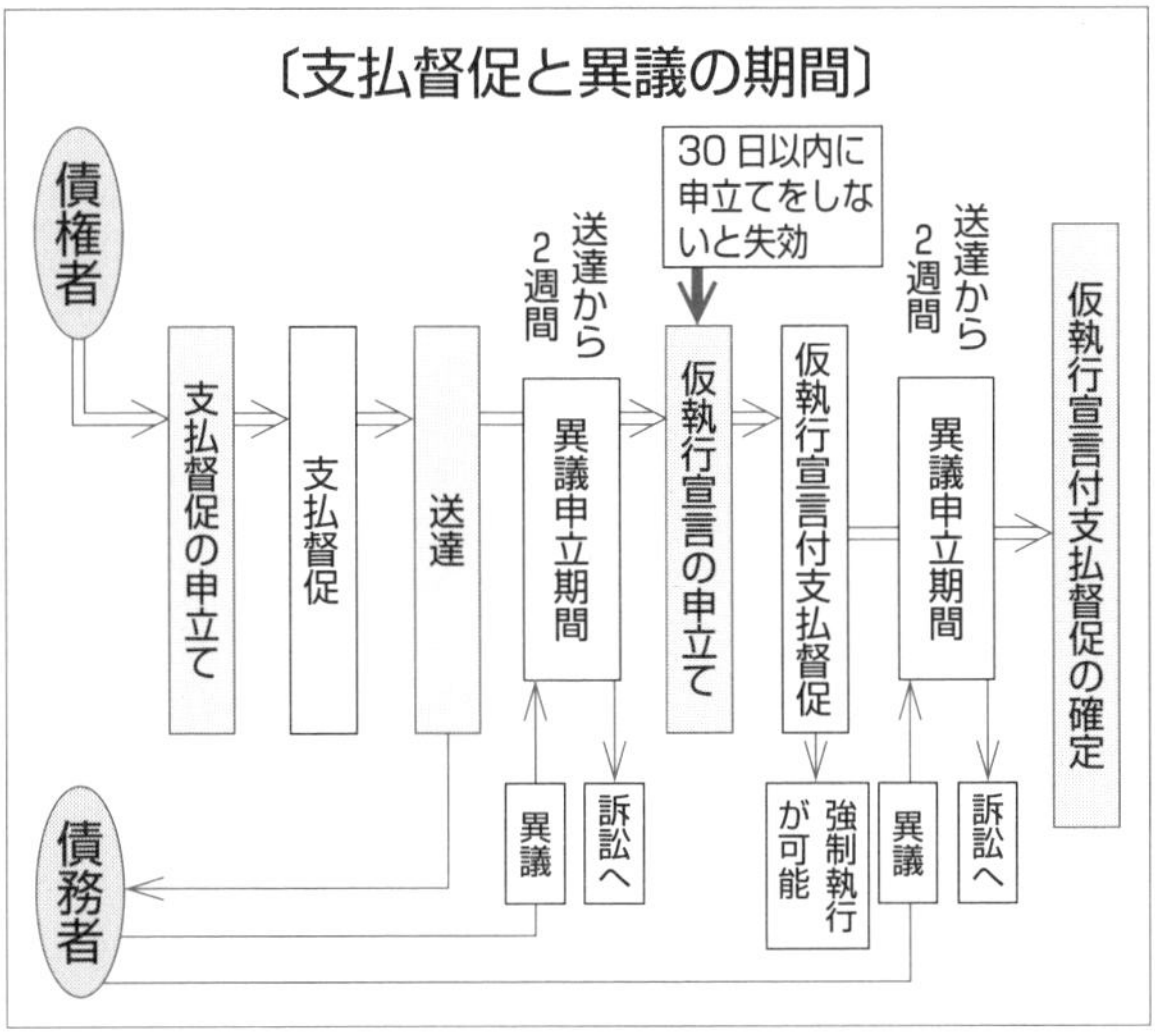

支払督促が出されたのに、この仮執行宣言の申立てをしないで三〇日が経過してしまうと、裁判所から発せられた支払督促の効力はなくなってしまいます。

それどころか、支払督促が出されて二週間を過ぎたあとで、仮執行宣言の申立てがされないでいる間に、債務者が督促異議申立てをすると、この申立ては有効となり、支払督促の効力はなくなってしまうのです。

ですから、裁判所にいつ支払督促が送達されたかを問い合わせて、その日から二週間が経過したら、**間髪を入れずに、仮執行宣言の申立てをする**ことが大事です。

裁判所は、仮執行宣言付きの支払督促の場合にも、債務者に送達します。債務者は、送達を受けた日から二週間以内に督促異議申立てができることになっていますが、この場合の申立てには強制執行を停止させる効力はありません。

強制執行をストップさせるためには、別に強制執行の停止決定を求める裁判を起こさなければなりません。

ポイント
仮執行宣言が付けられれば即座に強制執行の申立てができる。

★仮執行宣言の申立てに対する裁判は

仮執行宣言の裁判も支払督促の裁判と同様、当事者を呼んで言い分を聞いたりしません。裁判所は、仮執行宣言の申立てがあると、支払督促の送達報告書を調査し、送達日から二週間を経過しているかどうか、二週間の間に債務者から異議の申立てが無かったかどうかを確認して、その上で直ちに仮執行宣言を付する裁判をします。ただし、二週間を経過した後であっても、仮執行宣言が出される前であれば、その間に支払督促の異議の申立てがあったときには、支払督促は失効し、仮失効宣言の申立ては却下されます。

9 仮執行宣言に対して督促異議が出ることもある

支払督促の督促異議と仮執行宣言の督促異議とは効果は同じか

支払督促が、手続きも簡単で、時間もかからず、費用も安く行われる理由は、裁判所が債権者の申立てだけを信用して、証人調べや証拠調べもせずに、支払督促を出してくれるからなのです。

そのことが債務者の不利にならないよう、二つの保証を与えています。一つは、支払督促が必ず債務者に届くこと（送達されること）であり、もう一つが、支払督促に不服があれば督促異議を申し立てることができ、この申立てがあれば、支払督促は効力を失い、あとは訴訟によって解決が図られること、です。

支払督促に対する督促異議は、請求の原因となっている事実関係に誤認がある、あるいは請求された金額に誤りがあるなどの場合だけではなく、分割払いにしてほしい、支払いについて話合いをしたいなどという場合にも、申立ては行われます。

中には、支払督促がきたら、とにかく督促異議申立てを行い、時間稼ぎをするという債務者もいます。

また、支払督促が送達される際に、督促異議申立書と注意書が一緒に送付されますので、債務者にとっては、申立てが簡単にできるようになっています。

債務者に督促異議申立てをされれば、支払督促申立ての効力がなくなるという点が、支払督促制度の最大の弱点となっているのです。

◆参照条文

民事訴訟法三九三条（仮執行の宣言後の督促異議） 仮執行の宣言を付した支払督促の送達を受けた日から二週間の不変期間を経過したときは、債務者は、その支払督促に対し、督促異議の申立てをすることができない。

民事訴訟法三九四条（督促異議の却下） ① 簡易裁判所は、督促異議を不適法であると認めるときは、督促異議に係わる請求が地方裁判所の管轄に属する場合においても、決定で、その督促異議を却下しなければならない。

② 前項の決定に対しては、即時抗告をすることができる。

仮執行宣言に対する督促異議の申立てでは、執行を停止することはできない

支払督促の申立てが送達されてから、二週間を経過すると、申立人は仮執行宣言の申立てができ、仮執行宣言が出されると、債務者の財産について、強制執行をすることができるようになります。

債務者は、仮執行宣言付支払督促が債務者に送達される場合にも、督促異議申立てをできることになっています。この場合にも、督促異議申立書が同封されます。

しかし、督促異議申立てをしたからといって、仮執行宣言付支払督促に基づいて開始した強制執行がストップするわけではありません。この場合の効果は、仮執行宣言付支払督促が確定する（これ以上争えないようにする）のを遮断する効力を持つだけです。

ですから、強制執行をストップさせるためには、別に強制執行の停止または取消しの決定を求める裁判を起こさなければならないのです。

このように、支払督促に対する督促異議申立てと、仮執行宣言付支払督促に対する督促異議申立ては、効力が違いますので、注意が必要です。

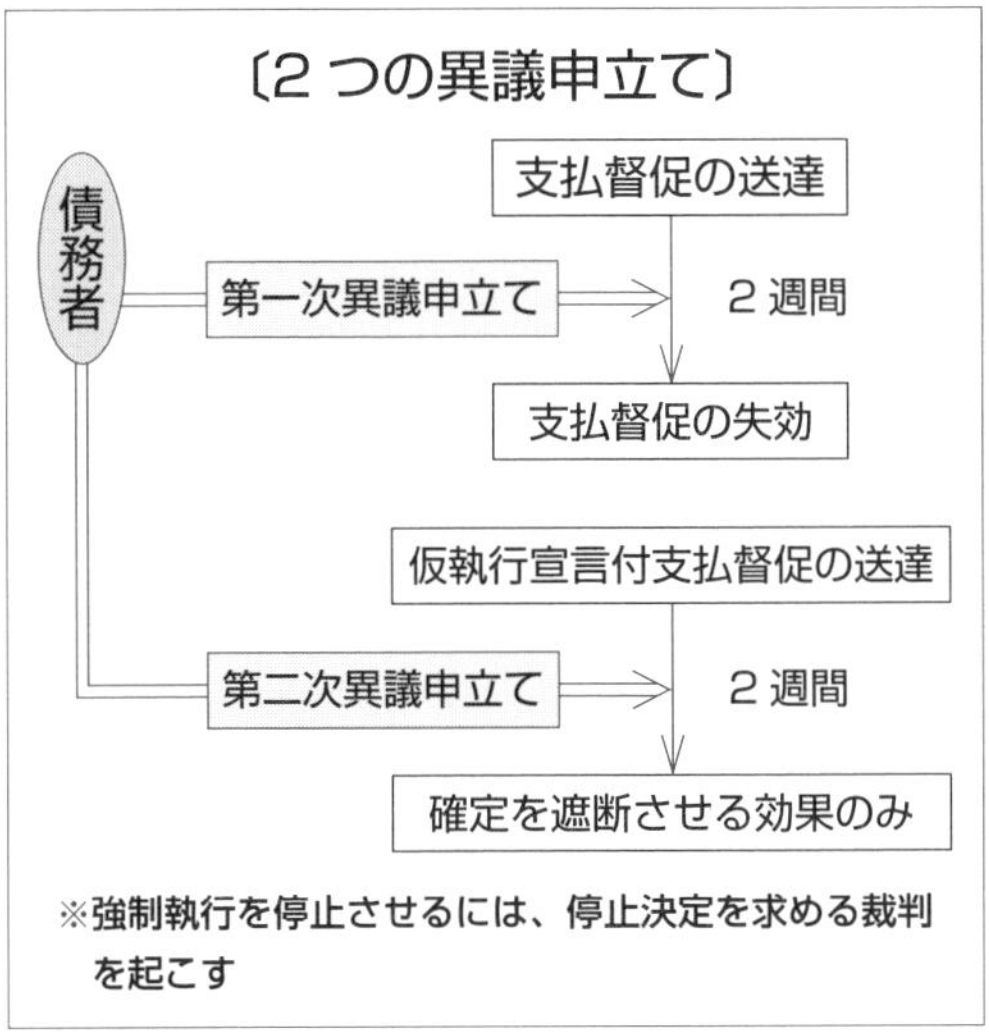

ポイント

仮執行宣言付支払督促の後、債務者が執行を停止するには訴訟で争うしかない。

★仮執行宣言付支払督促で強制執行するには

債務者の財産に対して強制執行をするには、執行機関（執行裁判所、執行官）に、①債務名義、②執行文、③送達証明書の3点セットを持って行って依頼します。

債務名義とは、債権者がどのような権利に基づいて、どのような範囲で執行しようとするのか、その根拠となる公の文書です。仮執行宣言付支払督促も債務名義となります。他の債務名義の場合は、執行文が必要ですが、仮執行宣言付支払督促の場合は、例外として不要です。

支払督促と注意点❶

⑩ 仮執行宣言付支払督促後も債務者が支払いをしないとき

強制執行には、「債務名義」が必要

いくら請求しても支払いをしない債務者に対して、内容証明郵便を出す場合に、「もし、何らの返答がない場合には、法的手段に訴える」旨を書き記します。

この法的手段の最終目標が、強制執行です。すなわち、支払いをしない債務者の所有する不動産、商品や機械器具、家財道具などの差押えや競売をすることによって、債権回収の実をあげることを目的とするものです。

この強制執行ができるためには、「**債務名義**」が必要です。債務名義というのは、確かに債務が存在することを公の機関が証明した文書のことで、民事執行法では、確定判決、仮執行の宣言を付した判決、執行証書（執行認諾約款付きの公正証書）、和解調書、調停調書、それに今まで述べてきた仮執行宣言付支払督促などが債務名義に当たると規定しています（二二条）。

実際に強制執行が行われる場合には、その前に、債務者に債務名義が送達されます。実際に強制執行が行われれば、商売、営業、日常生活に差し支えますので、この段階で回収ができるケースも多いのです。

仮執行宣言付支払督促は「債務名義」となり、執行の申立てができる

仮執行宣言付支払督促がなされても、なお支払いをしない債務者に対しては、強制執行の手続きをとることになります。

いくら債務名義があるからといっても、個

◆参照条文

民事執行法二二条（債務名義）強制執行は、次に掲げるもの（以下「債務名義」という）により行う。

一　確定判決

二　仮執行の宣言を付した判決

三　抗告によらなければ不服を申し立てることができない裁判

四　仮執行の宣言を付した支払督促

四の二　（省略）

五　金銭の一定の額の支払又はその他の代替物若しくは有価証券の一定の数量の給付を目的とする請求について公証人の作成した公正証書で、債務者が直ちに強制執行に服する旨の陳述が記載されているもの

六〜七　（省略）

人で強制執行をすることは許されません。

強制執行を行う場合には、国の執行機関である執行官か、または執行裁判所へ執行の申立てをすることになっています。

仮執行宣言付支払督促により強制執行をする場合には、まず、どのような債務名義に基づいて強制執行をするのかを債務者に知らせるため、債務名義の送達をします。そのための**送達証明申請を支払督促を受けた簡易裁判所**にします。そして、仮執行宣言付支払督促の正本と送達証明があれば、強制執行の申立てをすることができます。

債務者のどの財産について強制執行をするかは、債権者が自由に決めることができます。

動産の執行の場合には、執行官へ、不動産の執行の場合には、執行裁判所へ申し立てることになっています（詳細は6章参照）。

ポイント　強制執行をする前に債務者の財産調査をしておくこと。

★債務名義と執行文

債務者の財産に対して強制執行を行いたい場合には、一四四頁で説明した債務名義を執行機関（執行裁判所、執行官）に提出して依頼しなければなりません。ただ、執行名義だけでは強制執行はしてくれません。というのは、現在でも債権者と債務者との間の債権が存在し、これが執行力を持つものであることを公に証明する文書である「執行文」が必要だからです。これを証明するのは裁判の記録を保管する裁判所の書記官であり、公正証書の原本を保管する公証人です。ここで、債務名義の末尾に執行文を付記してもらいます。ただし、仮執行宣言付支払督促に関しては、原則としてこの執行文は不要とされています。

なお、この他に強制執行を申し立てる際には、債務名義の送達をしたという証明書が必要です。

★支払督促の注意点は

申立てに当たり、以下の点を注意してください。

①貸した、借りていない、など、債務の内容に問題がある場合は、結局は訴訟となり、支払督促の申立ては意味がありません。

②支払督促で異議が出ると、原則として支払督促の申立てをした債務者の住所地を管轄する裁判所で訴訟となり、遠方まで出向かなければなりませんので注意が必要です。

③話し合いを尽くさずに支払督促の申立てをした場合、友人や取引先をなくす場合もあります。

◆訴訟によらず早く、安く解決できるADR（裁判外紛争解決手続）の活用

■ADRとはどんなものか

ADRとは、Alternative Dispute Resolution の頭文字をとったもので、裁判外紛争解決（処理）などと訳されています。訴訟によらず、金も時間もかけずに、紛争の解決を図る機関が、ADR機関だと考えてよいでしょう。

ADRの解決手法は、手続きに参加する担当者が、当事者双方が同意すれば、その言い分を聞いて調整しながら合意点をさがして解決を図る「調停」「あっせん」型が主流です。

しかし、当事者の言い分を聞いて、証拠を検討して、一定の判断を下して、当事者がそれに従うという「仲裁」方式もあります。仲裁に対しては、原則として、当事者が不服であっても訴訟を起こせません。

■債権回収とADR活用

債権回収が専門のADR機関はありません。どんな紛争でも取り扱う弁護士会紛争解決センター（東京弁護士会、東京第一弁護士会、東京第二弁護士会など各地の弁護士会三五個所に設置）では債権回収も取り扱っています。銀行・信託銀行・信用金庫などでのトラブルは、仲裁センターを紹介してくれる場合もあります。

仲裁センターを利用するには、まず申込み（一万一〇〇〇円の手数料が必要）をし、相手が応じた場合に期日を指定して仲裁が行われます（仲裁期日に当事者双方五五〇〇円が必要）。仲裁は、双方の仲裁の合意による仲裁判断、和解があり、仲裁判断は裁判所の判決と同様の効力があり強制執行ができます（仲裁判断に基づき裁判所が出す執行判決は必要）。また、原則として不服申立てはできません。

仲裁あるいは和解が成立すれば、成立手数料を解決額に応じて支払うことになります（解決額一〇〇万円→八万八〇〇〇円、解決額五〇〇万円→三三万円など）。詳細は、弁護士会にお尋ねください。

なお、ADRの活動を促進するために「裁判外紛争解決手続の利用の促進に関する法律」（ADR促進法）が制定され、平成一九年四月一日から施行されています。認証を受けたADR機関は、特例措置として、①時効の完成猶予を認めたこと、②訴訟中でも四か月の訴訟中止を認めたこと、③調停前置主義と同様の効果を認めたことです。

第4章

民事調停・訴え提起前の和解による債権回収の仕方

◆訴訟をしたくない場合の手続きとして、民事調停があります。調停ですから、お互いの合意がない限り、調停は成立しません。明らかな対立があるときは、いきなり訴訟のほうがよいでしょう。

訴え提起前の和解は、話合いがついたことを裁判所で公証してもらうために活用されています。

◆民事調停・訴え提起前の和解による解決の仕方

■民事調停とはなにか

調停とは、一口で言うと、裁判所で行う話合いです。調停には民事調停の他にも、家事調停、農事調停などがありますが、債権回収の場合には民事調停です。調停は、あくまでも話合いですから、結論を強制されることはなく、話がまとまらなければ「不調」、つまり話がつかないまま手続きは終わりになります。申し立てた側が申立てを取り下げることも自由です。

また、裁判所で行う手続きですから、場所も公平で、さりとて法廷とは異なり、いかめし過ぎもせず、話合いを進めやすい、という利点があります。また、裁判所で期日を決めますから、進行も定期的となり、うやむやになりません。調停委員が間に立ち、仲介の労を取ってくれますから、議論の進行もスムーズにいきます。話合いをするために、わざわざ裁判所に出向く、ということですから、多少は公式ばった感じがするのは止むをえません。また、普通の話合いにくらべ、カドが立つようですが、かえって刺激になって話がつきやすくなります。

民事調停手続きは、民事に関する紛争につき、**当事者の互譲により、条理にかない実情に即した解決を図ることを目的とする**」ものです（民事調停法一条）。当事者の話合いの結果、調停が成立すれば、裁判所によって、**「調停調書」**が作成され、双方へ送達されます。この「調停調書」は判決とほぼ同じ効力を持ちます。調停調書は債務名義（一四四頁参照）となりますので、これをもとに強制執行の申立てができます。

また、話合いがまとまらなければ調停は不調となり終了しますが、不調になった後で訴訟への移行もできます（調停終了後、二週間以内の訴訟提起ならば貼用印紙が流用できます）。

なお、調停は債権者側だけが申立てできるというものではありません。債務者側からも申立てができます。また、特定調停は「支払不能に陥るおそれのある債務者」が申し立てることになっています（一五六頁下欄参照）。

■訴え提起前の和解とはなにか

民事上の紛争について争っている当事者が、話し合いによって、**お互いに譲歩し合って、争いを取りやめる約束**をするのが「和解」契約です（民法六九五条）。和解のメリットは、法律に縛られない自由な話し合いによるもので、お互いに納得付くの上で解決を図るものですから後にしこりを残すこともありません。

和解については、特に方式を定めてはいませんから、書面にする必要もありません。ただ、いったん成立した和解の内容について、後日、**新たな証拠がでてきたとしても、原則として和解のやり直しはできません。**通常は、紛争防止のために、和解が成立したときは「和解契約書」として書面にするのが通常です。

ただ、書面にしても、相手が和解の約束を履行しない場合には、改めて訴訟を起こして、勝訴判決をもらわなければ、強制執行をすることはできません。

この難点を解消するのが、「**訴え提起前の和解**」あるいは「即決和解」といわれる制度です。これは、紛争当事者の一方が、相手方の住所地を管轄する簡易裁判所に和解の申立てを行います。裁判所は和解の勧告をし、成立した和解の内容を「**和解調書**」として作成します。この和解調書は、訴訟における確定判決と同じ効力を持つものですから、相手が約束を履行しない場合には、これに基づいて強制執行をすることができます。

訴え提起前の和解は、費用が低廉であること（印紙代二〇〇〇円）、和解の目的の如何にかかわらず債務名義となること（公正証書にする場合は一定の金銭等の支払いに限られる）などから、幅広く利用されています。

訴え提起前の和解は、本来は訴訟防止のためのものですが、実際の利用のされ方としては、裁判所の斡旋・勧告によって紛争の解決を図るというよりは、あらかじめ裁判外で成立している示談・和解を裁判所の仲介により、裁判上の和解として成立させ和解調書を作成してもらうことにより、強制執行のための債務名義を得る目的で利用されているのが実情です。

裁判の関与する和解には、この他に「**訴訟上の和解**」があります。これは訴訟の途中で、裁判官の和解の勧告により、あるいは当事者からの申し出により、和解の話し合いを行い、話がまとまれば裁判官が和解調書を作成してくれるものです。

❶ 民事調停の手続きは簡易裁判所にする

⊠民事調停の申立てはどうするか

民事調停の申立ては、書面または口頭ですることができます。

では、どこの裁判所に申し立てればよいでしょうか。

これは原則として、相手方の住所、居所、営業所もしくは事務所の所在地を管轄する簡易裁判所です。また、当事者が事前に合意すれば、どこの地方裁判所でも簡易裁判所でも可能です（これを合意管轄といいます）。

申立ては、申立書を裁判所の受付窓口に提出します。わからなければ、簡易裁判所の係の書記官と相談すればよいでしょう。裁判所が用意している調停申立書式の交付を受け、必要事項を記入する方法もありますし、調停申立調書を作成してもらうこともできます。

申し立てるときには、請求の価額（申立ての内容を金銭で評価したもの）に応じて、収入印紙を納付し、証拠書類を提出します。

また、代理人を選任して、申立てやその後の手続きをしてもらうこともできます。

弁護士は無条件で代理人になることができますが、弁護士でない人を代理人に選任するには、裁判所に代理人許可申請書を提出しなければなりません。

⊠調停の申立てが受け付けられた後の手続きは

調停が申し立てられ、これが受け付けられた場合には、調停委員が調停に当たることになります。**調停委員の構成は、調停主任一人**

◆参照条文

民事調停法一条（目的）

この法律は、民事に関する紛争につき、当事者の互譲により、条理にかない実情に則した解決を図ることを目的とする。

民事調停法三条（管轄）

調停事件は、特別の定がある場合を除いて、相手方の住所、居所、営業所若しくは事務所の所在地を管轄する簡易裁判所又は当事者が合意で定める地方裁判所若しくは簡易裁判所の管轄とする。

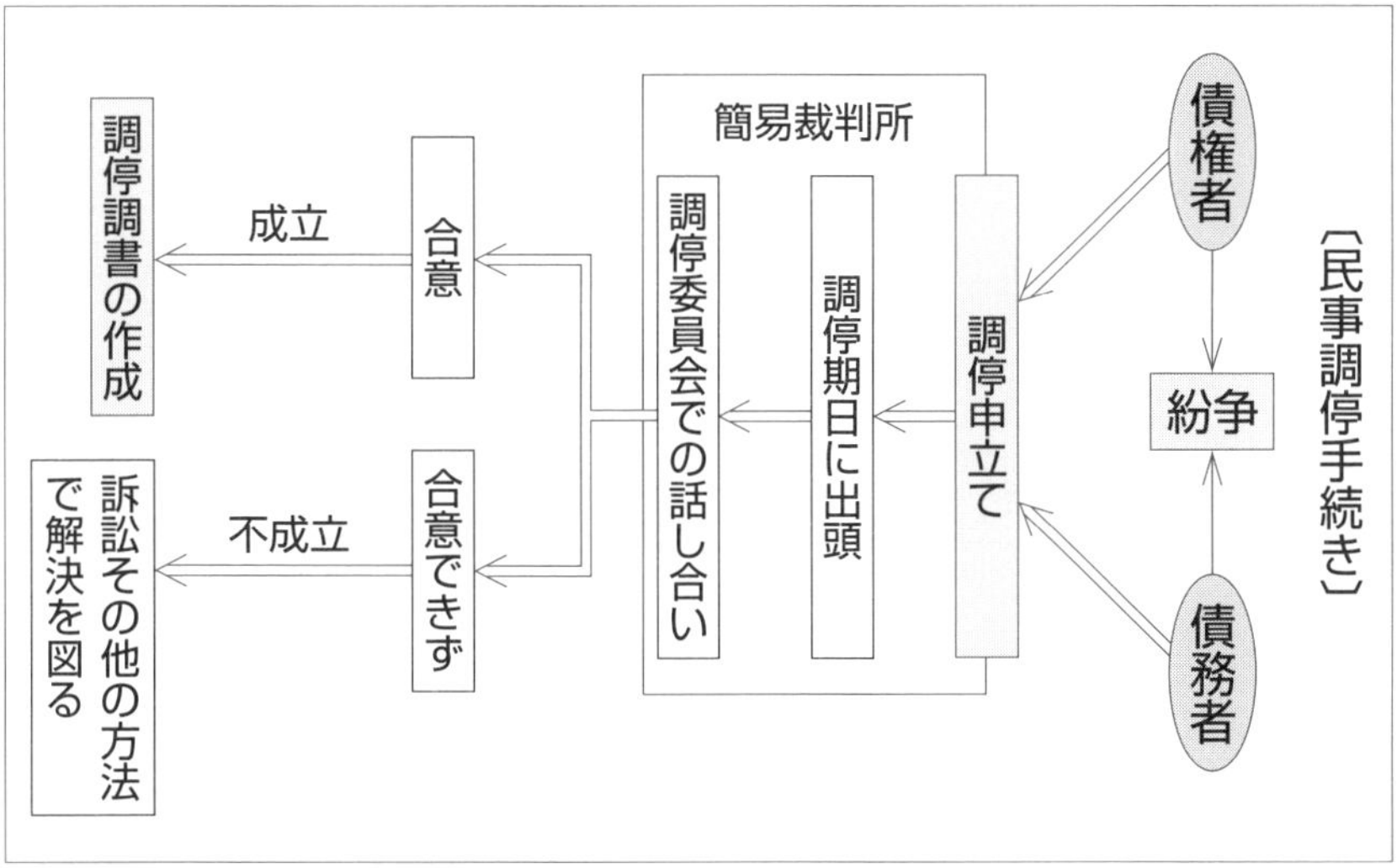

（裁判官）、民事調停委員二人以上です。

調停委員の役割は、事件の進行など、受任調停の一切に関与するほか、専門的知識や経験にもとづいての意見を述べて、調停が成立するように助力することです。

一般の民事手続きであれば、弁護士が調停委員となることが多く、宅地建物の価格が問題となる場合には不動産鑑定士が、医療過誤が問題となる場合には医師が民事調停委員に選任されるよう配慮されています。

また、調停委員以外が調停に参加する場合があります。調停の結果について利害関係を持つ者は、調停委員会の許可を受けて**参加人**となり、調停手続きに参加することができますし、また、調停委員会の方で紛争解決のため、利害関係人に対して参加を命じる場合もあります。

ポイント
調停での審理は非公開なので秘密が保たれる。

★民事調停の申立てで時効はストップするか

債権回収では、債権の消滅時効に注意しなければなりません。

民法では、民事調停法による調停の申立てがあると時効は完成猶予になります（民法一四七条）。

なお、和解申立ての場合も同様の効力が認められています。

また、確定判決を得ることなく手続を終了した場合も、手続き終了後、６カ月を経過するまで、時効は完成しません。

❷ 民事調停の申立手続きと費用

民事調停申立書の提出

調停の申立ては口頭でもできることになっていますが、通常は調停申立書に、以下のことを記載して、相手方の住所、居所、営業所もしくは事務所の所在地を管轄する簡易裁判所に提出します（合意があれば別）。申立書に記載する事項および必要な費用等は以下のとおりです。

① 当事者の住所・氏名
② 申立ての趣旨（結論としてどんな内容の調停を求めるか）
③ 紛争の要点または争いの実情
④ 申立年月日
⑤ 申立人の署名または記名押印
⑥ 裁判所の表示
⑦ 申立書に印紙を貼用（訴訟費用）
⑧ 送達用郵券

①～③、⑤の記載の方法については、次項で説明します。

なお、申立書は正本一通と相手方の数に応じた副本を添えます。

調停申立ての控えは、必ず一通とっておくようにします。

また、証拠となる書類（契約書等）があれば、申立書に添付します。こうすれば、調停委員も事件の内容を容易につかむことができます。

調停申立ての費用

調停申立書には、印紙を貼用の上、郵券を添えて、裁判所に提出します。

◆参照条文

（調停の申立て）
民事調停規則三条　法第四条の二第一項の申立書には、申立ての趣旨及び紛争の要点並びに第二十四条において準用する非訟事件手続規則第一条各号に掲げる事項を記載するほか、紛争の要点に関する証拠書類があるときは、その写しを添付しなければならない。

民事調停の印紙額は、以下のとおりです。

一〇〇万円までの部分
……一〇万円ごとに五〇〇円を加算
一〇〇万円を超え五〇〇万円までの部分
……二〇万円ごとに五〇〇円を加算
五〇〇万円を超え一〇〇〇万円までの部分
……五〇万円ごとに一〇〇〇円を加算
一〇〇〇万円を超え一〇億円までの部分
……一〇〇万円ごとに一二〇〇円を加算
一〇億円を超え五〇億円までの部分
……五〇〇万円ごとに四〇〇〇円を加算
五〇億円を超える部分
……一〇〇〇万円ごとに四〇〇〇円を加算

たとえば、二〇〇〇万円の債権の調停を申し立てる場合は、貼用印紙額は、一〇〇万円までの部分が五〇〇円×一〇＝五〇〇〇円、一〇〇〜二〇〇〇万円までの部分が五×五〇〇＝二五〇〇円、合計七五〇〇円ということになります（二三九ページ表参照）。

また、相手方への送達用の郵券が若干必要です。これは、裁判所により異なりますので、窓口で確認してください。

なお、東京の場合、相手方が一名のとき二五〇〇円分の郵券が必要です。

〔調停申立書に添付する書類〕

●事件に関する証拠書類	
貸金・立替金・求償などの場合	契約書・領収書
売掛代金の場合	売掛台帳写し・契約書
約束手形の場合	手形の写し
交通事故の損害賠償の場合	交通事故証明書・診断書 後遺障害等級認定書 （物損）車体修理見積書・休車証明書

ポイント
予納郵券など、わからなければ裁判所の窓口で聞く。

★申立てにはどんな添付書類が必要か

次の場合には、添付書類が必要となります。

① 申立人あるいは相手方が法人の場合には、会社の登記簿謄本（抄本）または資格証明書

② 代理人が申し立てる場合には、弁護士の場合は委任状、弁護士以外の者の場合は代理人許可申請書（上申書）

③ 未成年者が当事者の場合には、法定代理人が申立てを行いますので、代理権証明するため戸籍謄本（抄本）

なお、証拠書類がある場合には、その原本または写しを差し出すことになっています。

民事調停の申立て❸

❸ 民事調停の申立書のサンプル

調停事項の価額	円	印紙欄 （割印はしないでください）	民事一般
ちょう用印紙	円		受付印
予納郵便切手	円		

（売買代金）

調停申立書

○○簡易裁判所　御中

作成年月日	令和○年○月○○日
申立人	住所（所在地）（〒○○○－○○○○） 東京都○○区○○町○丁目○番○号 氏名（会社名・代表者名）（☎ 03 －○○○○－○○○○） 東野太郎　㊞
相手方	住所（所在地）（〒○○○－○○○○） 東京都△△△区△△町△丁目△番△号 氏名（会社名・代表者名）（☎ 03 －△△△△－△△△△） 西野次郎
申立ての趣旨	相手方は，申立人に対してつぎの金員を支払うこと 1　売買代金　円 ②　残代金　100.000 円 ③　損害金　令和　年 4月 1日から 年 6分　の割合の金員
紛争の要点	後記記載のとおり

上記のとおり調停を求めます。

★申立書作成のポイント

① 当事者の表示

申立人と相手方の住所・指名を記載します。

当事者が法人の場合には、本店および営業所の所在地、法人の名称、代表者の指名を記載します。

代理人が申立てをする場合には、代理人の住所・氏名も記載します。

当事者が訴訟無能力者の場合には、法定代理人の住所・氏名を記載します。

② 申立ての趣旨

申立ての趣旨の欄には、申立人が紛争となっている事件について、どのような解決を望んでいるかを記載します。

③ 紛争の要点

どのような事情で紛争が

紛争の要点（下記のとおり）

1　申立人の職業・営業

電気製品販売業

2　申立人が売り渡した物件

品　　目	数　量	代　金	売・渡　日
ワードプロセッサー	１台	12万円	○・２・10
			・　・
			・　・
			・　・

（特約）代金は、令和○年２月から同年７月まで毎月末日限り金２万円ずつ申立人の指定する銀行口座に振り込んで支払う。前記分割金を１回でも怠ったときは直ちに残額を支払う。

3　代金支払状況

ア　全額未払

㋑　代金のうち金　100,000円未払

4　その他参考事項（相手方が代金を支払ってくれない事情等）

相手方は、２月分の割賦金２万円を支払ったのみで、３月分以降の残額の支払いをしない。

添付書類

売買契約書写し	１	通
商業登記簿謄（抄）本	１	通
		通

※本例は、売買代金請求の調停の申立書です。貸金の場合なら、貸金請求の申立書があります。

※調停は話合いで紛争を解決する制度ですから、知人間の金銭貸借のトラブルのような場合で、正式裁判にするのは嫌だという場合に向いています。

起こり、どのような解決を望むかを記載します。

④　申立人の署名または記名・押印

申立人（または代理人）は署名または記名・押印をします。押印する印鑑は認め印でもかまいません。申立書が数葉にわたるときは、各葉間に契印・割印をするか、または契印の代わりにページ数を付すなどして文書の連続性がわかるようにします。

4 調停の期日が決まり調停が開始する

⊠第一回の調停期日まで約一か月はかかる

調停が申し立てられると、調停委員会が組織され、担当書記官も配属され、裁判所はいちおう、申立人の都合を聞いて調停期日を定めます。

そして、相手方に調停申立書の副本とともに、裁判所へ出頭するよう**呼出状**を送達します。

実務上では、申立ての受理から、第一回目の調停期日まで、だいたい一か月程度を要すると考えてよいと思います。

このようにして手続きが開始されると、呼出しを受けた事件の関係者が正当な事由がなくて出頭しないときは、裁判所から五万円の過料に処せられることになっていますので注意してください。

ただし、欠席しても申立ての内容を認めたことになるなどの不利益はありませんから、相手方が出頭しない場合には、申立人が、その申立ての内容を実現するには訴訟を行うほかはありません。

⊠調停の場で調停委員は何をしてくれるのか

調停は**非公開**で行われます。

調停委員の呼出しを受けた当事者は、原則としてみずから出頭しなければなりません。止むをえない事由があるときのみ、代理人を出頭させることができます。

弁護士や認定司法書士以外の者を代理人にするには、調停委員会の許可が必要です。

◆参照条文

（期日の呼出し）

民事調停規則七条① 調停手続の期日の呼出状には、不出頭に対する法律上の制裁を記載しなければならない。

民事調停規則八条（**本人の出頭義務**）① 調停委員会の呼出しを受けた当事者は、自ら出頭しなければならない。ただし、やむを得ない事由があるときは、代理人を出頭させることができる。

★債務者が特定調停の申立てをしたが、特定調停とはどんなものか

特定調停は調停の特別の制度で、支払不能に陥るおそれのある債務者等の経済的再生に資することを目的当事者出頭する必要があるのは、調停委員が直接、当事者から言い分を聞き、また、当事者を直接に説得することによって、譲歩を引き出し、調停を成立させるためです。

調停期日に関係人が出席しますと、調停委員は、まず当事者間の紛争の実態を把握するよう努めます。

調停委員は、まず申立人と直接に面接し、申立人に対し、その主張を詳細に述べさせます。その後に相手方と面接してその主張を十分述べさせます。

こうして、調停委員の方で紛争の実態が分かれば、問題点を整理して、さらに当事者双方と話合いを継続して、合意を得るように努めます。

この間、一回の調停期日で合意がえられない場合は、さらに新しい期日を決めて調停を続けます。

なお、調停の結果について利害関係を持つ者は、調停委員会の許可を受けて、参加人となることができます。

令和　　年（　　）第　　号

○○簡易裁判所調停委員会

裁判所書記官

調停期日呼出状

申立人　　　　外　人

相手方　　　　外　人

あなたに対する調停期日は、

令和　　年　　月　　日　午 前/後　　時　　分

と定められましたので、当裁判所の　　　　に

必ずお越しください。

ポイント

この新しい期日も、だいたい一か月をメドにされる。

としています。債権者の権利の行使に待ったをかけて、債務者を立ち直らせようというものです。

特定調停の申立てが債務者からあると、裁判所が相当であると認定すれば債権者からの強制執行の停止が命じられ、強制執行は停止します。そのためには、債務者も財産の状況を示す資料を提出しなければなりません（詳細は特定調停手続き規則二条）。

その後、調査や利息制限法の利率により債務が減額され、合意ができれば調停が成立することは普通の調停と同じです。

また、当事者（つまり債権者、債務者など）の共同申立てにより裁判所の調停条項案が出されることがあり、その告知があれば調停が成立したことになります。

なお、公正かつ妥当な合意成立の見込みがない場合は調停不成立となり、調停事件は終了します（強制執行の執行停止も終わる）。

5 調停では話合いを中心に証拠調べなども行われる

証拠調べや証人調べも必要があれば行われる

調停手続きでも、やはり事実がどうなのかを重視します。必要な証拠は当事者も提出しなければなりませんが、調停機関は職権で、事実の調査、および必要であると認める証拠調べをすることができます。

また、調停委員会は、調停主任に事実の調査または証拠調べをさせ、または地方裁判所もしくは簡易裁判所に嘱託することもでき、相当と認めるときは当該委員会の民事調停委員に事実調査をさせることもできます。

民事調停における証拠調べは、民事訴訟の例によりますから、証人尋問、鑑定人尋問、検証、書証（証拠書類）の取調べ、当事者尋問が含まれます。

そのほか調停委員会は、必要があると認められるときには、当該調停委員会を組織していない民事調停委員の専門的知識にもとづく意見を聴取することができ、その調停委員は、調停委員会に出席して意見を述べます。

調停中に債務者の財産を保全してもらう

調停中に当事者が勝手に調停の目的物を処分したり、現状を変更してしまって、調停の成立を不能、または、著しく困難にしてしまうおそれがある場合もあります。

このような不誠実な行為を防止するため、当事者は調停委員会に対して、調停の内容たる事項の実現を不能にする行為を排除するよう申し立てることができます。

◆参照条文

（事実の調査）

民事調停規則一三条① 調停委員会は、相当であると認めるときは、調停委員会を組織する民事調停委員会に事実の調査をさせることができる。

② 調停主任は、調停委員会の決議により、裁判所書記官に事実の調査をさせることができる。

これは、一種の現状凍結を求める申立てです。執行力がないので強制することはできませんが、違反すれば過料の制裁があります。

強制執行が停止する場合もある

調停の申立ては何も債権者からだけとは限りません。債権者が強制執行の手続きをとっている場合に、債務者が調停の申立てをしたら、強制執行はどうなるのでしょうか。

調停の申立てにより、担保を立てさせて、競売手続きや、公正証書にもとづく強制執行手続きを停止することができます。ただし、裁判所が関与した判決や支払督促の場合はだめです（民事調停規則五条）。

公正証書や担保権にもとづく強制執行手続きなどの場合は、その公正証書の作成や担保権の設定には裁判所が関与しておらず、不用意にまたは不公正に作成された問題が生じる場合があるので、いったん強制執行を停止して話合いで解決しようとするものです。

そこで、調停事件の係属する裁判所は、申立てにより担保（保証金）を立てさせて、調停が終了するまで、調停の目的となった権利に関する民事執行手続きを停止できるのです。

調停前の措置申立書

○○簡易裁判所　　御中

令和○年○月○日

申立人　甲野太郎　㊞

当事者の表示　　東京都○○区○○1丁目1番1号

申立人　甲野太郎

電話

東京都○○区○○2丁目2番2号

相手方　乙川和夫

申立の趣旨

相手方は御庁令和○年（ユ）第○○号宅地建物調停事件の終了に至るまで、相手方が現在専有している別紙物件目録記載の建物の現状の変更、占有の移転その他一切の処分をしてはならないとの措置命令を求める。

申立の理由（以下略）

ポイント

他の裁判所の判決や調停調書などの書面にもとづく民事執行の停止はできない。

★「調停前の措置の申立」とはどんなものか

調停の話し合いをしている間に債務者が財産を処分してしまうと、調停が成立しても、相手が約束を守らない場合は強制執行をする物がなく、債権の回収は覚束なくなります。

これを予防するのが「調停前の措置の申立」です。調停委員会は、申立により、調停委員会は、相手方または利害関係者に、現状の変更や目的物の処分の禁止し、調停の内容である事項の実現を不能または著しく困難にする行為の排除を命じてくれます。

ただ、執行力はなく、違反しても一〇万円以下の過料ですので、どうしても財産の散逸を防ぎたいときは、別の保全措置をとる必要があります。

民事調停の進行❸

6 調停で妥協点が見つかれば調停案が示される

⊠調停がどのように進むのかのあらまし

調停の申立書（添付書類、たとえば土地建物の登記簿謄本なども提出）を管轄の簡易裁判所に提出し受け付けられると、その後、裁判所から呼出状がきます。呼出状はもちろん相手にもいきます。呼出状には裁判所の調停の場所（五二七号室というように）と出頭する日時が記されています。

さて、出頭するとどういうことになるのでしょうか。

裁判所の中の調停の場所はわかりやすく示されています。たいていは廊下に受付票があり、そこへ氏名を記入するようになっていますが、様子がわからなければ、書記官や調停委員室へ顔を出してどうすればよいか尋ねるとよいでしょう。

時間がくれば調停委員が調停室へ呼び入れます。

調停室はさほど大きくありませんが、普通の部屋で、真ん中にテーブルが置いてあります。テーブルの向こう側には調停委員がたいていは二人座っています。テーブルの横側やこちら側には椅子が置いてあり、ここへ当事者が腰をかけます。最初は、申立人が能動的な立場になるわけですから最初に呼ばれ、調停を申し立てた理由などを述べることになります。それを一とおり聞くと、調停委員は今度は相手を呼び入れ、考え方をたずねます。

場合によっては、これだけで後は次回、ということで次の日を決めることもあります。

◆参照条文

民事調停法一六条（調停の成立・効力） 調停において当事者間に合意が成立し、これを調書に記載したときは、調停が成立したものとし、その記載は、裁判上の和解と同一の効力を有する。

民事調停法一四条（調停の不成立） 調停委員会は、当事者間に合意が成立する見込がない場合又は成立した合意が相当でないと認める場合において、裁判所が第一七条（調停に代わる決定）の決定をしないときは、調停が成立しないものとして、事件を終了させることができる。

二回目以降の調停の進行手続き

調停の席でも発言のほか色々な証拠書類を出すことができます。これらはコピーをとっておき、調停委員に一部、相手に一部、自分の手元にも控えを一部とる、というようにして、調停の控えの記録を作っていきます。

さて、このようにして一とおり終わると、次回は何月何日の何時にする、部屋は何号室というように決められるのが普通です。この場合はお互いが納得して日時を決めるのですから、**あらためて期日の通知が来ることはなく、その日に双方が出頭する**ことになります。

次回以後も同様で、相手の主張を反論したり、こちらの新しい証拠を出したりして話が進み、調停委員もアドバイスをしたり裁判所側の意見を述べます。

こうして日を重ねて、妥協点が見つかれば、調停委員（または当事者の一方）が妥協案を作成するのが普通です（言葉だけの妥協で、裁判官の出席を待つこともあります）。

調停が成立すれば、その席へ裁判官がやってきて、書記官も立ち会って妥協案を裁判官が訂正を加えたりして読み上げ、これを書記官が筆記します（作成された調停案を引用することもあります）。話合いがまとまらなければ、不調となり、調停は終りです。

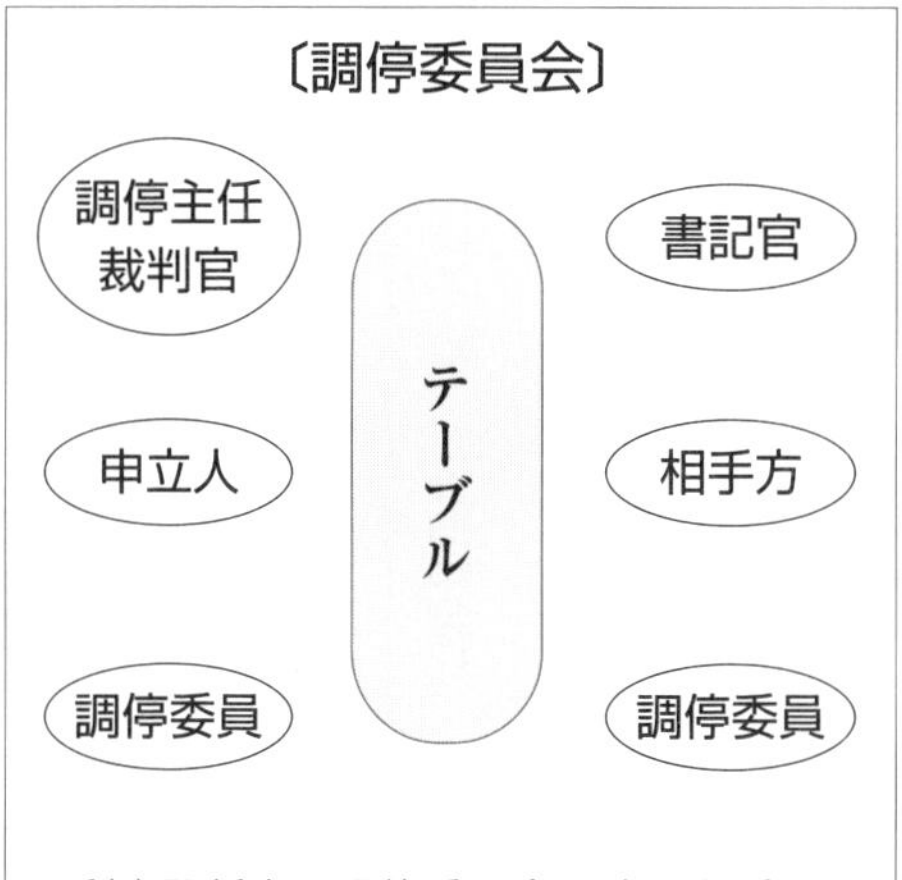

※利害関係人は調停委員会の許可を受けて参加人として出席できる

ポイント　作成された調停調書は判決と同様の効力を持つ。

★調停と示談とはどう違うのか

当事者間で紛争があり、お互いに話し合いを行い、妥協し合って解決するという意味では、調停と示談は似ています。ただ、調停の場合は、一方が申し立てると裁判所の呼出しにより話合いが始まること、調停委員会という話合いの場が設けられること、裁判官や調停委員によってアドバイスがあったり、話合いが続けられることなどが示談とは異なります。「示談したいが、きっかけがない」「こちらから示談を申し込むと足元をみられそう」などという場合には、調停を申し立てるのがよいでしょう。話合いで合意すれば、調停では調停調書が、示談では示談書が作られます。

民事調停の進行❹

7 合意ができたら調停調書が作成される

調停の不調と成立の場合

調停を申し立てた者は、調停の成立、不成立、調停にかかわる決定があるまで、理由を問わず、**申立てを取り下げる**ことができます。

また、調停委員会は、事件が性質上、調停をするのに適当でないと認めるとき、または当事者が不当な目的でみだりに調停の申立てをしたと認めるときは（不成立ではない）、**調停をしないものとして、事件を終了させる**ことができます。調停委員会によって調停が拒否される場合です（民事調停法一三条）。

その他、調停委員会は、当事者間に合意が成立する見込みがない、または成立した合意が相当でないと認める場合は、調停にかかわる決定をしないときは、調停が成立しないものとして事件を終了させることができます。

これが、いわゆる不調（不成立）です。

調停において、**当事者間に合意が成立し、これを調書に記載したときは、調停が成立し**たものとして事件は終了します。この調書に記載されたことは**確定判決と同一の効力**があります。したがって、この調停調書を債務名義として、強制執行ができます。

裁判所は、調停委員会の調停が成立する見込みがない場合において、相当であると認めるときは、当該調停委員会を組織する民事調停委員の意見を聞き、当事者双方のために公平に考慮し、一切の事情を見て、職権で当事者双方の申立ての趣旨に反しない限度で、事件解決のために必要な決定（調停に代わる決

◆参照条文

民事調停法一七条（調停に代わる決定） 裁判所は、調停委員会の調停が成立する見込みがない場合において相当であると認めるときは、当該調停委員会を組織する民事調停委員の意見を聴き、当事者双方のために衡平に考慮し、一切の事情を見て、職権で、当事者双方の申立ての趣旨に反しない限度で、事件の解決のために必要な決定をすることができる。この決定においては、金銭の支払、物の引渡しその他財産上の給付を命ずることができる。

定）ができます。これは調停委員会での当事者および調停委員会のそれまでの努力を無駄にしないためです。ただしこの決定の告知を受けた日から二週間以内に、当事者または利害関係人が異議を述べれば効力を失います。

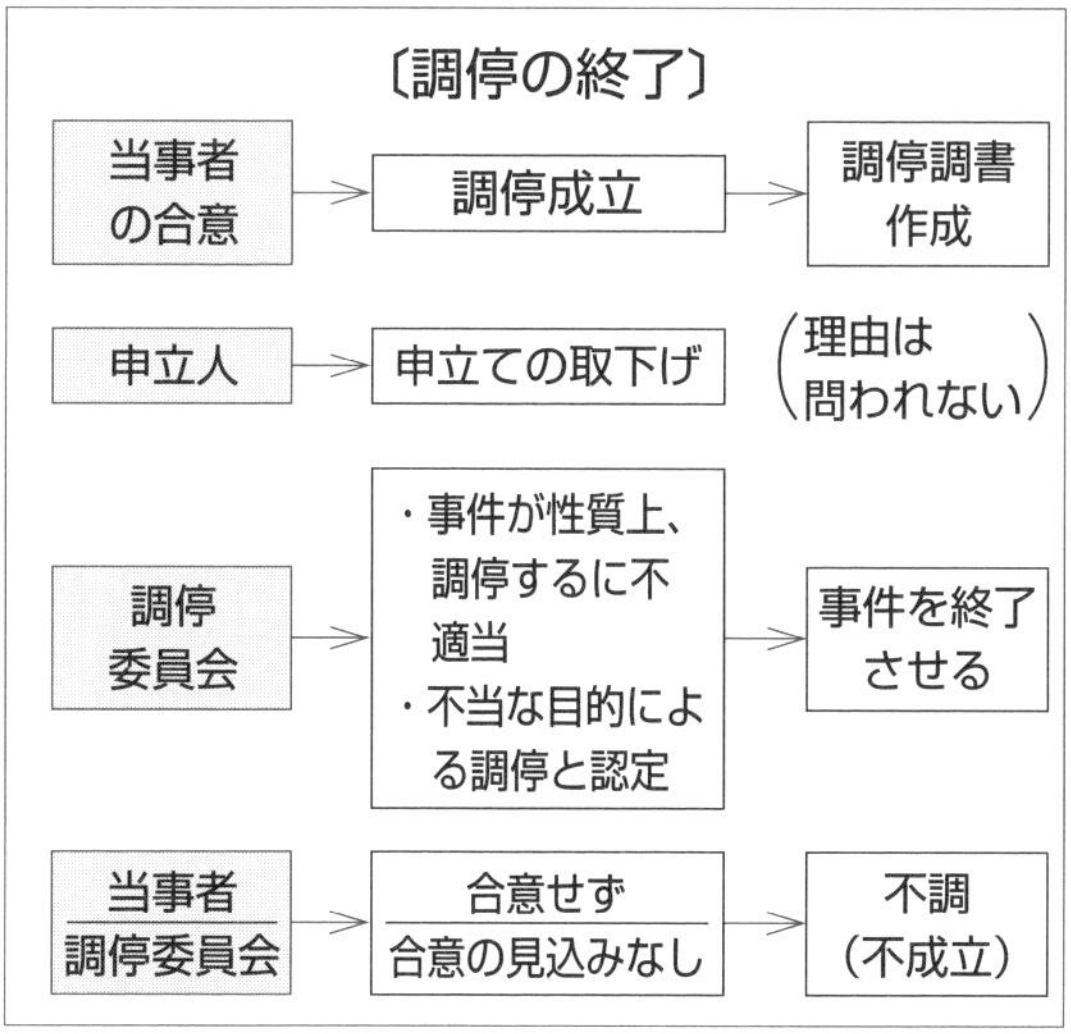

☒調停が成立せず訴訟へ移行する場合

調停不成立および調停にかわる決定が異議申立てにより失効した場合に、申立て内容の実現を図るには、訴訟を提起せざるをえない場合が多いでしょう。もちろん、訴訟をしないという決断をしてもかまいません。訴訟をする場合には、調停終了の通知を受けた日から二週間以内に調停の目的となった請求について訴えを提起したときは、調停を申し立てたときに、その訴えがあったものとみなされます（民法一四七条）。なお、調停申立ては時効の完成を猶予する効力があります。また、権利が確定することなく事由が終了した場合には、終了時から六カ月を経過するまでの間は時効は完成しません。

また、訴えの提起の手数料については、調停申立時に納めた手数料相当額は控除されます。つまり、訴訟提起で新たに支払う訴訟費用は半分以下ですみます（二三九頁参照）。

ポイント

二週間以内に訴訟を提起すれば、調停申立時に訴えがあったとされる。

★調停期日に出れないときはどうしたらよいか

調停の申立てがあると、調停委員会は調停期日を定めて、当事者を呼び出します。

問題は決められた期日に、何らかの理由があって出頭できないとき、どうするかです。

一つには、「期日変更申請書」を裁判所に出して期日の変更をしてもらうことです。

他には、家族、友人、同僚などに頼んで代理人として出席してもらうことです。これには裁判所の許可が必要です。裁判所に対して「代理人許可申請書」を提出することになります。

8 訴え提起前の和解は裁判外での合意を公証するのに活用される

訴え提起前の和解とはどのようなものか

民事調停と同じように、簡易裁判所で行われる紛争解決ための手段の一つに訴え提起前の和解があります。訴え提起前の和解は、民事上の争いについて、訴訟を起こす前に、簡易裁判所に対して和解の申立てを行い、当事者の話合いにより成立した和解の内容を調書に記載してもらう和解のことで、即決和解とも呼ばれています。

訴え提起前の和解は、費用が安いこと（印紙代二〇〇〇円）、和解調書は判決と同じように債務名義（二一〇頁参照）となり、これにもとづいて強制執行が認められることから、結構、利用度の高いものです。また、この申立てにより、時効の完成猶予の効果もあります（民法一四七条）。

問題は、簡易裁判所で和解がうまくいかないと、当事者双方の申立てによって訴訟に移行する他はなく、和解事件としては不調となり終了してしまうという点です。

すなわち、訴え提起前の和解を利用するメリットは、裁判外で話合いが成立している場合に、裁判所の仲介により、裁判上の和解として成立させ、和解調書を作成してもらって、これを債務名義として強制執行に利用することにあります。そのため、当事者間で大体の合意ができていないと、訴え提起前の和解を申し立てるメリットは少ないといえます。

申立ての方法と費用

訴え提起前の和解の申立ては口頭でもよい

◆参照条文

民事訴訟法二七五条（訴え提起前の和解）① 民事上の争いについては、当事者は、請求の趣旨及び原因並びに争いの実情を表示して、相手方の普通裁判籍の所在地を管轄する簡易裁判所に和解の申立てをすることができる。

② 前項の和解が調わない場合において、和解の期日に出頭した当事者双方の申立てがあるときは、裁判所は、直ちに訴訟の弁論を命ずる。この場合においては、和解の申立てをした者は、その申立てをした時に、訴えを提起したものとみなし、和解の費用は、訴訟費用の一部とする。

③ 申立人又は相手方が第一項の和解の期日に出頭しないときは、裁判所は、和解が調わないものとみなすことができる。

〔訴え提起前の和解手続き〕

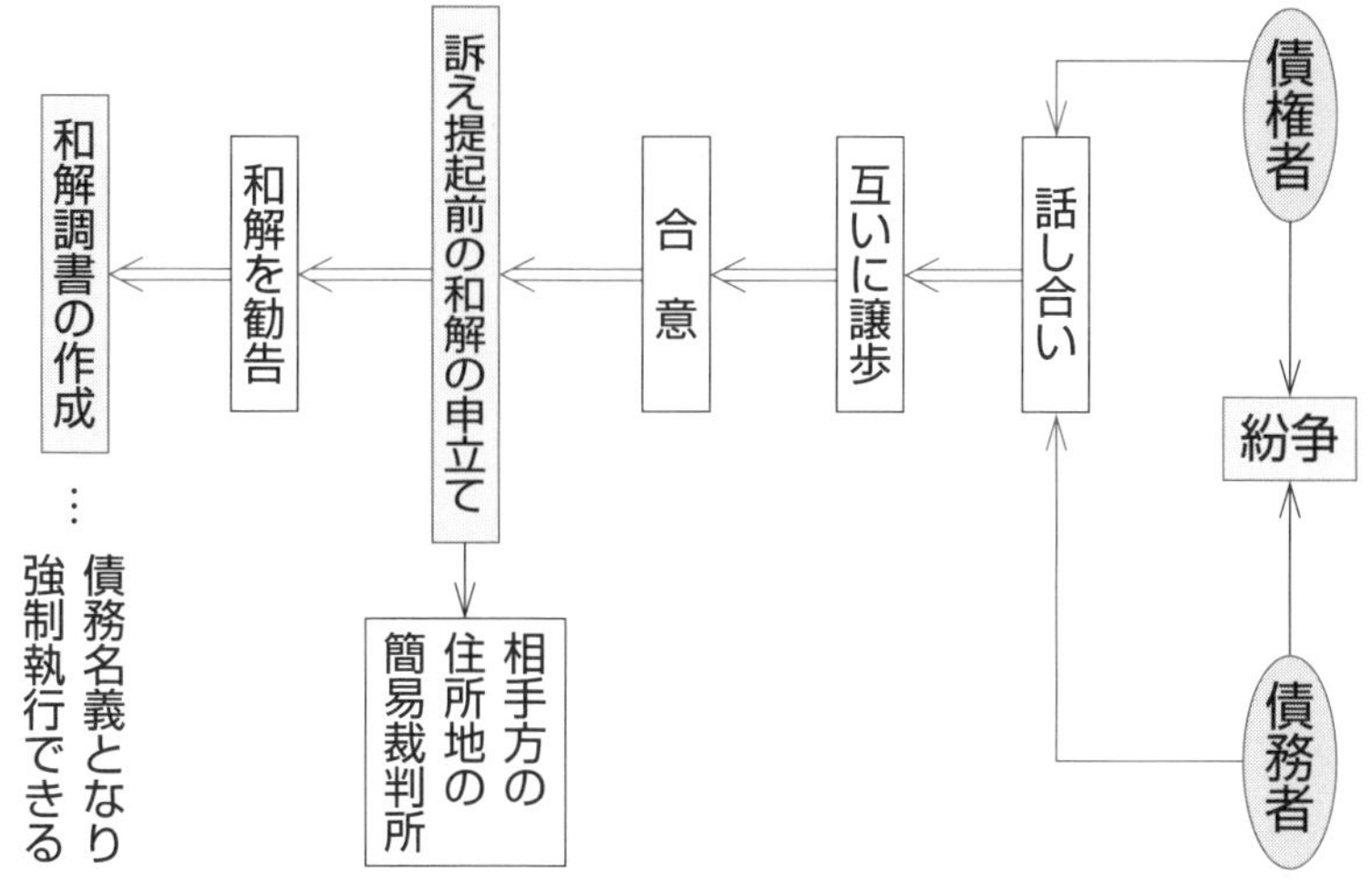

ことになっていますが、書面にして提出するのが普通です。書面には、

①当事者の住所氏名、

②申立ての趣旨および申立て（紛争）の実情を記載します（次項参照）。

また、あらかじめ当事者間で話合いで決まったことを「和解条項」として、別紙で添付することになります。

申立書には、二〇〇〇円の印紙を貼用し、送達用郵券（予納郵券）を添えて申立書の副本（相手方が一人の場合は副本一通）とともに、相手方の住所地または営業所を管轄する簡易裁判所に提出します。

なお、郵券は裁判所によって若干の違いがありますが、東京簡易裁判所の場合には六四五円（送付書類の重量によっては追加）の予納郵券が必要です（相手方一名につき）。

ポイント　訴え提起前の和解の活用範囲は広い。

★訴え提起前の和解と示談ではどちらが有利か

紛争の当事者が、お互いに話合いを行い、譲歩し合って紛争を解決するという面では、同じです。

話合いで決まった約束が実行されない場合、訴え提起前の和解では、和解調書が債務名義となりますので、これに基づいて強制執行ができます。

示談でも、これを公正証書にして、執行認諾約款を入れておけば、債務名義となりますが、示談の場合に強制執行ができるのは、金銭、代替物（米、麦等）一定数量の有価証券に限られており、建物の明渡しなどは和解でなければ強制執行できない点が一番の違いです。

⑨ 訴え提起前の和解の申立書のサンプル

▶訴え提起前の和解の申立書のサンプル（貸金）

訴え提起前の和解の申立

収入印紙	円
郵　　券	円

令和２年３月１日

□□簡易裁判所　御中

〒東京都千代田区霞が関１丁目１番１号

申立人　甲　野　太　郎　㊞

TEL

〒東京都中央区銀座２丁目１番１号

相手方　乙　川　次　郎

TEL

事件名

請求の趣旨

別紙和解条項記載のとおり和解を求める。

請求の原因及び申立の実情

１．申立人は令和元年11月１日相手方に対し、金200万円を返済期限同月末日限りの約定にて貸し付けたが、返済をしない。

（原因を簡単に書く）

２．当事者間で貸付金の金利に関して争いがあったが、別紙和解条項のとおり和解が成立したのでこの申立をする。

★申し立てる際の注意

① 申立てには紛争が前提

当事者間に紛争がなければ和解は成り立ちません。お互いが譲歩し紛争解決を図るのが和解だからです。

② 当事者のどちらが申し立ててもよい

紛争当事者の一方が、相手方の住所地を管轄する簡易裁判所に申立書を提出することで、訴え提起前の和解手続は始まります。

③ 和解期日に出頭する

裁判所は、申立てがあると、和解期日を定めて当事者を呼び出します。

④ 裁判所ですること

紛争当事者（または代理人）は、裁判官の面前で、紛争解決のため、お互いが譲歩し合って争いを止める

▶和解条項のサンプル

和解条項

1．相手方は申立人に対し金200万円也の貸金債務があることを確認する。

2．相手方は申立人に対し、令和2年□月以降□月までの□か月間毎月末日限り□□万円ずつを持参して支払う。

3．相手方がその支払いを1回でも怠った場合は期限の利益を失い全額一時に請求を受けても異議がない。

ことを述べます。

⑤ 合意内容は書面に

合意ができていなければ、申立てをしても訴訟に移行するだけですから、事前に合意内容を書面にしておくべきです。

⑥ 時効完成猶予の効力

債権者が訴え提起前の和解を申し立てた場合には、民法上、消滅時効の完成猶予が認められています（民法一四七条）。

10

調停と示談❶

調停や訴え提起前の和解も にらみ示談のメリットも活かす

◆参照条文

民法六九五条（和解）　和解は、当事者が互いに譲歩をしてその間に存する争いをやめることを約することによって、その効力を生ずる。

⊠示談や和解は調停とどう違うか

民事上の争いについて、裁判所の介入なしで話合いによって解決を図ることを、一般に示談と呼んでいます。民法で、これに当たるものは和解契約（六九五条）です。これに対して調停や訴え提起前の和解は裁判所の力を借りて、話合いで解決する手段です。

示談や和解契約のメリットは、当事者の自主的な、自由な話合いにより紛争を解決する点です。そのため、示談や和解契約については特に方式の定めはありません。書面にする必要もないのです。ただし、後になって勘違いだったとか、事実とは違っていたとか、もめる場合も少なくありませんので、紛争防止のため話合いの結果を、示談書あるいは和解契約書として、書面にしておくのが一般的です。訴え提起前の和解にして和解調書にしておくのもいいでしょう。

なお、いったん成立した示談や和解の内容は、特別な場合を除いては取消しはできません。

また、債権回収の示談ができても、この示談書をもとに強制執行をすることはできません。そのためには、当事者が公証人役場へ行って、これを公正証書にしてもらい、強制執行を受けても異議がない旨の文言を入れておかなければなりません。

ポイント

示談ができた後に訴え提起前の和解申立てにより和解調書を作成してもらう。

第5章

訴訟による債権回収の仕方

◆訴訟は紛争を解決する最終手段です。しかし、貸金・売掛金の回収のための訴訟では、訴訟をすることが経済的に見合うかどうか、勝訴の見込みはどうか、勝訴して判決を得ても回収できるか、など十分に検討する必要があります。

◆どんな場合に訴訟に踏み切るか（訴訟経済に合うか）

■債権回収の最後の手段は訴訟である

債権の有無、金額について争いがあり、話合いもつかず、調停も成立しなければ、最後は訴訟しかありません。

訴訟というとオオゴトのようですが、単純な債権であればそれほど面倒なものでもありません。回収をあきらめたり放置したりするよりは、思い切ってやってみる方がよいものです。

なにより**民事訴訟は自分でできます。**しかも金銭債権は相手の持参債務ですから、履行地はこちらの住所（または営業所）ですし、地元の裁判所の管轄です。

訴訟の直接の費用は訴状に貼付する収入印紙で、請求金額（訴訟物の価額）が一〇〇万円までで一パーセント、しだいに逓減して一〇〇万円を超え五〇〇万円までの部分は〇・五パーセントです。しかも請求金額につれてさらに逓減されます。

そのほかの費用は、提訴時に六〇〇〇〜八〇〇〇円程度の郵券（切手）の予納がいるのと、証人が必要なら日当八二〇〇円以内と交通実費（宿泊が必要なら宿泊料）がいる程度です。

回収にあれこれ骨を折るよりはよほど安く付きます（しかも勝訴なら訴訟費用として回収できます）。つまり、訴訟は費用の面ではたいていは引き合うのです。

■費用以外の面での訴訟の損得は

ただし、裁判所へ何度か出頭したり書面を作ったりしなければならず、手間ひまはかかります。しかし、訴訟をしないで催促にやたら奔走するのに較べれば、ずっと楽なはずです。

くよくよと考えず、思い切って訴訟を起こしてみるのも一つの方法です。訴訟ということになれば、相手方が「裁判沙汰」になるのを嫌がって、債権を支払ってくれるかもしれませんし、もし、訴えられた相手方が第一回法廷の期日呼出状を受け取りながら、答弁書も出さずに出頭しないと、欠席裁判となり、アッという間に勝訴することもあります。

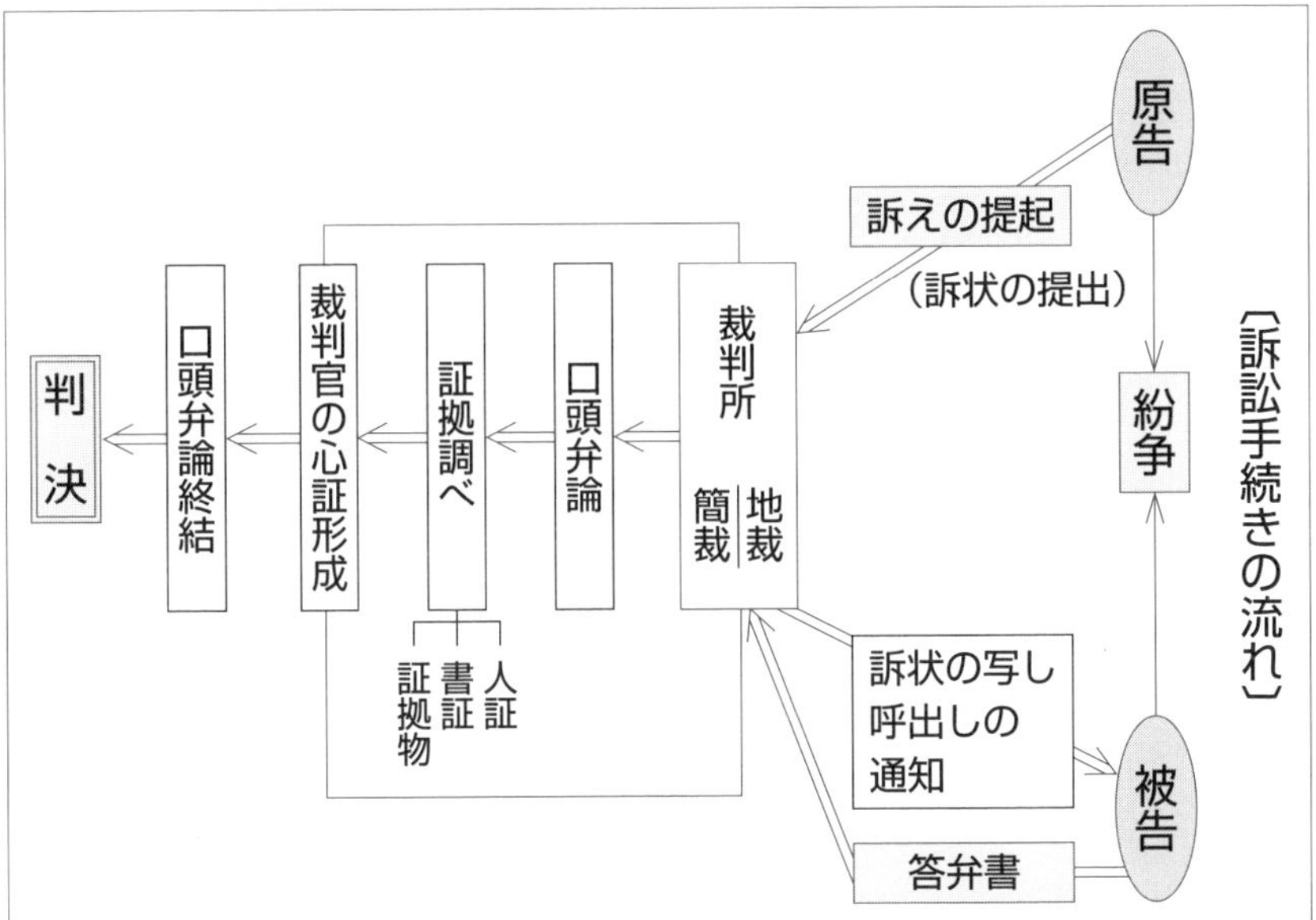

※主張したいことがあれば、準備書面を提出する。
訴訟の途中で和解の試みがされることがある

　また、訴訟を起こしたからといって、トコトン最後まで争う必要はありません。証拠調べなどが終われば、大体判決の見通しはつきます。その段階で、訴訟の相手方と話し合って（裁判官も入れて）、和解によって解決する方法もあります。むろん勝訴の判決をもらったというだけで直ちに債権回収ができるわけではありませんが、大きい一歩となるのです。

　書面の作成の仕方や手続きのやり方は本書でも大体のことは書きますし、もっと詳しい解説書もあります。それをいっぺんに読まなくても、必要な都度、順に読めばいいのです。また、書面だけを司法書士に作成してもらう方法もあります。

　ただし、訴訟を自分でやらず弁護士に依頼すれば、これは手数料・報酬の支払いが必要になります。しかも、その費用は法的な訴訟費用とはなりません。特殊な事案について損害賠償の対象になるだけです。

　したがって、弁護士に依頼しても引き合うのは、債権額がそれに見合う場合です。少額債権の場合には、弁護士に相談しながら自分で訴訟をする、という方法もよいでしょう。

訴訟一般❶

1 訴訟を起こす場合のメリットとデメリット

⊠訴訟を起こした方がメリットは大きい

債権回収の最終的な手続きは訴訟です。

訴訟により金銭支払いの**勝訴判決**（給付判**決）を得れば、相手の財産に対し強制執行を**することができます。土地建物の明渡しや物の引渡しも同じです。

不動産の登記は判決が被告の意思表示に代わりますから、強制執行をするまでもなく、判決によって登記申請ができます。

また、判決で債権が（弁済期到来のものとして）認められれば、消滅時効の期間はそれ以後五年間となります。飲食代や商事債権のように、短期消滅時効の規定は削除されました。

しかし、判決の役目はそれだけではありません。債権については争いが生じやすいのです。確実な債権でも債務者は苦し紛れにとぼけたり、催促の被害者のような顔をしたりします。相手の家へ催促に行って奥さんに警官を呼ばれることさえもあります。

つまり、債権は目に見えない不安な権利といえます。借用書があっても返し済みだと言い張られれば、第三者には本当かどうか判断がつかないのです。

だから債権は、早く判決書を手にするのが最良の対策であり、コツなのです。むだな交渉を重ねるより、訴訟に踏み切る方がよい場合もあるのです。

相手に対してキッパリした態度に出る宣言になり、甘えた雰囲気を断ち切る手段になり

◆ことわざ

★わるい和解もよい判決よりはまし

訴訟を起こすとなると、裁判所は主張を裏付ける証拠を詳しく調べて、その上で判決を下します。ですから、時間もかかるし、手続きも難しく、素人ではとても手に負えず、弁護士に依頼しなければならないことになります。

これに対し、和解ならば、話し合いさえつけばいいのですから、法的な主張も、証拠も、代理人もいらず、簡易迅速に解決する可能性が高いといえます。同様の法諺に「和解せよ、訴訟は高くつく」があります。

ます。しかも、相手は意外と硬化しません。むしろ軟化するのです。

⊠訴訟にした場合のデメリットは

欠点といえば、手間ひま、それに若干の費用がかかる、という点ですが、考えてみれば債権回収にはどうせ、手間ひま、費用がかかるのです。

いろいろやってみるのも結構ですが、判決を取って大義名分を確立するということは、債権回収のコツの一つです。

ただし、訴訟をやりそこなって敗訴になると、その債権は存在しないことになり、アベコベに債務者に有利なお墨付を与え、取立て不能になるのですから、それを承知でやらなければなりません。

つまり、訴訟にも勝負があるから、自分に有利な点だけを意識して都合の悪いことを無視したり、裁判所（や自分の弁護士）に隠したりすると、意図に反して敗訴になります。だれでも自分に有利なことは大きく、不利なことは小さく評価しがちですが、訴訟を考えるには冷静な判断が必要です。自信がないときは調停手続きを選ぶ方がよいでしょう。

〔訴訟のバランス・シート〕

メリット	デメリット
・勝訴判決が得られれば強制執行をして回収できる	・訴訟費用のほかに弁護士に頼めば弁護士費用がかかる
・判決により消滅時効の期間が 10 年に延びる	・判決が出るまでに早くて半年、遅いと５年ぐらいかかることもある
・勝訴により相手が支払に応じてくれる場合がある	・弁護士との打合せなど自分の時間をとられる
・強制執行をせず、和解に持ち込むこともできる	・敗訴の場合には債権の回収が不能になる

ポイント

訴訟にするかどうかの判断は弁護士に相談するとよい。

★もらった手形が不渡りになったときの回収は

手形は、売買代金の支払いのためとか、借入金の返済のためなど、何らかの原因があって振り出されます。この元になるものを原因債権といっています。この手形の支払いを受けるために、取引銀行へ手形を支払呈示しますが、この支払いが拒絶されることが不渡りです。

手形が不渡りになっても、振出しの原因となった債権は消滅するわけではありません（手形を代物弁済として受け取った場合は別です）。ですから、手形が不渡りとなったら、手形の振出人と話し合い、どのようにして債権を払ってくれるか交渉することが必要です。話合いがまとまらなければ、裁判を起こして回収を図ることになります。

訴訟一般❷

❷ 訴訟は訴えの提起で始まり判決の確定で終わる

⊠訴訟の提起から判決までの流れは

訴訟というものはどのように進むものかが分かれば見当がつけやすいでしょうから、実際の手順を述べてみましょう。債権者は原告になるのが普通ですから、ここでは原告の立場で説明します。

訴訟は原告の訴状提出で始まります。訴状の書き方は別項（一八〇頁以下）で説明します。

提出先は管轄を有する地方裁判所（訴額一四〇万円超）または簡易裁判所（訴額一四〇万円以下）です。

あとは裁判所により法廷へ出頭する日時（弁論期日という）が定められて、原告・被告双方に通知と呼出しの送達があり、訴訟が始まります。

最初は訴状に対する被告の答弁書が出され（または口頭により）、原告の訴訟上の請求と、その原因とする事実の主張に対する認否があります。被告が原告の言い分を認めれば原告勝訴の判決、または被告の認諾調書作成で訴訟は終わります。

事案に争いがあれば、期日を重ね、原告・被告双方の言い分（主張・抗弁）を準備書面により出し合い、裁判所が争いの点（争点）を整理し絞ります。この争点については証拠調べにより事実認定がされます。証拠には、書証・人証（証人、原被告本人）・検証（物証もこれによる）・鑑定などがあります。

これによる事実認定により、裁判所が心証

◆参照条文

民事訴訟法一三三条（訴え提起の方式） ① 訴えの提起は、訴状を裁判所に提出してしなければならない。

② 訴状には、次に掲げる事項を記載しなければならない。

一 当事者及び法定代理人

二 請求の趣旨及び原因

民事訴訟法八九条（和解の試み） 裁判所は、訴訟がいかなる程度にあるかを問わず、和解を試み、又は受命裁判官若しくは受託裁判官に和解を試みさせることができる。

★貸金や売掛金の回収が不能なときの税金の処理はどうするのか

貸倒金は以下の場合には必要経費として、所得から控除することができます。

を得れば訴訟は終わり（結審）、判決期日が定められ判決が言い渡され、判決書が送達されるという手順です。

　敗訴者は判決書送達後一四日以内に控訴（さらには上告）をし、一、二審の判決を争うことができます。

裁判官に和解を勧められたら

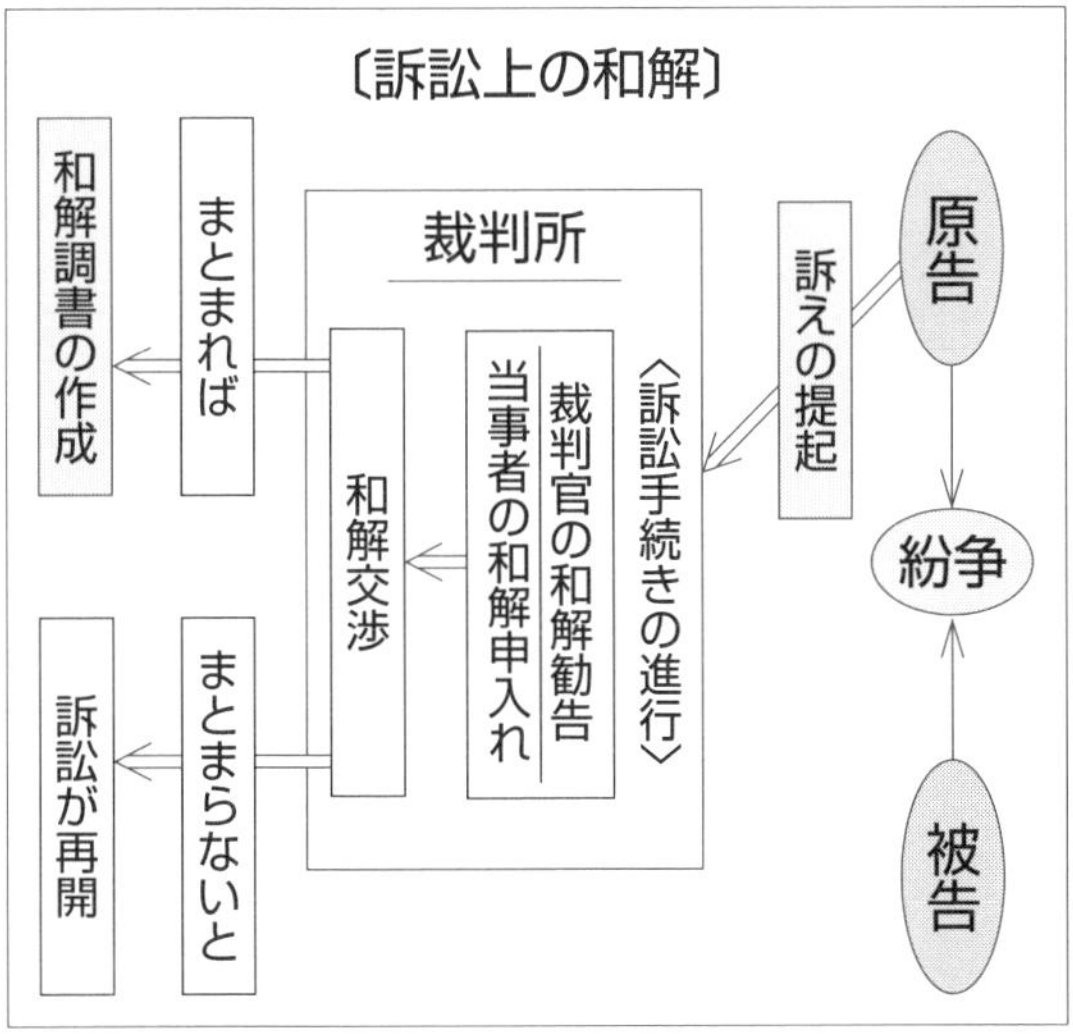

　以上が訴訟の進行の大体ですが、途中で裁判所が和解を勧めることがよくあります。これは一方だけを勝たせるよりは譲歩をさせ合う方が適切な事情がある場合です。

　この場合は和解期日が定められ、法廷ではなく裁判官室などでテーブルに座っての話合いとなりますが、原告・被告同座ではなく、たいていは別々に意向を聞かれます。

　和解が成立すれば和解調書が作成され、訴訟は終了します。

　和解調書に従わず、または勝訴判決が確定するか仮執行宣言がついていれば、これを債務名義として強制執行ができます。

　また、平成一〇年一月一日施行の民事訴訟法による少額訴訟事件では、支払いの猶予や分割払いを判決で定めることもできるようになりました（二〇一頁参照）。

ポイント
和解調書も判決と同じく強制執行のできる債務名義となる。

①得意先などの資産の状況、支払能力などからみて、その売掛金などの全額が回収できないことが明らかになったとき……その売掛金などの全額
②得意先などについて、会社更生計画の認可の決定、特別清算に係る協議の認可、または民事再生法の規定による再生計画認可の決定によって、その売掛金などの全部または一部が切り捨てられたとき……その切り捨てられた金額
③債権者集会の協議や金融機関などの第三者のあっせんによる協議によって、その得意先などに対する売掛金などの全部または一部が切り捨てられたとき……その切り捨てられた金額
④得意先などの債務超過の状態が相当期間継続し、売掛金などの回収ができないと認められるため、その売掛金の全部または一部について、債務免除することを書面によって通知したとき……その免除した額
※詳細は税務署で相談。

訴訟一般❸

❸ 訴訟には時間と費用・手間がかかる

訴訟にはどれくらい時間がかかるか

訴訟には、時間、費用と手間がかかることはいなめません。

しかし、債権が焦げついたら、回収にはどうせ時間、費用、手間がかかるのです。訴訟だけの現象ではありません。

むろん何もしないで支払いを待つ、という方法もあるでしょうが、それはまた別の話で、回収ができたら儲け物ぐらいに考えるしかないでしょう。

だから、ここでは訴訟に必要な時間、費用、手間を考えて、他の方法や取りはぐれる場合と比較することになります。

まず時間です。

相手が呼出しの送達を受けたのに出廷せず、債務を争う答弁書も提出しなければ、欠席判決が出ますから、訴訟は一、二か月で終わります。

出廷してあれこれ言ったとしても、明快な証拠（借用書など）があったり、物を買ったことが明白であったり、価額についても争いが無ければ、やはりこれは短い期間で訴訟は終わります。

ただし、争いのある複雑な事件であれば、一、二年に及ぶこともあり、一概にどのくらいの期間がかかるかを断言することはできません。

訴訟にかかる費用と手間は

訴訟にかかる費用で、主要な直接費用は訴状に貼付する収入印紙の代価です。

◆参照条文

民事訴訟法六一条（訴訟費用負担の原則） 訴訟費用は、敗訴の当事者の負担とする。

民事訴訟法六四条（一部敗訴の場合の負担） 一部敗訴の場合における各当事者の訴訟費用の負担は、裁判所が、その裁量で定める。ただし、事情により、当事者の一方に訴訟費用の全部を負担させることができる。

たとえば、これは少額なら請求金額（訴訟物の価額）の一パーセント、あとは率が小さくなり、一〇〇～五〇〇万円の部分は〇・五パーセント、五〇〇～一〇〇〇万円の部分は〇・四パーセント、一〇億円を超す部分は〇・二パーセントと小さくなります。証人の日当は八二〇〇円以内、あとは交通実費、必要なら宿泊費が八七〇〇〇円以内で裁判所が定めます。安いものです。

ただし、書証の筆跡鑑定を申請すれば数十万円が必要となります。

弁護士に訴訟を依頼すれば、最低で数十万円の費用が必要となります。

ただし、弁護士連合会の訴訟扶助の制度があります。自分が訴訟をすれば手間もかかります。

また、月に一度（午前か午後）程度の出廷と準備が必要です。

なお、書面の作成の仕方は別の項で述べてありますが、いずれにせよ周到な準備をしてから訴訟を起こす必要があります。

裁判を早く終わらせるためには、主張を早く整理し、証拠を出して早く調べてもらうことです。

〔訴訟にかかる費用〕

裁判の手数料
- 訴状に印紙を貼って納める
- 訴える金額により決まる
- 裁判で負けた方が負担する

その他の費用
- 訴訟書類の送達費用
- 証人尋問の費用（あらかじめ裁判所に予納）
- 鑑定が必要な場合は鑑定費用

弁護士費用
- 事件を依頼するときの着手金
- 勝訴したときには報酬金
- 日当、交通費など

ポイント

訴訟するかどうかは難易度、請求金額も考慮する。

★訴訟の費用はどうなっているか

一〇〇万円の貸金請求訴訟を起こしたとします。この場合の訴訟の費用は、どうなるでしょうか。

①訴訟費用
- 印紙代一万円
- 予納郵券六〇〇〇円（東京地裁の場合）
（被告一人、東京地裁）
- 証人の日当八二〇〇円以内（交通費・宿泊費は別）

以上、全部で三～五万円程度は必要。

②弁護士費用
着手金＋報酬金＋実費
着手金のみで少なくとも二〇～三〇万円程度は必要（費用は各弁護士が定める）。

訴訟一般❹

❹ 訴訟の前に必要なら仮差押え・仮処分をする

⊠訴訟をする前に債務者の財産を保全する

貸した金を返さないので訴訟を起こした、苦労して勝訴の判決を得ても、いざ強制執行をしようとすると、訴訟の前にはあった財産が処分されて、なにもないことがあります。

これでは、せっかく時間と費用をかけて手に入れた判決も、なんの役にも立ちません。

このようなことにならないためには、債権者は訴訟を起こす前（訴訟中でもよいので早い時期に）に裁判所に申請して、債務者が財産を処分したり隠したりしないように仮差押えをしておくべきです。こうしておけば、仮差押え以後、債務者は財産を勝手に処分することができなくなります。そして、勝訴の判決を得てからその財産に本差押えの強制執行をして、債権の回収を図ることができます。

このように仮差押えは、債権者が将来、債権の回収を確実にするため財産の処分を禁止し現状を変更できないようにする制度です。

なお、仮差押えと似た制度に仮処分がありますが、これは紛争の目的となっている特定の物の変動を禁止して、現状のままで固定し、将来の強制執行が困難となったり、または不能となったりしないために設けられた制度です。たとえば、家屋の明渡し訴訟では、訴訟に勝っても、借家人が入れ代わっている場合には、その入れ代わった人に対して再び明渡し訴訟を行わなければなりません。そこで訴訟を起こす前に仮処分をすれば居住者を固定し変動できないようにすることができます。

◆参照条文

民事保全法二〇条（仮差押命令の必要性）① 仮差押命令は、金銭の支払を目的とする債権について、強制執行をすることができなくなるおそれがあるとき、又は強制執行をするのに著しい困難を生ずるおそれがあるときに発することができる。

② 仮差押命令は、前項の債権が条件付又は期限付である場合においても、これを発することができる。

民事保全法二三条（仮処分命令の必要性等）① 係争物に関する仮処分命令は、その現状の変更により、債権者が権利を実行することができなくなるおそれがあるとき、又は権利を実行するのに著しい困難を生ずるおそれがあるときに発することができる。

仮差押えは常に認められるわけではありません。認められるためには、保全されるべき権利が存在し、保全しなければならない必要性が存在することが必要です。

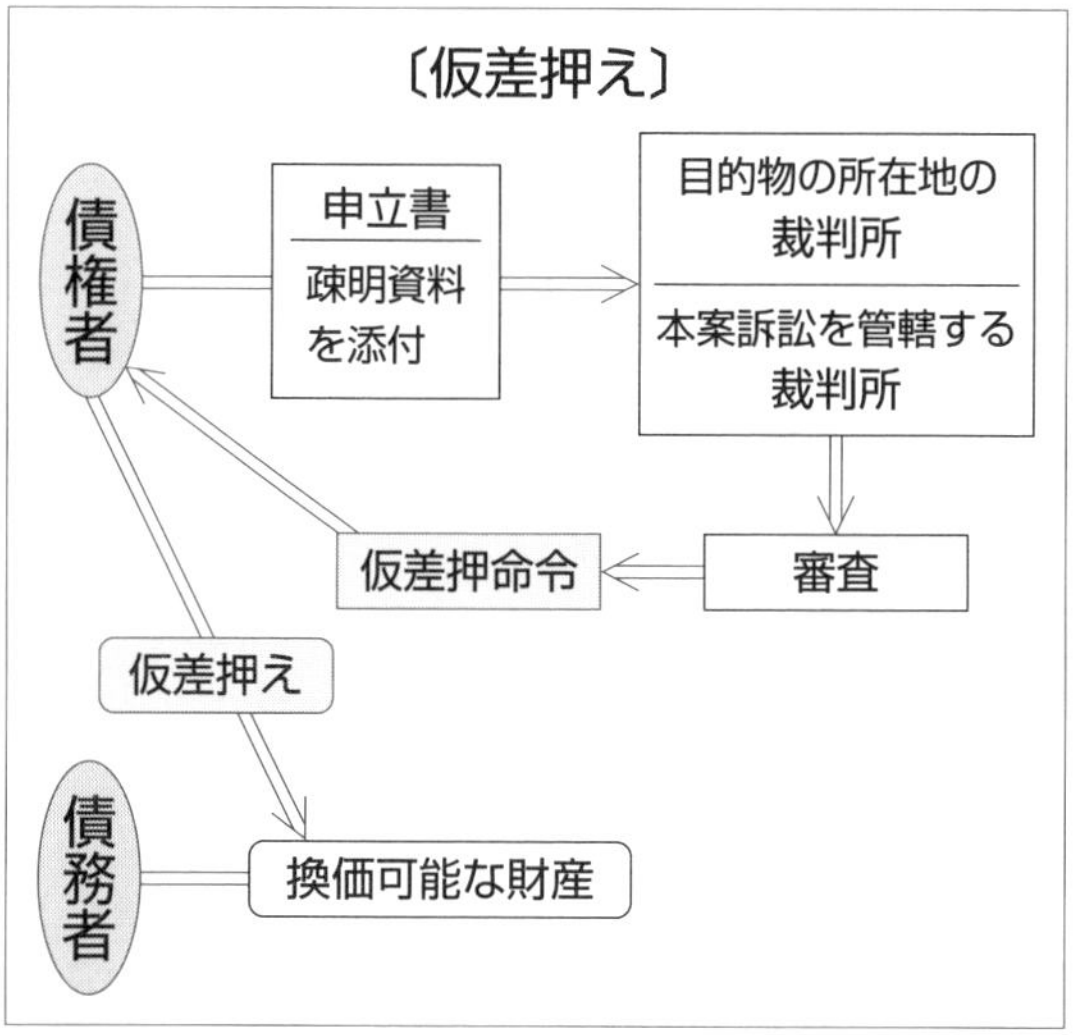

▨仮差押えをする手続き

　仮差押えは、本案訴訟を管轄する裁判所か、仮差押えの目的物の所在地を管轄する裁判所に申請します。申請書には、債務者の財産を明示し、被保全権利と保全の必要性を記載し、これらの事実を疎明（簡単な証明）する資料を添付します。申請書には二〇〇〇円（債権者、債務者各一名の場合）の印紙を貼付します。

　このような手続きを経て、仮差押命令を裁判所が出すことになると、裁判官から保証金の額が提示されます。こうして保証金の額が決定すると、債権者はその保証金を通常、法務局に供託することになります（裁判官の許可を得て、銀行等に預金し支払委託契約を締結する方法もある）。そして、供託書を持って裁判所に行けば、仮差押命令を出してくれます。

　この命令が出れば、不動産や債権であればその裁判所により、動産であれば執行官に申請して仮差押えをしてもらうことになります。

ポイント

訴訟の前に、必要なら仮差押えなどの手続きをする。

★店頭や倉庫にある商品を担保に取れるか（集合物譲渡担保）

　取引先に不動産屋や機械などの担保物がなく、あるのは店頭にある商品や倉庫にある商品しかないというケースはよくあります。商品は、売れば減少し、仕入れがあれば増加するというように、流動的で、目的物の特定が問題となります。これは商品に限らず、加工のための原材料、仕掛品などについても同様です。最高裁は、変動する集合動産についても、その種類、所在場所および量的範囲を指定するなどなんらかの方法で目的物の範囲が特定できる場合は、一個の集合物として譲渡担保の目的物となるとしています（昭和五四年二月一五日判決）。

　商品等を譲渡担保として取るときは、譲渡担保契約を結び、商品の種類、保管場所、補充義務、公示札を取り付けるなどの事項について規定を設けて、商品等の特定ができるようにしておくことが必要です。

訴訟の提起❶

⑤ 訴状は一定の方式で作成する

自分で訴状を作るときの手順は

債権者は原告になるのが普通ですから、ここでは原告の立場で説明します。

訴状は便箋にボールペンで書いて一通出すというわけにはいきません。

同じものを裁判所の分が一通、被告に送達する分が被告の人数分（被告が一人なら一通）、自分も訴訟の記録を作る必要がありますから、手元の控えに一通（必ず控えは取っておくことが必要です）、つまり最低三通必要です。

書面はできればワープロやパソコン、またはキチンと書いた手書きのものをまず一通作り、あとはコピーをとればＯＫです（書面は全部コピーで作ったもので通用します）。

紙のサイズはＡ４判にします。文字は横書きです。

訴状は市販の用紙もありますし、また弁護士会館や裁判所の売店で売っている例が多いようです。

また、簡易裁判所の事件（訴額が一四〇万円以下）の場合には、裁判所の窓口に書式が用意されています。

数枚の書面を一通に綴じる場合には紐またはホッチキスで綴じます。綴じたら印（認印でも可）を押します。

自分の控えには印は不要ですが、裁判所へ出す正本と副本には印がいります。

第一に、原告（または原告代表者）として、自分の名前の次に印を押します。第二に、数枚にわたる場合は、契印（割印）をします。

◆ことわざ

★裁判官は左右同じ耳を持て

裁判の法廷では民事事件であれば原告と被告が、刑事事件であれば検事と弁護士が対立し、それぞれが主張し合い、主張の裏付けとなる証拠を提出して勝訴を争います。裁判官は、この双方の言い分をよく聞いた上で、公正な裁判をしなければなりません。裁判官が偏見を持ち、一方に肩を入れるようでは、誰も納得する裁判などできるものではありません。この種の法諺は多く、「一方の言い分で双方を裁くな」も同じような意味です。

綴じ目のところで、一個の印を二枚の紙にまたがって押すわけです。第三に訂正印を押します。

貼付した印紙には印は押しません（訴訟の書類は皆同じ）。これは裁判所が消印を押すからです。印紙は、既成用紙であれば印紙の欄、自作の訴状であれば空白の部分に貼ります。

そして裁判所へ出す分には、表紙の右下の欄外に「正本」と記入し、被告の分には同じ箇所に「副本」と記入します。

⊠証拠や付属書類の扱いはどうするか

なお、訴状には、証拠についての記載は特に必要ありませんが、訴訟をスピードアップするため、主要な証拠書類の写しを訴状に添えます。

なお、不動産の訴訟では不動産登記簿謄本（全部事項証明書）、人事訴訟では戸籍謄本（全部事項証明書）を必要とします。この場合は訴状の末尾に、書証番号、題名を記載します。

訴状の最後に、訴状に添えて出す付属書類について明記しておきます。これでできあがりです。

なお、付属書類は、正本に添付する付属書類は綴じ込まず両者をクリップで留めます。裁判所は別々に編綴するからです。副本には書証の写しだけ添付し一緒に綴じてかまいません。

付属書類としては、右の証拠書類の写しの他、原告または被告が会社・法人の場合の代表者の資格証明書（登記事項証明書）、代理人がつく場合は委任状などがあります（資格証明書と委任状は裁判所用のみ）。

この資格証明書は、その会社の所在地を管轄する登記所へ行けば、誰でも取ることができます。

ポイント

原告、被告のどちらかが会社の場合には資格証明書が必要。

★自己破産で免責手続き中に強制執行はできないか

自己破産にも二つの方法があります。一つは、財産が破産手続きの費用もでない程度しかなく、同時廃止の場合です。この場合、破産手続開始決定と同時に破産手続きは終了します。もう一つは、財産がある場合で、破産管財人が選任されて財産を処分・換金し、債権者に配当します。この場合、債務者の財産は破産管財人に委ねられますので、強制執行は禁止されます。

前者の同時廃止の場合、破産手続き開始後、免責手続き中の給料等の債権や財産の執行は、学説上異論もありますが、一応可能とされています。ただし、倒産手続開始決定の申立時に免責許可決定の申立てができるようになり、事実上、強制執行はできなくなりました。

訴訟の提起❷

6 訴状には記載しなければならない事項がある

訴状には何を、どのように書けばよいか

訴状は長くても短くてもかまいません。が、基本的なことを要領よく短く書いて、まず主張の全貌を裁判官に把握させるべきです。

細かいことは、次回以後の「準備書面」（後述）にゆずればよいのです。

表紙の書き方から説明しましょう。

まず訴状の表紙（一枚目）です。これはあらゆる訴訟に共通であり、既成の用紙は不要の文字を消すようになっていますが、訴状を自分で作るときは不要な文字は最初から書かなければよいのです。形としては、「訴状」の文字、原告被告の住所氏名（法人なら法人名と代表者名）、日付、原告の署名（記名）、印、裁判所名、事件名、訴訟物の価額、貼付印紙額、と書きます。また、郵便番号、電話・ＦＡＸ、送達場所を書きます。

原告・被告の欄で当事者が会社の場合は、代表者の正式の肩書を、また原告欄には必ず代表者が署名押印することが必要です。

なお、会社の実際上の所在地と登記上の住所とが異なるときは両方を並記します。この場合、訴状は事実上の本店に送達されることになります。

訴状を出す裁判所は、別項（一八六頁）で述べますが、訴状にはその裁判所名を記載します。

事件名の欄には、貸金請求事件とか約束手形金請求事件とか家屋明渡請求事件というように、その事件の性質を書きます。

◆参照条文

民事訴訟規則五三条（訴状の記載事項）① 訴状には、請求の趣旨及び請求の原因（請求を特定するのに必要な事実をいう）を記載するほか、請求を理由づける事実を具体的に記載し、かつ、立証を要する事由ごとに、当該事実に関連する事実で重要なもの及び証拠を記載しなければならない。

② 訴状に事実についての主張を記載するには、できる限り、請求を理由づける事実についての主張と当該事実に関連する事実についての主張とを区別して記載しなければならない。

③ 攻撃又は防御の方法を記載した訴状は、準備書面を兼ねるものとする。

④ 訴状には、第一項に規定する事項のほか、原告又はその代理人の郵便番号及び電話番号（ファクシミリの番号を含む）を記載しなければならない。

訴訟物の価額（訴額）は金銭の請求なら、その元金、不動産なら固定資産税の評価額、その他の物なら時価、財産的に算定できないものの場合（たとえば離婚請求）は一六〇万円とみなされます。

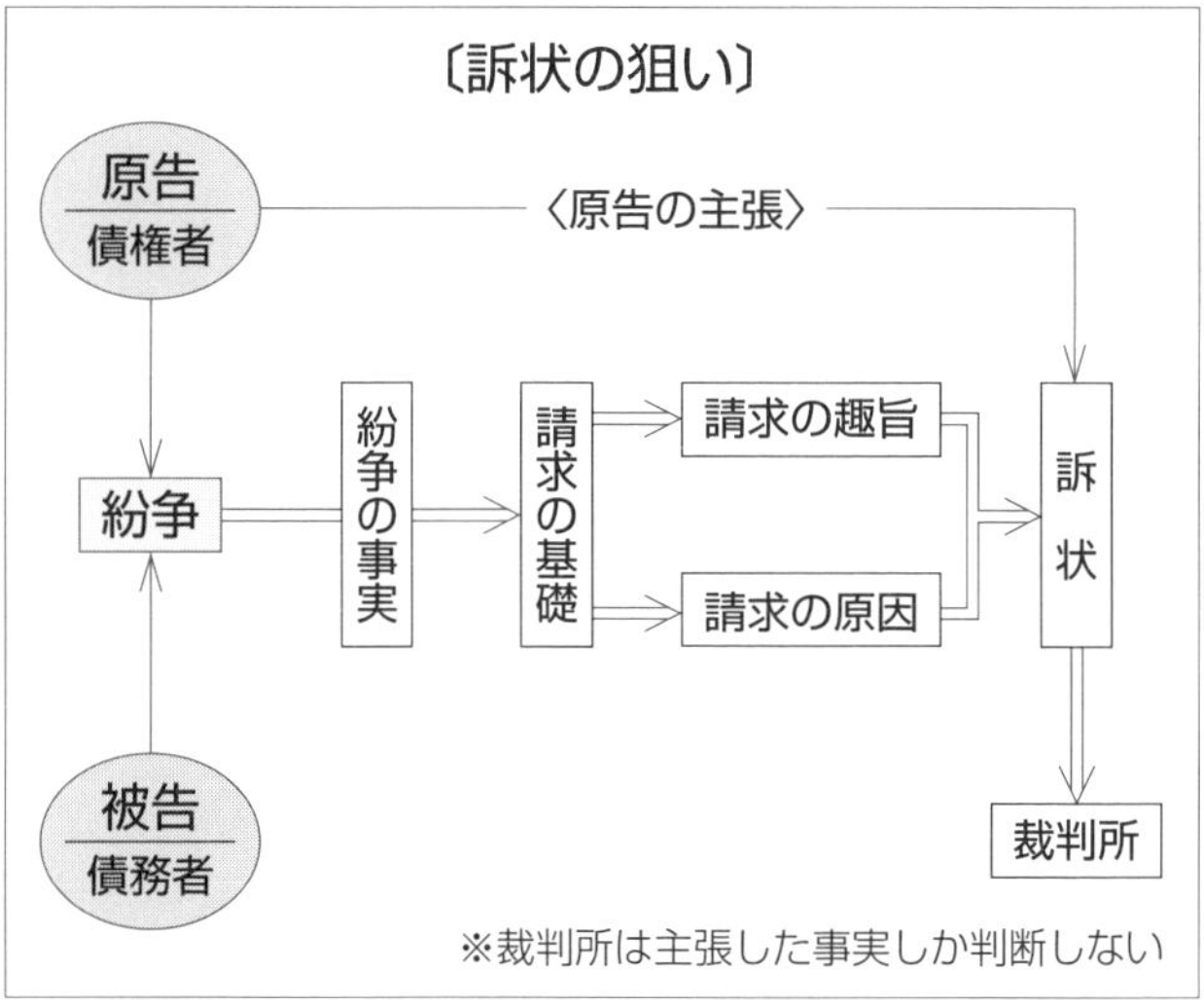

貼付印紙（収入印紙）の額は訴訟物の価額によります（訴額の一パーセントから訴額にしたがって漸減します）。また、裁判所の訴状の受付で聞いて切手を納入してください（予納の切手の額・枚数についても聞く）。

訴状の具体的な内容の書き方は

これらの記載に続けて**請求の趣旨**および**原因**を書きます。

請求の趣旨は何を請求するのか、理由や金の性質を省いた結論だけを書きます。請求の原因は、どのような請求か（請求の特定）と、その請求の理由を書くことになります。

なお、書き違えたら訂正してかまいません。訂正行の上欄に「□字訂正」または「□字削除」「□字加入」と記載しておきます（鉛筆で書けば消しゴムで訂正も楽ですので、しあがった物をコピーする方が利口です）。

ポイント

訴状の書き方は見本を見て書けばそれほど難しいものではない。

★必ず勝てる証拠があるがどう訴状に書くか

訴状には証拠について記載する必要はありませんが、どうせ後で出すのなら証拠書類の写しを訴状に添えることも訴訟を早めるのに役に立ちます。

この場合には、訴状の末尾に、証拠の題名と立証の趣旨を記載します。

原告の出す証拠は「甲第○号証」と番号を振ることになっています。その証拠書類の写しの肩に「甲○号証」と書きます。そして、訴状の末尾に

証拠方法
一　甲第一号証（借用書）
一通
原被告間の本件金銭貸借の事実を立証する

のように記載します。

7 訴訟の提起❸

訴状の書き方とサンプル

▶訴状サンプル（貸金請求）

収入印紙（8,600円）

訴　　　状

令和○年○月○日

□□地方裁判所　御中

〒○○○—○○○○　東京都○○区○丁目○番○号
電　話　０３—○○○○—○○○○
ＦＡＸ　０３—○○○○—○○○○
原　告　甲　野　太　郎　㊞
送達場所　上のとおり

〒○○○—○○○○　東京都○○区○丁目○番○号
電　話　０３—○○○○—○○○○
ＦＡＸ　０３—○○○○—○○○○
被　告　乙山二郎

貸金請求事件
訴訟物の価格　100万円
貼用印紙額　１万円

※裁判所の売店などで売っている市販のものもあります。

①訴訟価額が一四〇万円以下は簡易裁判所、一四〇万円を超える場合は地方裁判所に訴状を提出します。

②訴額が六〇万円以下の場合には、一日ですむ簡便な少額訴訟という方法もあります。この場合は簡易裁判所に申し立てます（一九八頁以下参照）。

③会社が訴訟を起こす場合には、会社名のほか代表者の氏名も記載します。

④訴訟物の価額は、相手に請求する金額です。印紙は訴訟物の価額により決まります（二三九頁参照）。

予納郵券は各裁判所の受付窓口で聞いてください。

※本例は貸金ですが、売掛金等の場合も応用できます。

①弁済期や利息がはっきりしていれば、上記のように書きます。

第1　請求の趣旨

被告は原告に対し金200万円およびこれに対する平成□年12月1日から同□年3月31日まで年1割の、同□年4月1日から支払い済に至まで年2割の各割合による金員を支払え。

訴訟費用は被告の負担とする。

との判決ならびに仮執行の宣言を求める。

第2　請求の原因

1．原告は被告に対して平成□年12月1日、金200万円を次の約定にて貸し付けた。

弁済期　平成□年3月31日

利　息　年1割

期限後の損害金　年2割

ところが被告はその弁済をしない。

2．よって、原告は被告に対し、右元金200万円と、平成□年12月1日から同□年3月31日まで年一割による利息、同□年4月1日から支払い済に至まで年2割の割合による遅延損害金の支払いを求めるものである。

第3　証拠方法

1．甲第1号証（借用証書）

2．甲第2号証（受取書）

第4　添付書類

1．訴状副本

2．甲第1、甲第2号証写し　　　各1通

②弁済期が定まっていないときは、相当の猶予期間をおいて催告する必要があります。この期間内に弁済がないときに、初めて訴訟を起こせることになります。

③利息がはっきりしない場合は、無利息という約束がはっきりしている場合を除き、通常、年三％（商事の場合も同じ）の割合による利息の請求をします。

　また、無利息の約束がある場合でも、弁済期が過ぎた後は、年三％の割合で遅延損害金の請求ができます。

④利息制限法で定められた利率以上の利息、損害金を請求することはできません。

〔利息の制限〕

元本が一〇万円未満　年二割

元本が一〇万円以上一〇〇万円未満　年一割八分

元本が一〇〇万円以上　年一割五分

遅延損害金　右の利息金の一・四六倍まで（原則）

⑧ 訴状は請求する金額により提出先が異なる

❖簡易裁判所か、地方裁判所か

わが国では、民事事件も刑事事件も三審制度をとっています。債権回収の事件は民事事件であり、第一審は地方裁判所、または簡易裁判所です。

その区分けは、**訴訟物の価額（訴額）が一四〇万円以下の事件なら簡易裁判所、一四〇万円を超える事件は地方裁判所の管轄**と決められています。これを事物管轄といいます。簡易裁判所は少額訴訟（一九八頁参照）も取扱います。

訴額は、貸金一〇〇万円の請求なら金一〇〇万円です。利息や損害金は算入しなくてもかまいません。ついでに述べておきますが、土地建物の所有権の争いなら、固定資産税の評価証明書の額によることになります。また、賃借権の争いの場合には、その二分の一の額が訴額となります。

その他の物は時価で計算します。

算定し難い性質の物の場合は、一六〇万円とみなされることなど、訴訟物の価額については規定があります。

債権回収のような金銭支払請求権は、請求金額が算定基準になりますので、貸金や売掛金が一四〇万円以下かそれを超えるかで判断してください。

また、相手方が一人の場合、六〇〇〇円（当事者が一名増すごとに二〇〇〇円ずつ加算）の予納郵券が必要です（東京地裁・簡裁の場合）。

◆参照条文

民事訴訟法八条（訴訟の目的の価格の算定）① 裁判所法の規定により管轄が訴訟の目的の価額により定まるときは、その価額は、訴えで主張する利益によって算定する。

② 前項の価額を算定することができないとき、又は極めて困難であるときは、その価額は一四〇万円を超えるものとみなす。

民事訴訟法四条（普通裁判籍による管轄）① 訴えは、被告の普通裁判籍の所在地を管轄する裁判所の管轄に属する。

② 人の普通裁判籍は、住所により、日本国内に住所がないとき又は住所が知れないときは居所により、日本国内に居所がないとき又は居所が知れないときは最後の住所により決まる。

（③～⑥は略）

⊠訴状は、原則として被告の住所地を管轄する裁判所へ提出

では、どこの地方裁判所や簡易裁判所にするか、です。これを**地域管轄**と言います。

地域管轄は原則として、被告の住所地を管轄する裁判所です。住所がないときは居所が住所の代わりとなります。

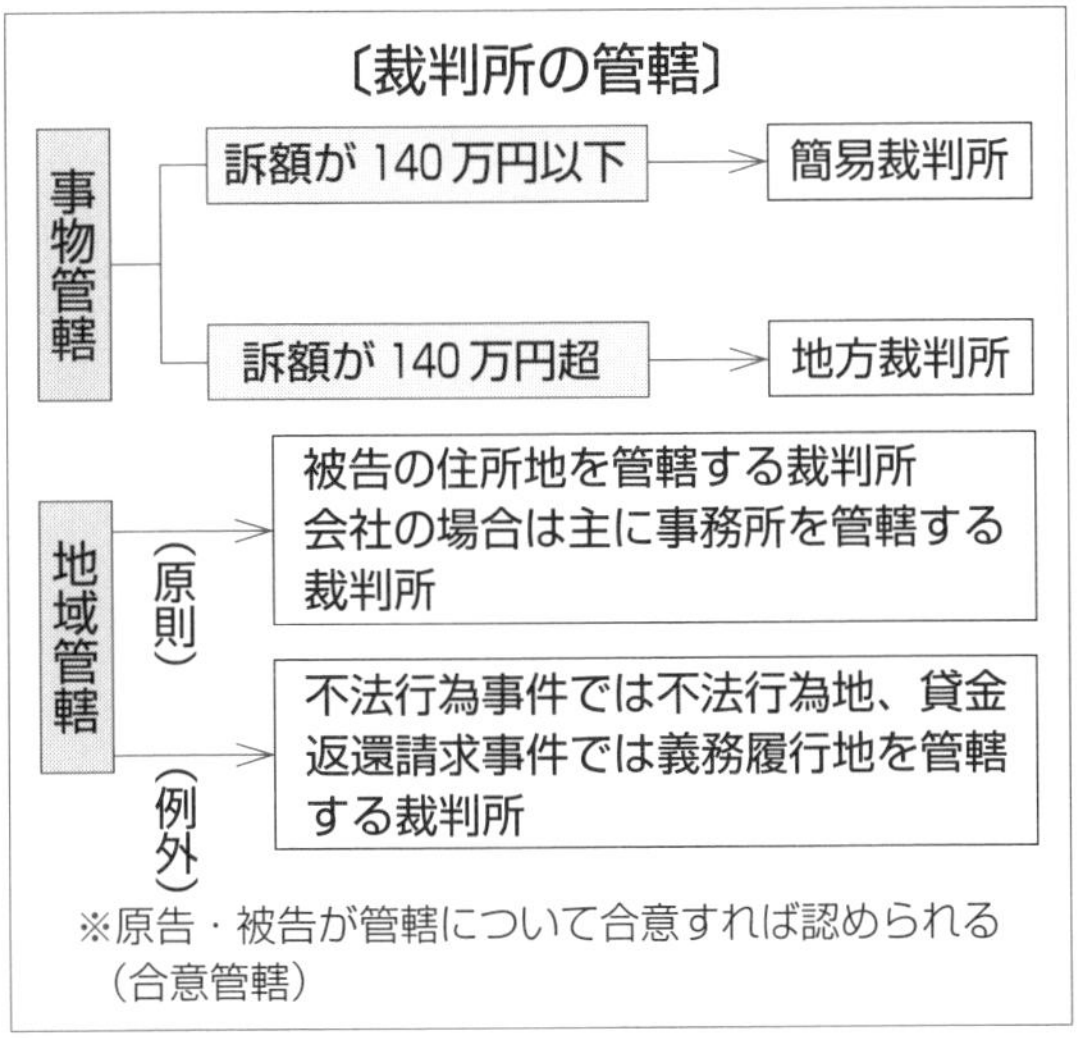

会社などの団体ならば、主たる事務所または営業所の所在地、それがないときは主たる業務担当者（たとえば代表取締役）の住所地の管轄裁判所です。

その他、義務履行地、手形・小切手の支払地、事務所や営業所所在地（その事務所、営業所の業務に限ります）、不法行為地、不動産所在地（その不動産の事件に限ります）、被相続人の住所（その相続事件に限ります）などの管轄裁判所や、原告と被告が合意した裁判所（**合意管轄**）へも提訴することができます。

つまり、損害賠償事件では不法行為地の裁判所へ提出してもよいのです。

また、裁判所を間違えれば受理されませんが、間違って受理されれば「管轄違い」として正しい裁判所へ移送されます。

ポイント
重複して管轄裁判所があれば、慎重に検討する。

★債権回収の訴訟と管轄

▼合意管轄

原告・被告の双方が同意している場合はその裁判所が管轄することになります。

たとえば、原告・被告双方にとって不便な場合などです。

東京と大阪の訴訟で中間の名古屋にしたという例もあります。

▼被告が複数の場合

連帯債務者全員に対して訴えを起こす場合や保証人も訴える場合があります。

この場合、まとめて、その内の一人の住所地を管轄する裁判所に訴えることができます。

訴訟の提起❺

⑨ 裁判所へ訴状を出すときの注意とその後の進行

✖書き方を間違えた場合には補正（間違いを直す）命令が出される

訴状は裁判所の窓口に正本と副本とを提出します。大きい裁判所の場合は受付の窓口がわかりにくいことがありますが、守衛さんに聞けば教えてくれます。

裁判所の窓口では、法律上は訴状の受理を拒むことはできないことになっています。訴状にどんな不備があっても、たとえば印紙の額が不足であっても、必ず受理しなければならず、その**不備な点の補正**を命じることができるのは裁判長だけです。この裁判長の命令による補正をしなかった場合に、訴状は却下されることになります。

しかし、実際は、訴状が不備の場合は、窓口でいろいろ文句を言われます。訂正してこいと言われる場合もあります。

この際、法律を盾に頑張ってもよいようなものですが、特に素人が訴訟する場合は低姿勢に出て、訂正するところは訂正するのがよいでしょう。喧嘩しても始まりません（裁判長の一般指示で訂正要求があることもあります）。

ただし、時効の問題など、期間が限られていれば延ばすわけにいきませんから、その理由を言い、法律を盾に受け付けてもらい、後日訂正すればよいでしょう（なお、夜間は宿直の係で受け付けてもらえます）。

訴状を提出する際には、郵券（切手）を納めなければなりません。

◆参照条文

民事訴訟法一三八条（訴状の送達） ① 訴状は、被告に送達しなければならない。
② 前条の規定は、訴状の送達をすることができない場合（訴状の送達に必要な費用を予納しない場合を含む）について準用する。

民事訴訟法一三九条（口頭弁論期日の指定） 訴えの提起があったときは、裁判長は、口頭弁論の期日を指定し、当事者を呼び出さなければならない。

⊠訴状が受け付けられた後の進行は

訴状を提出すると、その訴訟の番号が決められます。これを**事件番号**といいます。この番号を必ず聞いて控えに書き付けておくことが大事です。

というのは、訴状の提出以後の手続きは、事件番号で万事が処理されるからです。

また部がいくつもある裁判所では、第何部の係であるかをメモしておきます。その訴訟は、その部の書記官が扱うからです。

口頭弁論期日呼出状

被告　　〇　〇　〇　　殿

令和〇年〇月〇日

（庁名）△△地方裁判所民事第１部

裁判所書記官　　〇　〇　〇　〇

事件番号　令和〇年（　）第〇〇〇〇号

1. 原告からあなたに、別紙訴状のとおり訴えが提起されました。
　この事件の口頭弁論が次のとおり行われますから出頭してください。

期日　令和〇年〇月〇日午前〇時〇分

場所　当裁判所第〇〇号法廷

（以下省略）

※被告への呼出状です。

訴状は、郵送するより裁判所の窓口へ持参するのがよいでしょう。ことに慣れない素人がやる場合は、手落ちがないか確かめることができます。しかし、裁判所が遠いときは郵送してもかまいません。この場合は、連絡用の郵券や葉書を少し多めに封入しておくことが大事です。事前に電話で連絡すればよいでしょう。

訴状を提出すると、やがて期日の呼出しの通知がきます。この通知状には事件番号や当事者の氏名とともに、何月何日の何時に、どの法廷へ出頭しろということが書いてあります。

これ以外に通知はきませんから、その日付を忘れないように注意しなければなりません。こうしていよいよ訴訟が始まるのです。

ポイント

裁判所によっては提出日に第一回の期日を決めてくれるところもある。

★一年前に一括納入した家具の一部にキズがあったので代金減額を言われたが

家具の売買契約が商人同士（会社は商人です）の場合には、買主は目的物を受け取ったときには、遅滞なく検査をし、キズや数量不足を発見したら、直ちに売主に通知をしなければならず、この通知をしなかった場合には、契約解除、代金減額、損害賠償請求ができなくなります（商法五二六条）。

ただちに発見できないキズがあった場合で、六か月以内に発見したときも同様です。ご質問の場合には、一年前とのことですから、代金減額の主張は受け入れる必要はありません。

10

訴訟の進行❶

訴訟の進み方と手続き

⊠裁判所へ出頭したときの手続き

呼出状の記載にしたがい**出廷**すると、法廷（法廷外のこともある）の机の上に出頭カード（細長い紙）が置いてあります。その各々に当事者の氏名・事件番号・事件名・開始時間が書き込まれ、順番・記名欄は出頭した各自が書き込むようになっています。これに署名をします。

審理はこの番号順に開かれ、順番がくれば廷吏が呼んでくれます。呼ばれたら原告または被告の席に着きます。裁判官の席に向かって左側が原告の席、右側が被告の席です。

一人の裁判官での審理が普通ですが、三人の裁判官が審理することもあります。中央の一人が裁判長で審理を指図します。

⊠訴状・答弁書の陳述の仕方

審理の最初は、当事者の確認と原告から訴えの内容を聞くことです。裁判官が原告に、「請求の趣旨および原因は訴状記載のとおりですか」と聞きます。立ち上がって「訴状記載のとおりです」または「そのとおりです」と答えます。訂正するところがあれば申し述べます。これによって始めて裁判官は原告の言い分を聞いたことになります。

裁判官は訴状について疑問点を随時質問することがあります。これを「釈明を求める」といいます。すぐ答えられるものならば答えてもよいし、重要な事項であるとき、または調査した上でないと答えられない事項のときは、「次回までに準備書面に書いて参ります」

◆参考判例

★釈明義務違反

異なる金額の債権を有する原告両名が請求の趣旨でその合計額の支払いを求めていく場合に、各自の申立金額につき釈明せず、各二分の一ずつを求めているものとして判決したのが違法とされた（最高裁・昭和五八年一〇月二八日判決）。

と答え、調査して書面を作成し提出すればよいのです。あまり慌てて即答し、間違ったことや不利なことを言ってしまっては大変です。裁判官が訴えの内容を理解したら、同様の形で被告の答弁を聞きます。被告の答弁は何種類かあります。

①　被告が原告の請求（請求の趣旨）を認めれば「請求の認諾」となり訴訟は終わる。

②　請求の趣旨は認めなくても、請求の原因とされる事実を認めれば、事実の自白となり、争いの無い事実となる。しかし、別の反論があれば抗弁として斟酌される。

〔法廷の略図〕

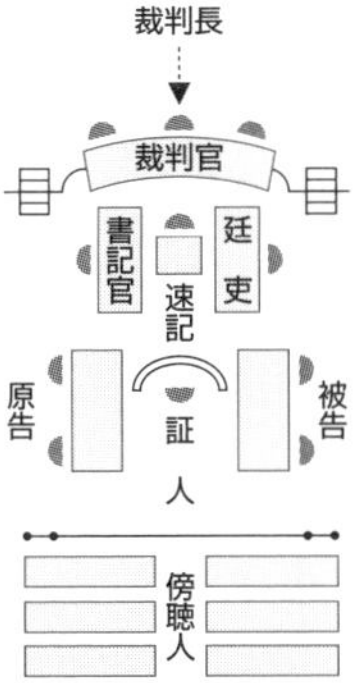

※上の図で、裁判官が３人すわれば、合議制の場合であるが、ふつうの民事事件では１人で審理をすすめる。合議制の場合は裁判長が中央の席にすわることになっている。

③　個々の事実を否認すれば、それが争点となり証拠での認定となる。

④　個々の事実について「知らない」とか「不知」とかであれば否認と同じとなる。「自分はそれに関係していないから知らない、証拠を出してくれ」という意味である。

⑤　黙って答えない場合（書面で言及しない場合も同じ）は認めたと同じに扱われる。

そこで、裁判長はその日の審理を打ち切り、次回期日を決めます。これを審理の「続行」といいます。指定された次回期日が差し支えがあれば、その旨を言って他の日にしてもらうことができます。第二回期日以降も同様の手続きで進められます。その後は争点について証拠調べをして審理の終結（結審）となり、判決期日に判決が言い渡され、判決書が送達されます。

ポイント
第一回の期日に被告が欠席すると原告勝訴となる（欠席裁判）。

★父親が死亡したので預金を下ろしに行ったら注文を付けられたが

金融機関に預けてある預貯金は、通帳と印鑑さえあれば、誰でも引き出すことが可能です。父親が死亡した後でも、相続人であれば預貯金の請求は可能です。

しかし、金融機関の側で、死亡した父親の預貯金の引き下ろしだということが分かっている場合には、その請求行為が正式な相続人の行為であるかどうかを確認します。そのため、金融機関の側では、戸籍謄本、相続人全員の印鑑を押した払戻請求書（印鑑証明書付き）などの書類の提出を求めてきます。また、たとえば引き出した金が病院費用や葬儀費用に充てるためであっても、相続人の全員の同意を得ていないと、後で相続人同士の遺産分割の場合にモメる原因になりますので、注意が必要です。

訴訟の進行❷

⑪ 訴訟の勝ち負けは証拠で決まる

⊠証拠は書証から先に提出する

争いのある主張（争点）は証拠で判断されます。民事訴訟では原告・被告が申し出た証拠のみが調べられます。

書類以外の証拠（たとえば証人など）は、別な期日に取り調べるのが普通です。

証拠には書類や証人や鑑定や検証などがあります。最初に提出するのは書類（書証）です。書証の種類については制限はありません。証拠価値（証明力）があるかないかだけの問題となります。

契約書、手形、借用書、領収書などの他、一方的に作成した納品書、あるいは本人の上申書なども証拠になります。

書証は写し（コピー）を作り、原告は甲第一号証、被告は乙第一号証と順次に番号をつけて正本と副本を提出します。自分も原本の他に同じ控えを作り記録に綴じておきます。原本は別に保管します（鉛筆で同じ番号を付けておきます）。書証は提出の際に原本を裁判所および相手方に見せる必要があります（証人尋問の時も、証人に見せる必要が生じるから原本を持参します）。

写真を証拠とするときは、その証拠写真を台紙に貼り、それに撮影者と撮影日を明記しておきます。

相手方は書類がホンモノかどうかの認否をします。この認否は作成名義人により作成された書類か否かだけの問題であり、書かれた中身がウソかどうかを問題にするのではあり

◆参照条文

民事訴訟法一七九条（証明することを要しない事実）
裁判所において当事者が自白した事実及び顕著な事実は、証明することを要しない。

民事訴訟法一八〇条（証拠の申出）
① 証拠の申出は、証明すべき事実を特定してしなければならない。
② 証拠の申出は、期日前においてもすることができる。

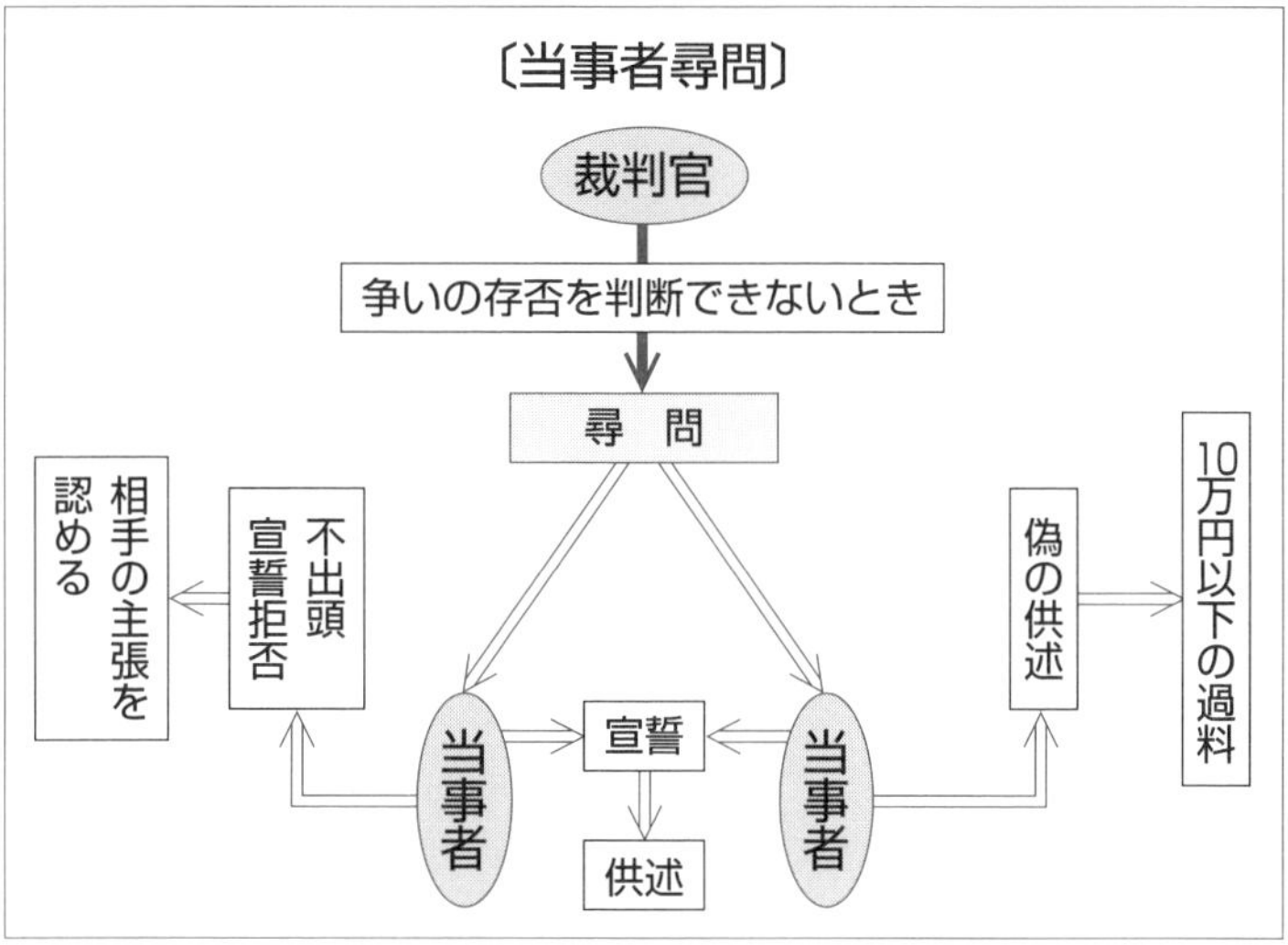

ません。中身のウソは別途に、主張・証拠により争います。

書類がニセもので別人が書いた物だと成立が否認され、または不知と言われれば、証人（または本人）尋問や筆跡鑑定により成立を立証することになります。ただし、正規の公文書（登記事項証明書など）は成立の真正が推定されます。

⊠証人申請や本人尋問申請の仕方は

証人・本人尋問の申請は、申し出の内容を書面にして提出します。鑑定や検証の申請も同様です。

これらの証拠は、裁判所が調べるかどうかを決定します。

証人尋問は尋問期日を定めて行われ、当事者は事前に証人と打合せをしてよいことになっています。

期日には、宣誓の後、申請者側の主尋問、相手側の反対尋問、裁判官による随時の補充尋問があります。本人尋問もこれに準じます。

ポイント

裁判の決着はすべて証拠により決まるので証拠の収集に全力を尽くすこと。

★証拠となる文書を離婚した妻（北海道）が持っているが

文書により立証しようとする者が、文書の所持者から引渡しや閲覧が得られる場合には、裁判所に力を借りる必要はありません。離婚した相手が嫌がらせのため、文書の引渡しを拒んでいる場合には、裁判所に対し「文書提出命令の申立」をして、文書を裁判に提出させることができます。

第三者が文書提出命令に従わないときは、裁判所は、決定で、二〇万円以下の過料に処することができます。

⑫ 訴訟の進行❸

勝訴の判決をもらったら その後の手続きをする

⊠判決はどのようにして書かれてくるか

主張や立証が出つくすと、口頭弁論は終結され、判決言渡し期日（判決期日）が指定されます（複雑な事件では追って指定となることもあります）。

判決期日は判決を言い渡すだけの期日ですから出頭しても、しなくてもかまいません。ただし、口頭による判決の言渡しは（法廷に誰もいなくても）必ず行われます。

判決の日に、法廷に出向いていたからといって、判決書はすぐにもらえるとは限りません。数日後、判決正本が送達されてきます。

原告敗訴の場合は、

「原告の請求を棄却する。訴訟費用は原告の負担とする」

という定型の主文であり、

原告勝訴なら、

「被告は原告に対し、金○○円、およびこれに対する令和○年○月○日以降完済まで、年○分の割合による金額を支払え。訴訟費用は被告の負担とする」

というような、請求の趣旨に応じた具体的な主文となります。

このほかに「事実」（訴訟上の事実のことで双方の主張立証を要約した部分）や「理由」の記載があります。

⊠どのような場合に判決に基づいて強制執行ができるのか

判決書は、原告・被告双方に送達されますが、敗訴した者が一四日以内に控訴をしない

◆参照条文

民事訴訟法二五〇条（判決の発効） 判決は、言渡しによってその効力を生ずる。

民事訴訟法二五一条（言渡期日） ① 判決の言渡しは、口頭弁論の終結の日から二月以内にしなければならない。ただし、事件が複雑であるときその他特別の事情があるときは、この限りではない。

② 判決の言渡しは、当事者が在廷しない場合においても、することができる。

民事訴訟法二五三条（判決書） ① 判決書には、次に掲げる事項を記載しなければならない。

一 主文
二 事実
三 理由
四 口頭弁論の終結の日
五 当事者及び法定代理人
六 裁判所

場合に、初めて判決は確定します。判決が確定した場合は、これによって強制執行ができることになります。

ただし主文に、「仮執行の宣言」がついていれば、確定前、つまり控訴の審理中であっても強制執行ができます。

仮執行宣言は主文の最後に、

「本判決は仮に執行することができる」

というように書かれます。

なお、強制執行については、第6章に詳しく書いてありますので、そちらを参照してください（二〇五頁以下参照）。

また、判決確定の場合は、訴訟上のケリはついたのですから、いきなり強制執行に着手するのではなく、その前に強制執行を武器に強気の話合いでまとめることも悪くない方法であると考えます。

ポイント

判決が確定すると、裁判のやり直しはできない。

令和□年（ワ）第　　号　貸金請求事件

判　決

東京都○○区□□△丁目○番○号

原告　　甲 野 太 郎

東京都△△区××△丁目○○番○号

原告　　乙 山 栄 作

主　文

1　被告は原告に対して金 200 万円を支払え。

2　原告のその余の請求を棄却する。

3　訴訟費用は、これを 5 分し、その 3 を被告の、その余を原告の負担とする。

4　本判決は仮に執行することができる。

事実及び理由

第 1　被告は、原告に対し、200 万円を支払え。（ここには原告・被告双方の主張が記載されている）……………………

第 2　事案の概要

1　（原告の貸付）

…………………

2　（争点）

…………………

第 3　争点に対する判断

（ここではどのような証拠を採用して原告を勝たせたかが記載されている）

第 4　結論

…………………

令和　　年　　月　　日

東京地方裁判所民事第　　部

裁判官　　西 野 三 郎

★訴訟中の和解とは

訴訟手続きが進行中に、当事者の申出または裁判所の職権で和解勧告がなされることがあります。裁判所は、訴訟中のどの段階でも和解を試みることができます。

和解は、裁判官が中に入って話合いがなされるものです。話合いがつけば、判決に至らず訴訟は和解によって終了します。

和解した事項は、和解調書に記載され、この和解調書は確定判決と同一の効力を持ちます。

なお、簡易裁判所の事件では、金銭請求の訴えは、相手が争わない場合など、和解に代わる決定ができます。

13

訴訟の進行❹

一部勝訴だが判決に不服なときには

◈どんな場合に控訴を提起することができるのか

第一審の訴訟で敗訴した場合には、上級審裁判所（第一審が簡易裁判所のときは地方裁判所、地方裁判所のときは高等裁判所）に控訴することができます。

一部勝訴は一部敗訴ですから、敗訴部分について控訴することができます。中身は勝訴判決だが申し立てた仮執行宣言が付かなかった場合も、この部分だけは一部敗訴ですから、これについて控訴しておく方がよいでしょう。控訴審でさらに勝訴判決を得ても職権による仮執行宣言がつかないことがあり、上告審が長引く間は強制執行ができないからです。

控訴は、判決の結論に対して不服のある場合に、その変更のため審理を申し立てるわけですから、勝訴の場合にはできません。

判決理由の中で自分の主張と違う判断をしていても、結果が勝訴であるかぎり控訴することはできません。なぜなら、訴訟は紛争を解決するための制度であり、個人の自負心を満足させるための制度ではないからです。しかし、結果について一部でも敗訴部分があれば、この部分に対し控訴ができます。

控訴は、控訴状を原裁判所（敗訴判決を下した第一審裁判所）の窓口へ、夜なら宿直員に提出すればよいのです。

期間は判決の正本が送達されてから（言渡しからではない）二週間以内です。二週間を過ぎると受け付けてもらえないし、間違えて

◆参照条文

民事訴訟法二八五条（控訴期間） 控訴は、判決書又は二五四条第二項の調書の送達を受けた日から二週間の不変期間内に提起しなければならない。ただし、その期間前に提起した控訴の効力を妨げない。

民事訴訟法二八六条（控訴の提起の方式） ① 控訴の提起は、控訴状を第一審裁判所に提出してしなければならない。

② 控訴状には、次に掲げる事項を記載しなければならない。

一 当事者及び法定代理人

二 第一審判決の表示及びその判決に対して控訴をする旨

受け付けたとしても後で却下されます。

送達は、事務員、雇人、同居者で事理弁識の知能をそなえる者などに対してできることになっています。家政婦や会社の受付の受領も送達となります。本人に渡すのを忘れても送達がなかったことにはならず、控訴期間は延びません。

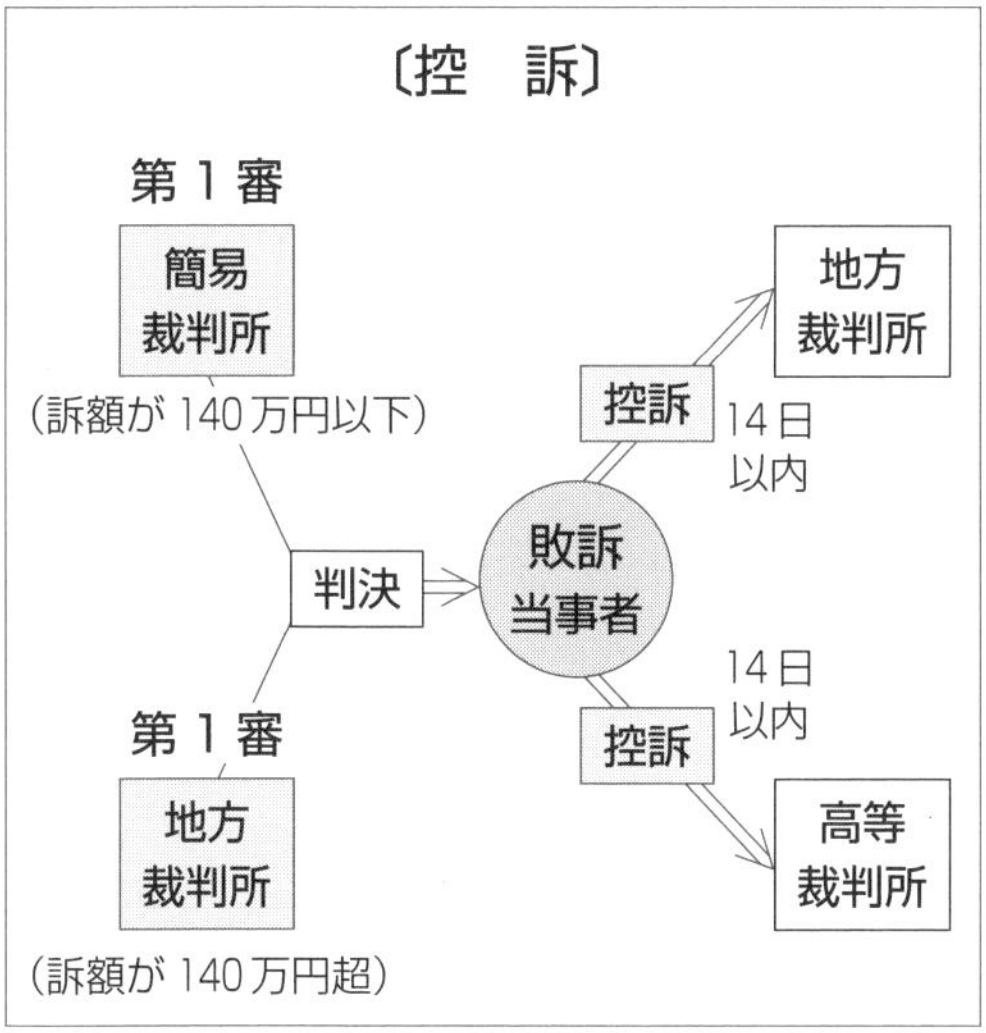

控訴状はどのようにして書くか

控訴状の書式は訴状の頭書きの部分にほぼ同じで、当事者と第一審裁判所、事件番号、判決主文（事実・理由は略してよい）を表示し、これに対する不服申立てであることを明らかにします（不服の理由は後日でよい）。

控訴状の貼付印紙は第一審の訴状の印紙の一倍半です。

適法な控訴状が提出されると、控訴期間が経過しても原判決は確定しません。しかし、原判決に仮執行宣言がついている場合には、判決は確定しなくても控訴しただけでは強制執行を止めることはできません。控訴の進行は、控訴状に控訴理由を書かなかったときは、五〇日以内に控訴理由書を提出しなければならないほかは第一審と同様です。

なお、控訴に不服で上告する場合も、やり方はほぼ同様です。

ポイント

仮執行宣言付の場合には別に執行停止の申立てをする。

★債務者の自己破産の申立てに異議を述べたいが

債務者が自己破産する場合、裁判所より意見聴取書というものが送られてくる場合があります。この意見聴取書は、破産の宣告をするかどうか裁判所が判断するための資料となるものです。意見聴取書に破産宣告をしないでくれなどということは書けません。問われている項目に事実を記載するだけです。破産宣告をするかどうかは、裁判所が判断することだからです。

ただし、破産者（債務者）の免責申立てに対して、債権者から異議申立てができます。異議申立てに対し裁判所は必ず免責不許可の決定（免責許可にならないと債務は残る）をするわけではありません。異議が認められれば、免責不許可（ギャンブル等に浪費したなどの場合）になりますが、破産者の約九割が免責許可を得ている状況ではなかなか難しいといえます。

14

少額訴訟の活用❶

債権額が六〇万円以下の場合は少額訴訟という方法がある

⊠少額訴訟制度はどうして誕生したのか

請求する債権額が少額の場合でも、いろいろと回収に努力してみたが「ダメだった」という場合には、最終的な解決法である訴訟に訴えるしかありません。しかし、訴訟費用や弁護士費用のことを考えると二の足を踏んでしまいがちです。

このような人を救済するために、債権額が六〇万円以下の金銭請求であれば、一日で審理が終わり、その日のうちに判決のおりる「少額訴訟制度」があります（平成一五年の民事訴訟法の改正により三〇万円以下から六〇万円以下に引き上げ）。

この少額訴訟制度は、「裁判には時間と費用がかかる」「当事者にとってわかりにくい」等の問題点の指摘を受け、国民にとって利用しやすい、わかりやすい制度とする目的で平成八年の民事訴訟の改正により導入されたものです。この結果、少額事件は、訴訟費用や弁護士費用を考えると訴訟もままならず、泣き寝入りの多かった人にとって、簡易・迅速な解決を目指せるようになりました。

少額訴訟を起こすことができるのは、金銭請求事件に限られています。売掛金でも、貸金でも、敷金請求権でもよいのですが、家屋の明渡しや離婚の請求などの事件については認められません。

ポイント

少額訴訟はその日のうちに審理・判決が下りる簡易・迅速な訴訟制度である。

◆参照条文

民事訴訟法三六八条（少額訴訟の要件等） ① 簡易裁判所においては、訴訟の目的の価額が六十万円以下の金銭の支払の請求を目的とする訴えについて、少額訴訟による審理及び裁判を求めることができる。ただし、同一の簡易裁判所において同一の年に最高裁判所規則で定める回数を超えてこれを求めることができない。

② 少額訴訟による審理及び裁判を求める旨の申述は、訴えの提起の際にしなければならない。

③ 前項の申述をするには、当該訴えを提起する簡易裁判所においてその年に少額訴訟による審理及び裁判を求めた回数を届け出なければならない。

〔少額訴訟手続きの流れ〕

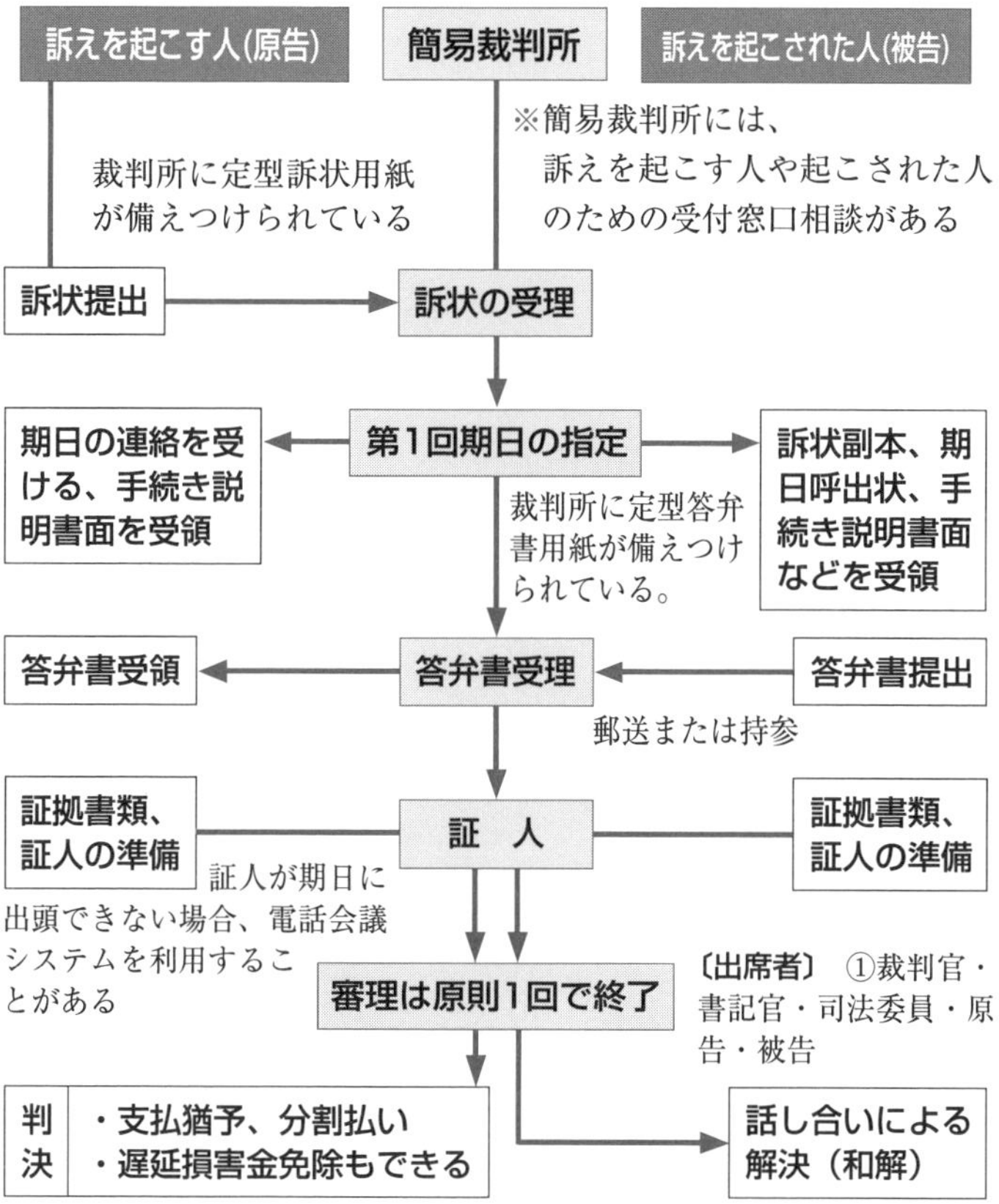

〔少額訴訟の特徴〕　①60万円以下の金銭支払請求に限る
②審理は原則１回、直ちに判決言渡し
③証拠書類や証人は、審理の日に調べられるものに限る
④分割払いや支払猶予の判決もできる
⑤少額訴訟判決に対する不服は異議申立てに限る

★会社でも少額訴訟を起こせるのか

もちろん、会社であっても少額訴訟を起こせます。

ただし、会社が訴訟を起こす場合には、訴状には会社の名前と併せて代表者（代表取締役）の名前も記載します。そして、代表者の資格を証明するため会社の登記簿謄本を添付書類として提出します。

会社の従業員を訴訟代理人とすることもできますが、この場合には裁判所の許可が必要となります。その際は、訴訟委任状の提出が必要です。

少額訴訟の活用❷

15 少額訴訟の手続きは簡単で審理・判決も早い

⊠少額訴訟手続きの流れは

少額訴訟制度も訴訟手続きの一つですから訴状の提出から始まります。

訴状の提出先は、債務者の住所地を管轄する簡易裁判所です。

この制度を広く利用してもらうために、簡易裁判所では、貸金とか売掛金といったように請求項目別に、訴状の定型フォームを作成しており、簡単に書き込めばいいようになっています。

なお、記入の仕方がわからなければ、相談窓口で親切に教えてくれますので、三〇分もあれば誰でも作成できます。

訴訟に必要な費用は、訴状に添付する印紙代（訴額の一パーセントで、六〇万円なら六〇〇〇円）と郵便費用（東京簡裁の場合三九一〇円）がかかるだけです。

裁判所に少額訴訟の訴状を提出し受理されると、しばらくして口頭弁論の期日が指定されます（東京の場合は一か月から一か月半くらいかかりますが、地域によって異なるようです）。

その際、原告には手続き説明書が、被告にはこのほかに訴状の副本が送られてきます。

なお、被告は主張したいことがあれば、答弁書（定型フォームが簡裁に用意されています）を裁判所に提出します。この副本は原告に送られます。

なお、口頭弁論は、一日で終わらせる関係で、提出できる証拠は当日に取調べができる

◆参照条文

民事訴訟法三七一条（証拠調べの制限） 証拠調べは、即時に取り調べることができる証拠に限りすることができる。

民事訴訟法三七二条（証人等の尋問） ① 証人の尋問は、宣誓をさせないですることができる。

② 証人又は当事者本人の尋問は、裁判官が相当と認める順序でする。

③ 裁判所は、相当と認めるときは、最高裁判所規則で定めるところにより、裁判所及び当事者双方と証人とが音声の送受信により同時に通話することができる方法によって、証人を尋問することができる。

ものに限られ、また証人は当日に法廷に在席させることが必要となります。

このように証拠や証人調べが制限されたのでは、十分な主張ができないという場合には、簡易裁判所における通常訴訟を選択するしかありません。

⊠法廷ではどのような審理が行われるか

少額訴訟手続きの法廷には、裁判官の他に、民間から選ばれた調停役の司法委員、書記官が出席します。東京簡裁の場合には、ラウンドテーブル（円卓）を囲んで行われ、裁判官も背広というように和やかな雰囲気の中で審理が進められます。

少額訴訟の法廷では、最初に裁判官が少額訴訟手続きについての注意点（証拠の制限や異議申立てなど）を説明します。

その後、裁判官は紛争のポイントを整理し、当事者の主張を聞き、証拠調べをし、和解できるものであれば和解の勧告をします（司法委員が和解室で話をまとめます）。和解できなければ、その日のうちに裁判官から判決が下されます。

少額訴訟の裁判では、判決についても弾力的な運用が図られています。たとえば、被告（債務者）の資力その他一切の事情を考慮して、必要があると認めた場合には、三年を限度に分割払いを認めたり、支払猶予をすることも認められています。

また、この約束どおりに支払いをした場合には、訴え提起後の遅延損害金を免除することもできることになっています。

審理に要する時間は、事件の内容にもよりますが、一時間半から二時間程度という例が多いようです。

なお、請求を認める判決には、すぐに強制執行のできる仮執行宣言が付けられます。

ポイント

少額訴訟の申立書は簡易裁判所にあるので分からないことがあれば窓口で聞く。

★利息や違約金を入れると六〇万円を超すが

少額訴訟は、確かに六〇万円以下の金銭の支払いを目的とする訴訟に限定されています。しかし、ここでいう六〇万円には、利息や違約金のような本来の請求金額から派生する請求は含まれていません。

ですから、貸金の請求であるとか、売買代金の請求の場合、本来の請求金額が六〇万円以下であれば、利息や違約金を加えて六〇万円以上になったとしても、少額訴訟を起こすことはできます。

16 少額訴訟をするには一定の制約がある

少額訴訟制度には回数の制限がある

このように、簡単で迅速な少額訴訟ですが、問題点がないわけではありません。

その一つが、同じ当事者が、同じ裁判所で利用できる回数が年に一〇回と制限されていることなどです。これは従来、支払督促制度など簡易裁判所を利用する事件の多くが、サラ金業者など消費者金融関連業者により、反復、独占利用される弊害を考慮して、庶民のための裁判を目指した趣旨に沿って設けられた制限です。

そのため、原告は訴えを起こす際に、当該裁判所で何回少額訴訟手続きを利用したかを届けなくてはならず、定型フォームには回数の記入欄が設けられています。虚偽の届出をすると一〇万円以下の過料の処分があります。

被告が反対すれば少額訴訟は起こせない

原告がいくら少額訴訟手続きによる審理を希望しても、被告にも少額訴訟手続きによるか、一般訴訟手続きによるかの選択権が保証されていますので、被告が少額訴訟手続きに同意しないかぎり少額訴訟手続きによることはできません。この場合には、被告は最初の口頭弁論期日までに、通常訴訟による審理を求める申述をすることができます。

しかし、被告がいったん口頭弁論に応じ、または第一回期日が終わってしまうと、通常訴訟への移行はできなくなります。

そのほかにも、利用回数の要件を満たしていない場合、催告しても利用回数の届出をし

◆参照条文

民事訴訟法三七七条（控訴の禁止） 少額訴訟の終局判決に対しては、控訴をすることができない。

民事訴訟法三七八条（異議）

① 少額訴訟の終局判決に対しては、判決書又は第二五四条第二項（第三七四条第二項において準用する場合を含む）の調書の送達を受けた日から二週間の不変期間内に、その判決をした裁判所に異議を申し立てることができる。ただし、その期間前に申し立てた異議の効力を妨げない。

② 第三五八条から三六〇条まで（手形判決に対する異議申立権の放棄、異議の却下、異議の取下げ）の規定は、前項の異議について準用する。

ない場合、公示送達しか送達の方法がない場合、少額訴訟によることが相当でない場合などのときは、通常訴訟に移行することになります。

◈少額訴訟の判決に対しては異議申立てができる

少額訴訟の判決に対しては、控訴することはできませんが、異議申立てをすることは認められています。

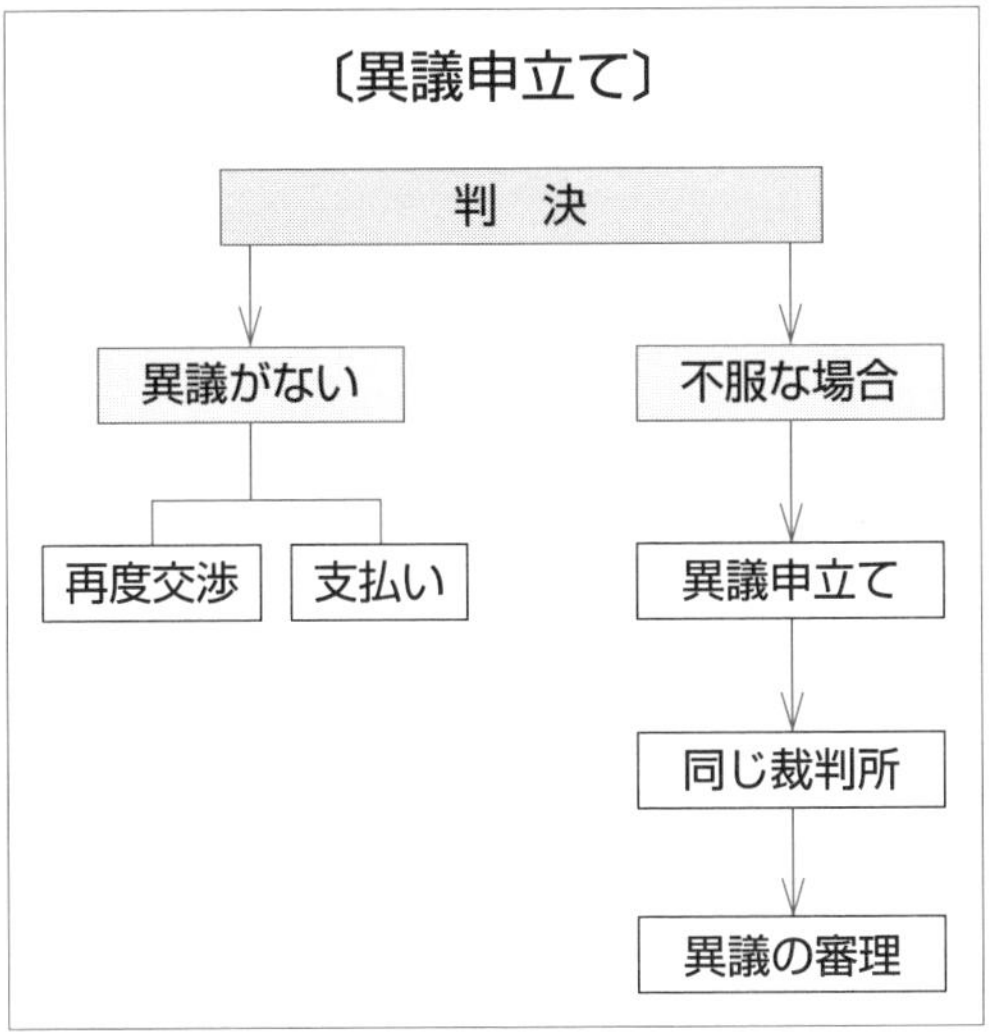

異議申立ては、判決書または調書の送達を受けた日から二週間以内にしなければならず、異議申立てが出された場合には、訴訟は口頭弁論終結前の段階に戻ることになり、同じ簡易裁判所で、今度は通常手続きによる審理・裁判が行われることになります。

ただし、少額訴訟の勝訴判決には、仮執行宣言が付けられますので、執行停止の手続きをとらないかぎり、強制執行をされる場合があります。したがって、被告側としては、通常訴訟を望むのであれば、通常訴訟による審理を求める申述をすべきです。

こうした一定の制約はありますが、少額訴訟制度を活用できる六〇万円以下の少額の債権回収ならば、積極的に少額訴訟制度を利用してください。

ポイント
相手方が少額訴訟に反対したり、判決に異議申立てする場合も考慮しておく。

★判決に不服だが控訴はできるのか

通常の訴訟ですと、判決に不服の場合には控訴することができます。しかし、少額訴訟は、迅速な解決をモットーに作られた制度ですので、控訴は認めていません。その代わり、同じ裁判所に対して異議を申し立てることを認めています。異議申立ては、判決を出した裁判所に書面で異議の理由を書いて申し立てます。異議が申し立てられた場合の審理は、通常の訴訟と同じルールに従って審理が行われますので、一期日審理や証拠調べの制限などは行われません。

◆手形が不渡りとなった場合は手形訴訟を起こす

■簡易・迅速に債務名義を取得

手形が不渡りとなった場合、債権回収のためには素早く強制執行の手続きをする必要があります。

こうしたことから、手形の不渡りの場合には、通常の訴訟手続きによることなく、簡易・迅速に債務名義（判決書などで、これに基づいて強制執行ができる）を得るために、手形訴訟制度が設けられています。

また、手形訴訟手続きは、小切手訴訟にも準用されます。

手形金請求訴訟の申立ては、振出人あるいは裏書人を被告として、義務履行地あるいは支払地の裁判所に訴状を提出して行います（訴訟費用等は通常訴訟の申立て手数料と同じです）。

申立てをすると、約一か月後に第一回口頭弁論期日が指定されます。証拠は手形などの書証に限られ、通常この第一回で弁論は終結し、すみやかに判決が出されます。この判決には、仮執行宣言が付けられ、すぐに強制執行をすることができます。

このように、手形訴訟は迅速な制度ですが、相手方から判決に対して二週間内に異議の申立てがあれば、通常訴訟となります。

なお、手形訴訟の異議には執行停止の効力はありません。また、振出人が支払拒絶をし、不渡りを免れるために異議申立提供金を積んでいる場合、この提供金の仮差押えができます。

〔手形訴訟のしくみ〕

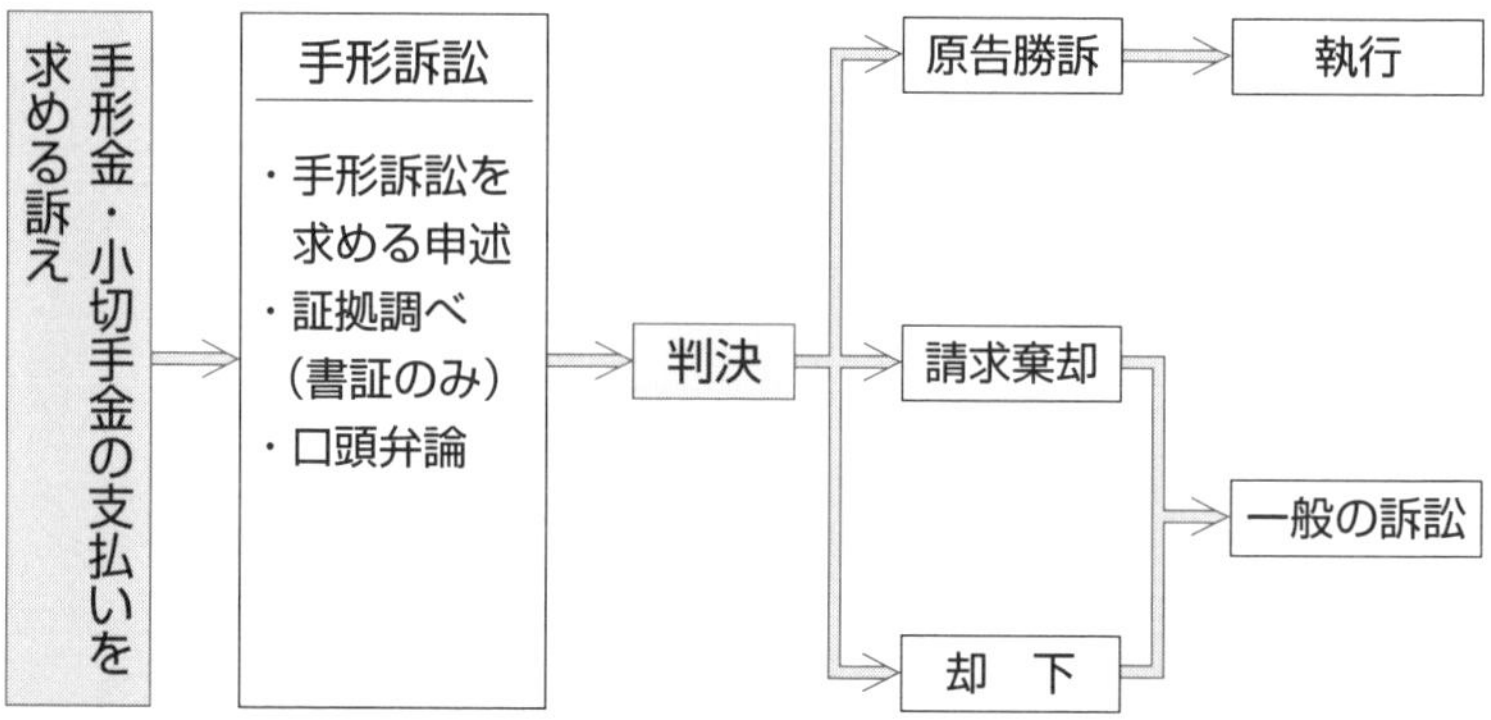

第6章 強制執行・担保権の実行による債権回収の仕方

◆強制執行は、執行機関に申し立てて差押え・競売による換金・配当といった手続きを経て債権回収をする方法です。
専門的な知識が必要であり、本章では専門家に頼むときに必要となる知識程度に解説を留めました。

◆強制執行による債権回収は最強・最後の手段

■判決などの債務名義があれば強制執行ができる

民事の争いは私的な話合いがつかないかぎり、民事訴訟（またはこれに準ずる支払督促・調停・和解手続きなど）で解決されます。ただし、親子、夫婦、相続などの家事事件は人事訴訟や家庭裁判所の調停・審判での解決となります。

これらの手続きによって判決・支払督促・調停調書・和解調書や審判書ができ上がると、紛争は一応解決します（これらを債務名義といい、これにより強制執行ができます）。

といってもそれは、どちらが正しいかを紙の上で決めるだけです。具体的にいえば裁判所は、「金○○円を支払え」とか、「家を明け渡せ」とか、「離婚する」とかを言い渡して、判決書を作成し交付してくれるだけです。このうち「離婚する」等はそのまま区役所へ提出すれば戸籍が変わります。

しかし、本書の課題である「金○○円を支払え」などという判決は、判決がでるだけで、国がお金を立て替えてくれるわけではありません。

この判決に書かれている内容を履行しない場合、実際にお金を手に入れるためには、被告（債務者）の財産を（強制的に）差し押さえ、競売し換金して引渡しを受ける、という作業が必要となります。これが強制執行です。

■強制執行は民事執行法の規定に従って行う

裁判所の作成した判決があるからといって、個人が勝手に被告である債務者の財産に対して強制執行をすることは許されません。強制執行を行えるのは国の機関だけです。

この強制執行は、相手の意に反する、文字どおり強制的な手続きですから、法律上厳格な規定があります。

判決まで出たのだから、今さら厳格な規定の手続きなどイヤだ、勝手に換金がしたい、と考えるのももっともですが、法律は被告である債務者の立場をも考えますから、そうもいきません。

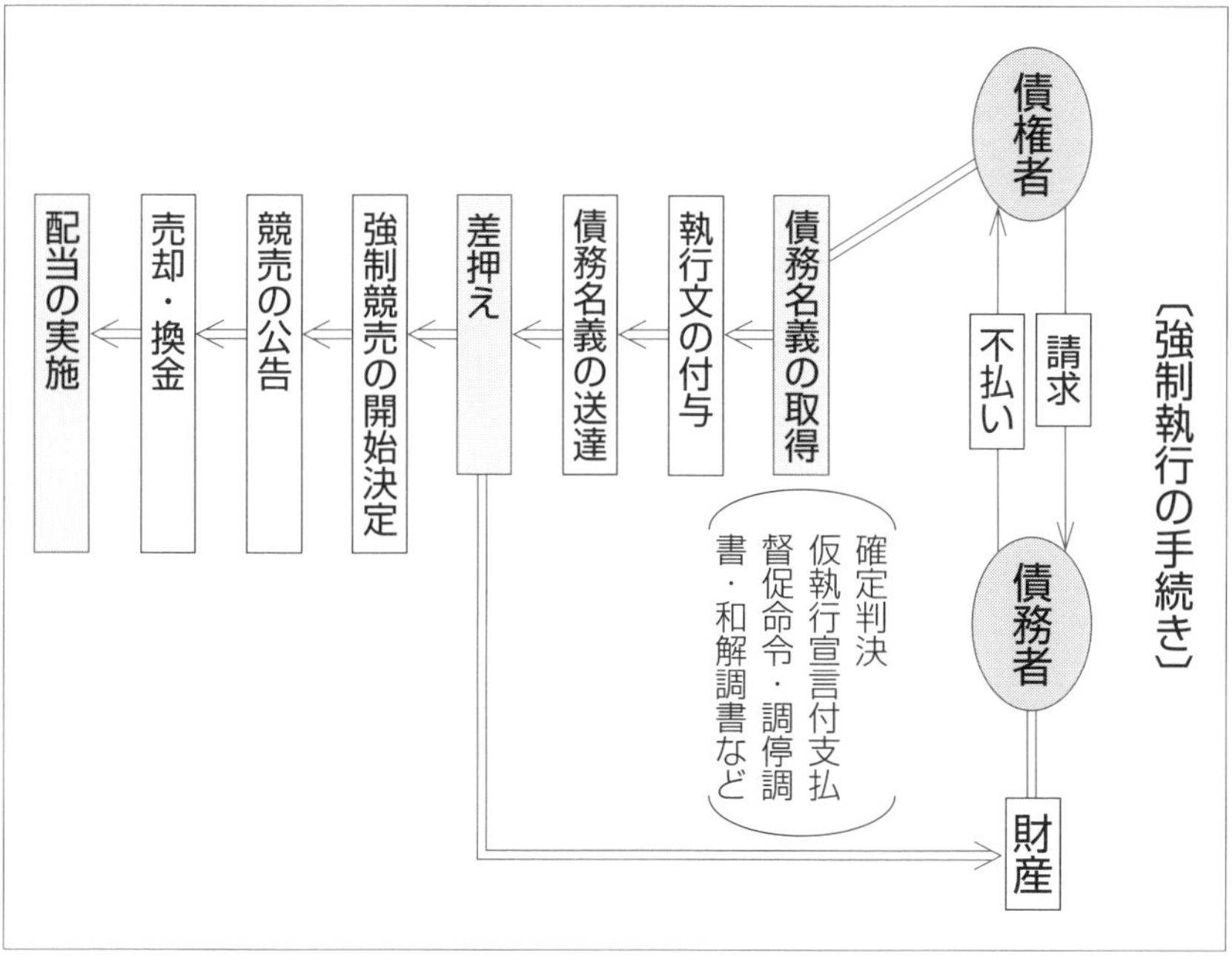

〔強制執行の手続き〕

いくら判決書があっても勝手に財産を取り上げれば恐喝罪（刑法二四九条）などになります。

そこで、勝訴判決をもらった債権者（後述する「債務名義」を持っている債権者）に代わって、国家（執行機関）の力で、債権者の権利を実現しましょう、というのが強制執行です。この強制執行を行う執行機関というのは、執行裁判所（判決を言い渡した裁判所とは別です）と執行官です。

強制執行は、このように国家権力により、強制的に債務者の財産を差し押さえたり、競売するわけですから、厳格な手続きが必要です。そのために設けられた法律が「民事執行法」で、強制執行手続きはこの法律の定める手続きによって行うことになっています。

また、抵当権（担保）の実行により、債権回収をする場合があります。これについては二三二頁以下を参照してください。

強制執行は多くの専門知識を要します。本稿も概略の説明ですので、できれば法律の専門家である弁護士に依頼されるようお勧めします。なお、法改正により民事執行法の財産開示制度が拡充されています（一八頁参照）。

強制執行の申立て❶

❶ 強制執行を申し立てる手続き

債務名義に執行文をつけてもらう

強制執行というのは判決（その他の債務名義）の内容を実現することです。民事執行法に定める手続きによります。強制執行には家の明渡しなど金銭請求以外のものもあります。

強制執行は、判決の内容を国家機関が強制的に実現する手続きです。したがって、強制執行をするには、まず判決などの債務名義（一九四頁参照）を得なければなりません。

さらに、判決などの債務名義には、裁判所で末尾に「執行文」を付けてもらいます（支払督促は例外）。手数料は三〇〇円です。

重ねてこのような手続きが必要な理由は、強制執行のできない性質の判決もあるため、この判決で強制執行ができるという証明が必要だからです。これと判決などの送達証明書が必要です。後は執行文付きの債務名義を執行機関に提出して、強制執行を申し立てて実行してもらいます。

金銭取立ての場合の強制執行の手続き

強制執行の中で、一番多く行われるのは金銭取立てです。強制執行を受ける者が現金を持っていれば、それを取り上げて債権者に渡せばすむのですが、それ以外の財産の場合には競売して現金にかえるという換価手続きが必要です。

その強制執行の順序は、まず物件を差し押さえ、これを競売し、その代金から債権者に支払いをする、というのが原型です。金銭の取立てでなく、たとえば家の明渡しの場合に

◆参照条文

民事執行法二六条（執行文の付与） ① 執行文は、申立てにより、執行証書以外の債務名義については事件の記録の存する裁判所の裁判所書記官が、執行証書についてはその原本を保存する公証人が付与する。

② 執行文の付与は、債権者が債務者に対しその債務名義により強制執行をすることができる場合に、その旨を債務名義の正本の末尾に付記する方法により行う。

▼執行文付与申立て

収入
印紙

執行文付与申立書

令和○年○月○日

□□地方裁判所御中

原告代理人　㊞

原告（債権者）

被告（債務者）

上記当事者間の御庁令和○年(　)第　号事件に付いて、令和○年○月○日に言い渡された判決に基づき、当該判決に執行文を付与下されよう申請します。

▼執行文のサンプル

執　行　文

債権者○○○○は、債務者××××に対しこの債務名義により強制執行ができる。

令和○年○月○日

□□地方裁判所

裁判所書記官　㊞

は、裁判所の命令で執行官の立合いの下で、その明渡しを実行します（人夫を雇ってですが）。人間も追い出し家具道具も引き取らせます（または保管、売却などをします）。

　このように、現地にのぞんでやることですから、強制執行をやる執行機関は、原則としてその土地を管轄する地方裁判所や執行官です。

　財産には動産もあり不動産もあります。銀行預金などの債権もあります。それぞれ強制執行のやり方がちがうし、執行機関も別々となります。

　なお、強制執行では、強制執行を申し立てる者（つまり、訴訟での原告）を「債権者」と呼び、また、相手を「債務者」と呼びます。訴訟のときと呼び方が違ってきますので注意してください。

ポイント

対象物の違いで執行手続きが異なる。

★強制執行に行ったら目ぼしい財産がなかった

債権回収の大原則は「無い者からは取れない」ということです。これは、そっくり強制執行の場合にも当てはまります。訴訟を起こす前には財産があったのに、判決が下りたら財産が無かったということも起こり得ます。そのために利用されるが「仮差押え」です。これは債務者が訴訟中に財産を処分しないよう、仮に差し押さえておく制度です。もともと債務者に財産がないのであれば、訴訟をしただけ無駄ということになります。

強制執行の申立て❷

❷ 強制執行には債務名義が必要である

⊠強制執行のもとになる債務名義とは

これまで述べたように、まず判決などがあって、これにもとづいて強制執行ができることになります。この、強制執行のもととなる判決などを「債務名義」といいます。

したがって、強制執行のためには、まず債務名義を確保する必要があります。

債務名義とは判決、または判決に準ずるもの、たとえば裁判所の和解調書、調停調書、支払督促や、あるいは公証人の作成した執行認諾文言のついた金銭債権公正証書等です。

ただし、判決や支払督促は、①確定したもの（上訴期間の経過などにより上訴・異議申立てができず、したがってひっくり返ることのないもの）か、②仮執行宣言（確定しなくても一応執行してもよいという裁判所の宣言）の付いたものでなくてはなりません。まだ不確定で、しかも仮執行の宣言も付いていない判決などで強制執行ができないのは当然のことです。また判決にせよ、和解調書や調停調書にせよ、一定の命令を内容としたものでなければなりません。

たとえば、「金○万円也を支払え」とか「どの家屋を明け渡せ」とか「登記手続きをせよ」というふうに命令形でなくてはならないのです（「支払うこと」というような形もあります）。

公正証書は、一定の金銭の支払いなど（有価証券や代替物）について強制執行ができるだけで、土地家屋の明渡しなどの強制執行は

◆参照条文

民事執行法二二条（債務名義）強制執行は、次に掲げる（以下、「債務名義」という）により行う。

一　確定判決
二　仮執行の宣言を付した判決
三　抗告によらなければ不服を申し立てることができない裁判
三の二、三の三（略）
四　仮執行の宣言を付した支払督促
四の二（略）
五　金銭の一定の額の支払又はその他の代替物若しくは有価証券の一定の数量の給付を目的とする請求について公証人が作成した公正証書で、債務者が直ちに強制執行に服する旨の陳述が記載されているもの
六、六の二（略）
七　確定判決と同一の効力を有するもの

できません し、公正証書上で債務者が「強制執行を受けることを承諾する」ということを明記（認諾）したものであることが必要です。

⊠債務名義の種類

〔債務名義〕

確定判決	・被告が上訴しない判決 ・確定証明は第一審の裁判所で
仮執行宣言付判決	・判決が確定しなくても強制執行ができる ・金銭支払いを命ずる判決は多い
仮執行宣言付支払督促	・債務者が争わなければ仮執行宣言の申立てをする ・金銭債権にしか利用されていない
執行証書	・公証人作成する金銭債権についての公正証書で執行認諾文言のついているもの
和解調書 調停調書	・裁判中に和解した場合と訴え提起前の和解の場合に作成 ・調停委員会で合意した場合に作成

※この他に「認諾調書」破産法上の「債権表の記載」など

債務名義には、まず判決があります。ただし、債務名義となる判決は、次の三つです。

①仮執行宣言付判決（ただし、執行停止決定なし）。

②控訴（上告）なしにその期間が終わった判決（確定判決）。

③控訴（上告）が却下または棄却された判決（確定判決）。

判決の他に和解調書、認諾調書、訴え提起前の和解調書、調停調書、支払督促（確定または仮執行宣言付き）、公正証書（ただし一定のもの）、仲裁判断に基づく執行判決、外国判決に基づく執行判決などがあります。

債務名義には、さらに執行文という手続きを加えた上（ただし仮執行宣言付支払督促は執行文不要）、民事執行法により強制執行ができることになります。

ポイント

強制執行をするには債務名義に執行文の付与を受ける。

★差押禁止動産

強制執行では、債務者の一部の財産は差押えが禁止されています。

差押禁止動産には、①債務者の生活に欠くことができない衣服・寝具・家具・台所用具・畳および建具、②債務者等の生活に必要な一か月分の食料および燃料、③標準的な世帯の二か月間の必要生計費と認められる一定額の金銭（政令で定める）、などは差押えができません（民事執行法一三一条）。

その他、実印等、仏像や位牌、系譜、商業帳簿等も同様です。

給与等の差押え⇩二二八頁参照

③ 強制執行を申し立てるときの書類と費用

強制執行申立てで必要な書類

強制執行のためには、まず必要書類を整えなければなりません。強制執行の中には強制管理（債務者の不動産を管理して、それから得られる収益を債務の弁済に充当する執行方法）もありますが、ここでは強制競売について述べます。

・執行申立てに必要な書類

①　強制競売申立書――まず、執行の申立書を作成します。それが競売の場合は強制競売申立書です。動産の競売については執行官室に用紙があり、それに書き込むことになります。ここでは不動産競売に例をとり説明しましょう。

強制競売申立書自体は難しいものではありません。その詳細は書式（二一八頁参照）を見てください。ただし当事者目録、請求債権目録、物件目録、登記用権利者義務者目録、登記用物件目録、と幾種類もの目録につき、しかも一定の形式・文字での作成が必要です。

申立書の記載の中に、添付書類という欄をつくります。ここに申立書に添付が必要な書類の表題を書き入れます。その添付書類が強制執行に必要な書類となるわけです。

②　添付書類――さて、その添付書類に手間がかかります。

(1)　債務名義（執行力ある判決あるいは公正証書など）の正本
(2)　同謄本の送達証明書
(3)　不動産登記簿謄本（全部事項証明書）

◆参照条文

民事執行規則二一条（強制執行の申立書の記載事項及び添付書類）　強制執行の申立書には、次に掲げる事項を記載し、執行力のある債務名義の正本を添付しなければならない。
一　債権者及び債務者の氏名又は名称及び住所並びに代理人の氏名及び住所
二　債務名義の表示
三　第五号に規定する場合を除き、強制執行の目的とする財産の表示及び求める強制執行の方法
四　金銭の支払を命ずる債務名義に係る請求権の一部について強制執行を求めるときは、その旨及びその範囲
五　民法第四一四条第二項本文又は第三項に規定する請求に係る強制執行を求めるときは、求める裁判

(4)　公課証明書

(5)　資格証明書（当事者が会社など法人の場合）など

強制執行に要する費用

①　申立書に貼付する収入印紙は、請求債権一個につき四〇〇〇円です。

②　不動産競売の場合は、この他に予納金が必要になります。強制競売には競売物件の価額の調査・評価など、費用がかかるので、申立人が立て替えるため予納しなければならないのです。

その額は請求債権額により異なり、二〇〇〇万円未満の場合六〇万円です（東京地裁の場合）。また、若干の予納郵券を提出します。これは単なる扱いですから裁判所が異なれば額が異なることがあります。申立てと同時または事後の指示で裁判所の経理課へ予納します。

この予納金は競売代金が入れば優先的に還付されます。

③　さらに競売開始決定があれば物件に対するその登記の費用がいります。これは債権額に対し一〇〇〇分の四と登録免許税法で決まっています。これも裁判所へ提出し、裁判所が登記嘱託書とともに法務局へ送付します。

収入印紙

執行文付与申請書

原　告（債権者）　甲野太郎
被　告（債務者）　乙川次郎

上記当事者間の御庁令和〇年（　）第××号事件について、平成〇〇年〇〇月〇〇日に言渡された判決にもとづき、当該判決に執行文を付与くださるよう申請いたします。

令和〇年〇〇月〇〇日

添付書類

1　判決確定証明書
2　判決正本

上記原告　甲野太郎　㊞

〇〇地方裁判所　御中

ポイント

競売申立ての際には費用の準備も忘れないこと。

★他人に貸しているマンションの一室に強制執行をかけたい

不動産に対する強制執行手続きには、その不動産を競売にかけて売却する方法とその不動産を管理して、そこからあがる収益で債務の返済に充てる方法とがあります。前者が強制競売で後者が強制管理と呼ばれています。他人に貸しているマンションの一室ということでしたら、競売価格も落ちるでしょうし、立ち退きの問題とかいろいろ面倒ですので、いっそのこと強制管理の方法をとり、家賃収入を得る方法がベターではないかと思われます。申立て手続き等は、借りている第三者を表示することと、強制競売が換価手続きが強制管理では管理手続きとなるくらいで、ほとんど強制競売の場合と同じです。

強制執行の申立て❹

4 競売申立書には送達証明書が必要

☒債務者に任意に支払う機会を与える必要がある

競売申立書に添付書類として送達証明書が、なぜ必要かを考えましょう。

強制執行には債務名義の送達が必要です。**その送達があったことを証明するのが送達証明書です**。強制執行は不意打ちを許すわけでなく、これを受ける債務者にどんな債務名義で強制執行がされるのかを知らせておき、任意に支払いをするチャンスをも与えておくべきです。

そのため、判決その他の債務名義（承継の場合は承継執行文も）は事前に債務者に送達しなければなりません（動産執行の場合は、同時送達もあり得る）。

ただし、判決や訴訟上の和解調書は、訴訟終結の段階で被告にも裁判所から送達されますが、それは原則であって、所在不明等で送達ができていない場合もあります。支払督促も同じことがいえます。

また、調停調書は（判決や和解調書と異なり）申請がない限り送達手続きは取られません。だから債務名義となる調停調書は送達が必要です。

執行裁判所は、訴訟を担当した裁判所とは別ですから、その事件につき判決など債務名義の送達があったか否かはわかりません（執行官が自分で送達をした場合は別です）。

そこで、強制執行の申立てには送達があったことを執行裁判所に対して明らかにしなけ

◆参照条文

民事執行法二九条（債務名義の送達） 強制執行は、債務名義又は確定により債務名義となるべき裁判の正本又は謄本が、あらかじめ、又は同時に、債務者に送達されたときに限り、開始することができる。第二七条の規定により執行文が付与された場合においては、執行文及び同条の規定により債権者が提出した文書の謄本も、あらかじめ、又は同時に、送達されなければならない。

ればならず、そのため必要となるのが送達証明書です。

すでに送達がされている場合は、単に送達証明書の下付を受けて、それを強制執行申立書に添付します。

⊠送達証明の申請の手続きは

送達証明申請には、一五〇円の印紙を貼った申請書を提出します。一通の余白に書記官や執行官が「右証明する」と書き込んで印を押して、返してくれます。これが証明書となります（送達証明書は訴訟が終わった直後に取っておくべきでしょう）。

送達ができていない場合は、あらためて送達が必要となります。その場合は送達申請をします。

送達は裁判所書記官の職務です。ただし送達の実施は郵便または執行官によります。普通の送達ができない場合は公示送達という手続きもあります。

送達申請や送達書類の謄本の下付は、その事件の記録がある裁判所の担当です。裁判所も記録によって送達や謄本の下付をするから、これは当然です。

原則的にはその訴訟をした第一審裁判所（高裁専属管轄事件以外は地方裁判所または簡易裁判所）が記録を保管します。

収入印紙

送達証明申請書

原　告　甲野太郎

被　告　乙川次郎

上記当事者間の御庁令和○年（ワ）第××号△△△△請求事件について、平成○○年○○月○○日に言い渡された判決の正本は、令和○年○○月○○日被告に送達されたことを証明くだされたく申請いたします。

令和○年○○月○○日

上記原告　甲野太郎　㊞

○○地方裁判所事件係　御中

ポイント

動産の差押えの場合には、送達証明書は不要の場合がある。

★死亡した父が持っていた判決で強制執行をしたい

相続人が被相続人の財産を相続し、その中に債権債務があれば、当然に相続人が相続します。その債権について債務名義があれば、強制執行もできます。

債務名義のある債権を承継したことを証明するためには、裁判所に対して「承継執行文付与申立」をして、承継執行文の付与を受けなければならず、これがないと強制執行はできません。相続の場合には、戸籍謄本（全部事項証明書）によって相続したことを証明できますから容易に取得できるでしょう。

なお、債務名義のある債権を譲り受けた者も、承継執行文を受ければ、強制執行ができます。

5 公正証書により強制執行をする手続き

⊠金銭債権については要件が厳しい

ここでいう公正証書とは、公証人が正規に作成した文書です。

公正証書のうち一定のものは債務名義となります。これを「執行証書」といいます。

一定というのは次の要件を満たすものです。

① 金銭の一定の額の支払い、その他の代替物または有価証券の一定の数量給付を目的とする請求のもの。

② 債務者が直ちに強制執行に服する旨の陳述（執行認諾約款）が記載されているもの。

③ 公証人が作成した正規の形式をふんだ公正証書であること。

このような公正証書は執行証書となり、これにより強制執行ができます。

とはいえ、これが案外難しいのです。とくに①の要件は厳重です。

ただし、代替物や有価証券については（例が少ないので）説明を省き、金銭債権について説明します。

建物を貸す、賃貸借契約を結びます。敷金は取っても家賃が心配だ、というので建物賃貸借契約を公正証書で作成したとします。当面の月額賃料も取り決め、公正証書の条款に記載しました（このような公正証書は可能です）。一月一〇万円の家賃。これが公正証書で決めてあれば金銭の一定の支払いを定めたもののように見えます。ところがそうではないのです。なぜなのでしょうか。

これでは①の要件は満たしていないのです。

◆参照条文

民事執行法二六条（執行文の付与） ① 執行文は、申立てにより、執行証書以外の債務名義については事件の記録の存する裁判所の裁判所書記官が、執行証書についてはその原本を保存する公証人が付与する。

② 執行文の付与は、債権者が債務者に対しその債務名義により強制執行をすることができる場合に、その旨を債務名義の正本の末尾に付記する方法により行う。

たしかに月額賃料の額は一〇万円と書かれています。しかしそれは単に月額賃料が明記されただけです。

その賃料が現実に不払いになったか、強制執行のもとになる意味での一定の（確定した）不払い金額があり、その請求権があると書かれているのとは違います。執行裁判所から見れば、賃料はきちんと支払っているかも知れず、あるいは家はとっくに引き払い賃料請求権は発生していないかもしれないのです。

これでは右の①にいう要件は満たしていません。

印紙

送達申請書

1　当事者何某、何某間の令和〇年〇月〇日、□□法務局所属公証人何某作成の令和〇年第×××号……公正証書の謄本１通

上記書類を送達くださるよう申請します。

令和〇年□月□日

申請人　　甲　野　太　郎　㊞

〇〇地方裁判所執行官殿

⊠貸金や売掛金の場合には執行証書となる

ただし、貸金のように債権は確定していて単に弁済期を待つ場合は、金銭の一定の額の支払いが明確になっているので、これについて強制執行認諾約款付公正証書を作成すれば執行証書になります。

売掛金についても同じで、すでに一定の債権が（金を貸したり物を売ったりして）発生している場合は、執行証書としての公正証書の作成ができるのです。

ただし、利息制限法違反の利息のような違法なものの作成はできません。

ポイント　事前に専門家に相談してみるのも一つの手。

★建物を貸すことになったが公正証書にしておくと有利になるか

金銭貸借とか売買の契約を公正証書にしておき、債務を履行しない場合には直ちに強制執行に服する旨の執行認諾条項が入っている場合には、債務者が履行しないときは裁判をしなくても強制執行ができます。公正証書に基づいて強制執行ができるのは、金銭の支払い、その他代替物（米、麦など）、有価証券の一定の数量を目的とする債権についてだけで、借家契約で借家人が家賃を不払いしたからといって、明渡しの強制執行をできるわけではありません。ただし、「本契約による金銭債務を履行しないときは、直ちに強制執行されても異議がない」旨の条項を入れておけば、金銭債務の分は強制執行できます。

▶強制競売申立書（最高裁のモデル）

強制競売申立書

印紙

東京地方裁判所民事第21部　御　中

令和年月日

申立債権者　株式会社山田商事

代表者代表取締役　山田太郎　㊞

TEL○○-○○○○-○○○○

FAX○○-○○○○-○○○○

当事者
請求債権　｝別紙目録のとおり
目的不動産

債権者は、債務者に対し、別紙請求債権目録記載の執行力のある公正証書の正本に表示された上記債権を有しているが、債務者がその支払いをしないので、債務者所有の上記不動産に対する強制競売手続きの開始を求める。

添付書類

1	執行力のある公正証書の正本	1通
2	同正本送達証明書	1通
3	不動産登記事項証明書	2通
4	固定資産公課証明書	1通
5	代表者事項証明書	1通

以上

〔解説〕

①金銭貸借などで執行認諾文言のある公正証書は、債務名義となり強制執行ができます。

②執行文は公正証書を作成した公証人役場で付与してもらうことができます。

③強制執行の対象となるのが、不動産や債権のときは裁判所、動産のときは執行官が執行機関となりますので、それぞれに申立てをすることになります。

④強制執行を行うには、債務名義を強制執行の開始と同時に、またはあらかじめ債務者に送達しておかなければなりません。執行証書（公正証書の場合をいう）は、公証人か執行官に頼んで送達してもらいます。

⑤上記は、不動産の強制競売申立書の例です。

添付書類は、

当事者目録

〒　　東京都足立区足立○丁目○番○号
債権者　　株式会社　山　田　商　事
代表者　代表取締役　山　田　太　郎

〒　　同新宿区新宿○丁目○番○号
債務者　　甲野一郎

請求債権目録

債権者と申立外株式会社野田商会（債務者はその連帯保証人）間の東京法務局所属公証人山本一郎作成平成○年第○○○号債務弁済契約公正証書に表示された下記債権

⑴　元　金　5,000,000円
　　ただし、賦払金8,000,000円の残金

⑵　上記⑴に対する令和○年12月11日から完済まで年10%の割合による損害金

なお、債務者は、令和○年4月10日を支払日とする賦払金の支払を怠ったので、同日の経過により期限の利益を失ったものである。

物件目録

⑴　所　　在　東京都新宿区新宿○丁目
　　地　　番　○○○番○
　　地　　目　宅地
　　地　　積　○○○平方メートル

⑵　所　　在　東京都新宿区新宿五丁目○○○番○
　　家屋番号　○○○番○
　　種　　類　居宅
　　構　　造　木造瓦葺二階建
　　床面積　一階　○○平方メートル
　　　　　　二階　○○平方メートル

㋑　執行力のある公正証書の正本
㋺　同正本送達証明書
㋩　不動産登記事項証明書
㋥　固定資産公課証明書
㋭　代表者事項証明書

※上記は、最高裁判所の申立書のモデルを参考に掲載したものです。

※書式および添付書類等は変更になる場合がありますので、申し立てる裁判所で確認してください。

⑥ 各種の強制執行❷ 動産に対する強制執行手続き

⊠動産の強制執行に必要な手続き

動産の執行申立ては執行官に対してします。

執行官は地方裁判所に属しており、執行や書面の送達などの実施を取り扱います。

執行の申立てをするには、判決その他の債務名義の正本に執行文の付与されたもの、これを「執行力ある正本」といいますが、これが必要です。

執行官室には、執行申立ての用紙が備え付けられていますから、所定の事項を書き込んで印を押し、申立料と、執行費用の予納分を支払います。

これで申立ては終わるのですが、手続きはそれで終わるのではありません。動産の執行は動産のある現場でするので、差押えに行くための打合せをしなければなりません。

裁判所にもよりますが、東京では翌朝（九時半頃）執行官の面会室へ行き面会します。そして何時にどこで落ち合うかを取り決め、その時間に行って執行官を案内します。案内図を書いてくれという執行官もいます。執行官が現場を知っており単独で行って執行することもあります。

債務者所有の動産であっても、債務者や家庭の生活に欠くことのできない最低限度の衣服、寝具、家具や、その他、一定の差し押さえできない物もありますが、原則として、債務者の所有する動産は全部差し押さえることができます。店にある商品なども押さえることができます。

◆参照条文

民事執行規則九九条（申立書の記載事項） 動産執行の申立書には、第二十一条各号に掲げる事項のほか、差し押さえるべき動産が所在する場所を記載しなければならない。

民事執行規則一〇〇条（差し押さえるべき動産の選択） 執行官は、差し押さえるべき動産の選択に当たっては、債権者の利益を害しない限り、債務者の利益を考慮しなければならない。

なお、差押禁止の財産については、民事執行法一三一条に記載されています（一九五頁下欄参照）。

⊠動産の強制執行では競売が必要

さて、現金を差し押さえたときは直接支払いを受けられますが、現金以外のものであれば換価のため競売をすることになります。普通は差押えから日をおいて競売の期日が決まります。その間に一部支払いや話合いがあれば、強制執行の申立てを取り下げてもよいし、債権者が申し立てれば、競売は延期できます。

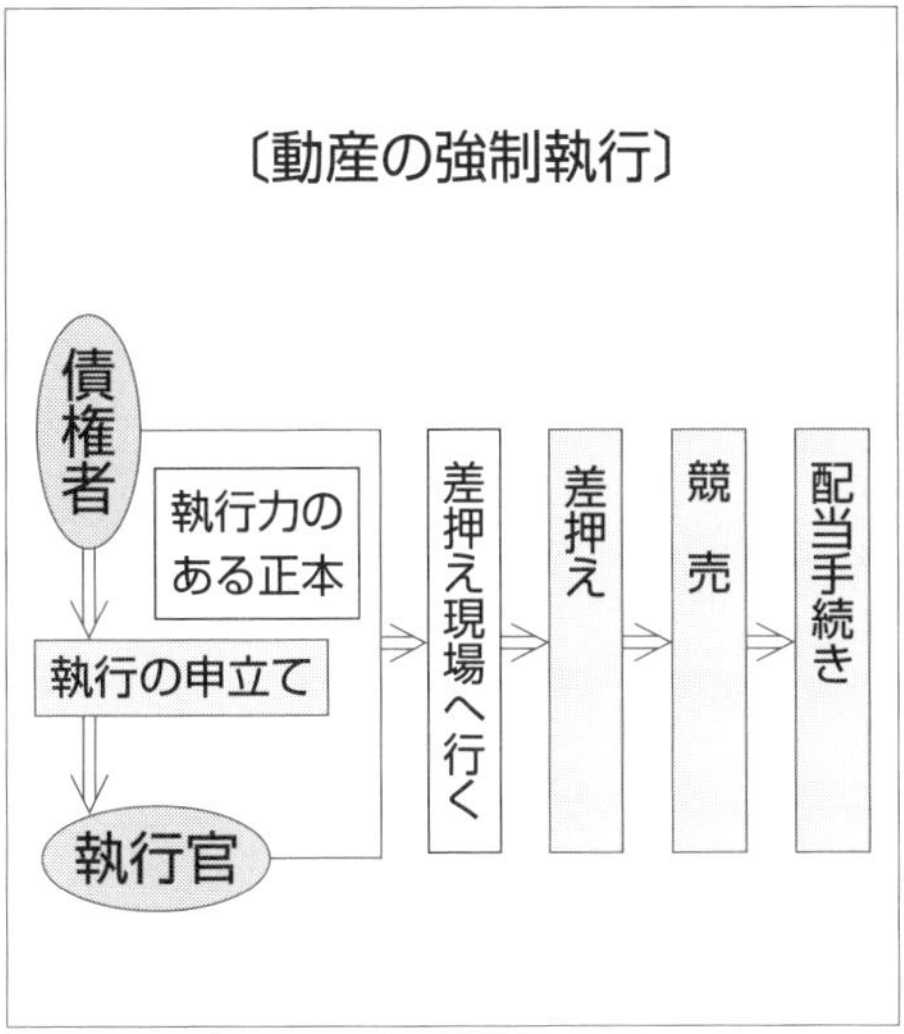

支払いもなく取下げや延期もなければ競売は期日に実行されます。

債権者が競売に加わって競落するのは自由です。あまり安く競売されると支払金が少なくなるので立ち会って値をつり上げるのも一方法です。競売が終われば、その代金の中から債権者へ支払いがなされます。

債権者が複数で競売代金では全額支払えない場合には、まず債権者間の協議、協議がととのわないときは裁判所の手で、債権額に応じて分配されます。

これを配当手続きといいます。配当手続きに当たっては、裁判所の命令どおり請求額の計算書を差し出し、また指定された日に出頭すればよいのです。

ポイント

配当要求には執行手続法上の制限がある。

★差押えの品物を債務者が処分したときは

動産の差押えは執行官が行います。できれば債権者が同道した方がよいでしょう。執行官に任せると、十分な物を差し押さえてくれない場合もあります。

執行官は債務者の所有する動産に対して、封印もしくは差押えの表示をします。債務者がこれを剥がしたり、差し押さえられた品物を勝手に持ち出して売却したりすれば封印破棄罪（刑法九六条）となり、二年以下の懲役または二〇万円以下の罰金に処せられます。

債権者がこれを発見した場合には、地元の警察へ告発すればよいのです。

7 不動産に対する強制執行手続き

⊠不動産の強制執行は所在地の地方裁判所が行う

不動産、つまり土地や建物に対する強制競売の執行を行うのは、執行官ではなく裁判所が行います。

なぜなら、不動産に対する強制執行は、登記簿への記載によってするのであり、つまり書面上の手続きとなります。書面上の手続きなら裁判所が書面ですればよいわけで、現場の執行を職務とする執行官の手を煩わせるまでもないからです。

とはいえ、どの裁判所でもいいわけではありません。

管轄裁判所は、不動産所在地の地方裁判所です。これが執行裁判所となります。

⊠強制執行の申立て

申立てには「不動産強制競売申立書」を提出します。これには添付書類が必要です。添付書類にはそれぞれ重要な意味があります。これについてはすでに記載をしましたので、参照ください（二一八頁など参照）。

この申立てにより、執行裁判所は競売開始決定をします。この開始決定が出されると、決定は登記簿に記入され、その不動産の差押えの効力が生じます（費用の予納や登記印紙代の納付が必要です）。これが数十万円と多額になるので考慮が必要です。

この後、裁判所により不動産の現況の調査や最低競売価額を定めるための評価が行われます。この間がかなり長く、一年以上かかる

◆参照条文

民事執行法一二三条（債務者の占有する動産の差押え）① 債務者の占有する動産の差押えは、執行官がその動産を占有して行う。

② 執行官は、前項の差押えをするに際し、債務者の住居その他債務者の占有する場所に立ち入り、その場所において、又は債務者の占有する金庫その他の容器について目的物を捜索することができる。この場合において、必要があるときは、閉鎖した戸及び金庫その他の容器を開くため必要な処分をすることができる。

③ 執行官は、相当であると認めるときは、債務者に差し押さえた動産（以下「差押物」という）を保管させることができる。この場合においては、差押えは、差押物について封印その他の方法で差し押えの表示をしたときに限り、その効力を有する。

（④⑤は略）

のが普通です。

ついで、競売の公告がなされ、競売期日が指定されます。競売期日には、競売または入札で最高の値をつけた者が競落（落札）人と定められ、裁判所の競落許可決定により競落が決定します。

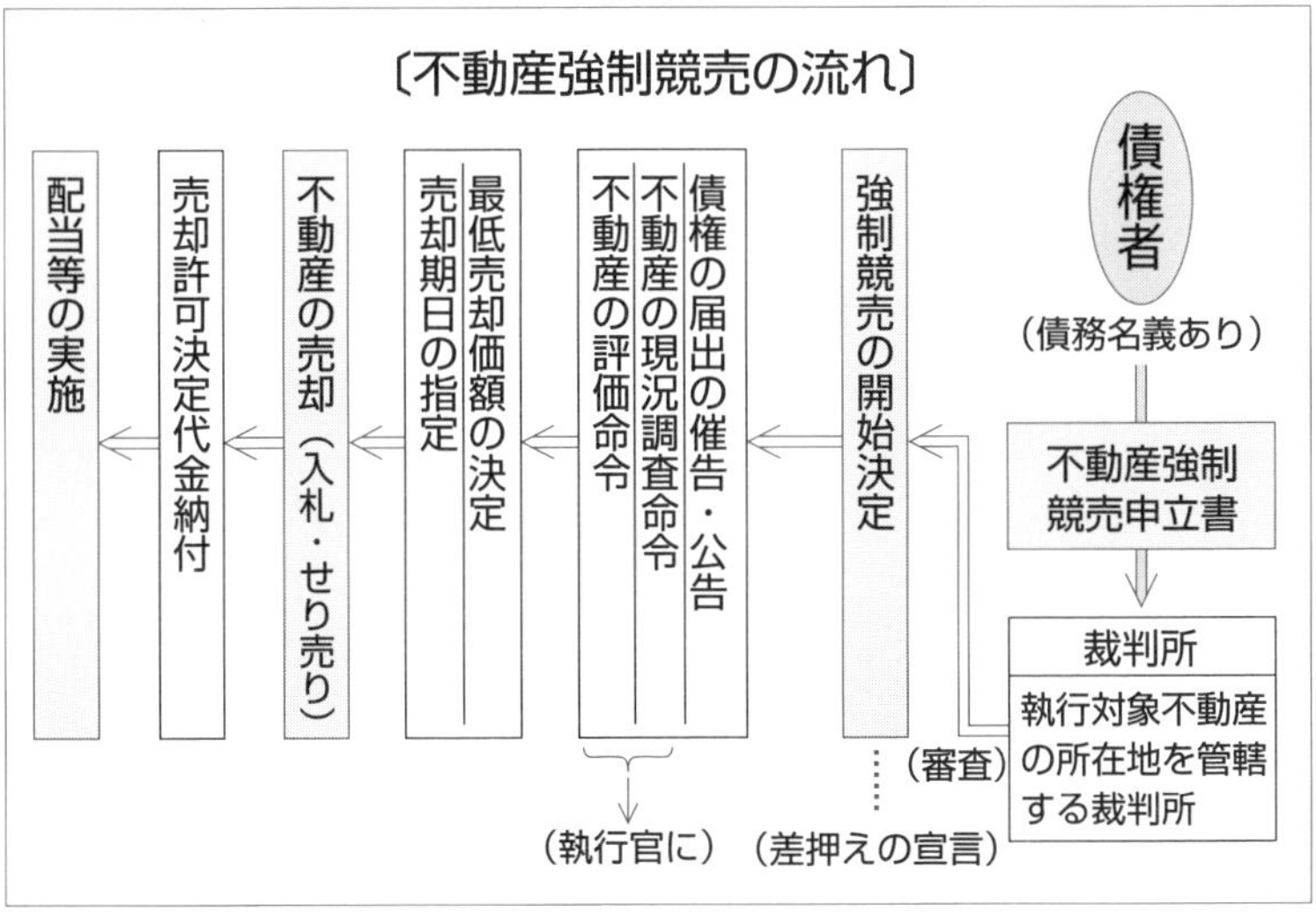

その支払代金から、債権者は支払いを受けるのです。債権者が数人いれば配当手続きをすることは動産の場合と同様です。

このように、債権者は関係書類を準備したうえで、申立書を作成し、裁判所に提出して、開始決定を受け取れば、その後は原則として裁判所で手続きが進行しますので、自ら競売に参加しないのであれば、最後の配当期日に出掛けて、配当を受領すればよいということになります。

ただし、抵当権等の先順位の負担を控除した残余が資産価値ということになりますから、全額債権回収ができるとは限りません。

ポイント　不動産の強制執行は専門家に相談するのがベター。

★不動産競売申立てをするには

①不動産の競売申立ては、裁判所に対してします。

②申立書の記載事項

(イ) 債権者および債務者ならびに代理人の表示

(ロ) 債務名義の表示

(ハ) 強制執行の目的とする財産の表示および求める強制執行の方法

(ニ) 一部の執行のときは、その旨およびその範囲

④添付書類

(イ) 執行力のある債務名義正本

(ロ) 送達証明書

(ハ) 資格証明書

(ニ) 委任状

各種の強制執行❹

❽ 債権に対する強制執行手続き

債権の強制執行は裁判所で行う

ここで債権というのは強制執行の対象になる債権のことで、債務者が有する債権、たとえば銀行預金などをいいます。

こちらが強制執行により請求するのも金銭債権ですから、債権が二つあることになり、誤解しがちです。

実務上も区別が必要なので、債権者側の（強制執行で請求する）債権を「請求債権」といい、差し押さえられる債務者の債権を「差押債権」と呼んで区別しています。

競売申立書の債権目録も「請求債権目録」「差押債権目録」と表示します。

債務者が銀行預金や他人への貸金など債権を有していれば、債務者の財産ですから、これに対して強制執行ができるのです。その債権を差し押さえて弁済を受け、回収に当てるのです。

手続きは執行官ではなく裁判所の手続きとなることは、不動産の強制執行と同じです。理由は、これも書面でする手続きであり現場担当の執行官は当面不要だからです。

管轄の執行裁判所は債務者の住所地を管轄する地方裁判所です。この執行裁判所へ債権差押命令申立書を提出します。これには一定の添付書類、債務名義の送達証明書などが必要です。

なお、手続費用としては印紙（四〇〇〇円）と郵券（切手）代が主で、不動産執行にくらべ安くてすみます。

◆参照条文

民事執行法一四五条（差押命令）① 執行裁判所は、差押命令において、債務者に対し、債権の取立てその他の処分を禁止し、かつ、第三債務者に対し債務者への弁済を禁止しなければならない。

② 差押命令は、債務者及び第三債務者を審尋しないで発する。

③ 差押命令は、債務者及び第三債務者に送達しなければならない。

④（略）

⑤ 差押えの効力は、差押命令が第三債務者に送達されたときに生ずる。

⑥ 差押命令の申立についての裁判に対しては、執行抗告をすることができる。

⑦⑧（略）

この申請により、差押命令がなされ、第三債務者（銀行預金であれば銀行）に、債務者への支払いの禁止が命じられます。その後は（差押えから一週間後）、債権者が第三債務者から取り立てるのが原則的な手続きです。この場合は、取立てができた額だけが弁済されたことになります。その差押債権が（第三債務者の倒産などで）取立不能の場合のリスクは負いません。残額は別途に請求できます。

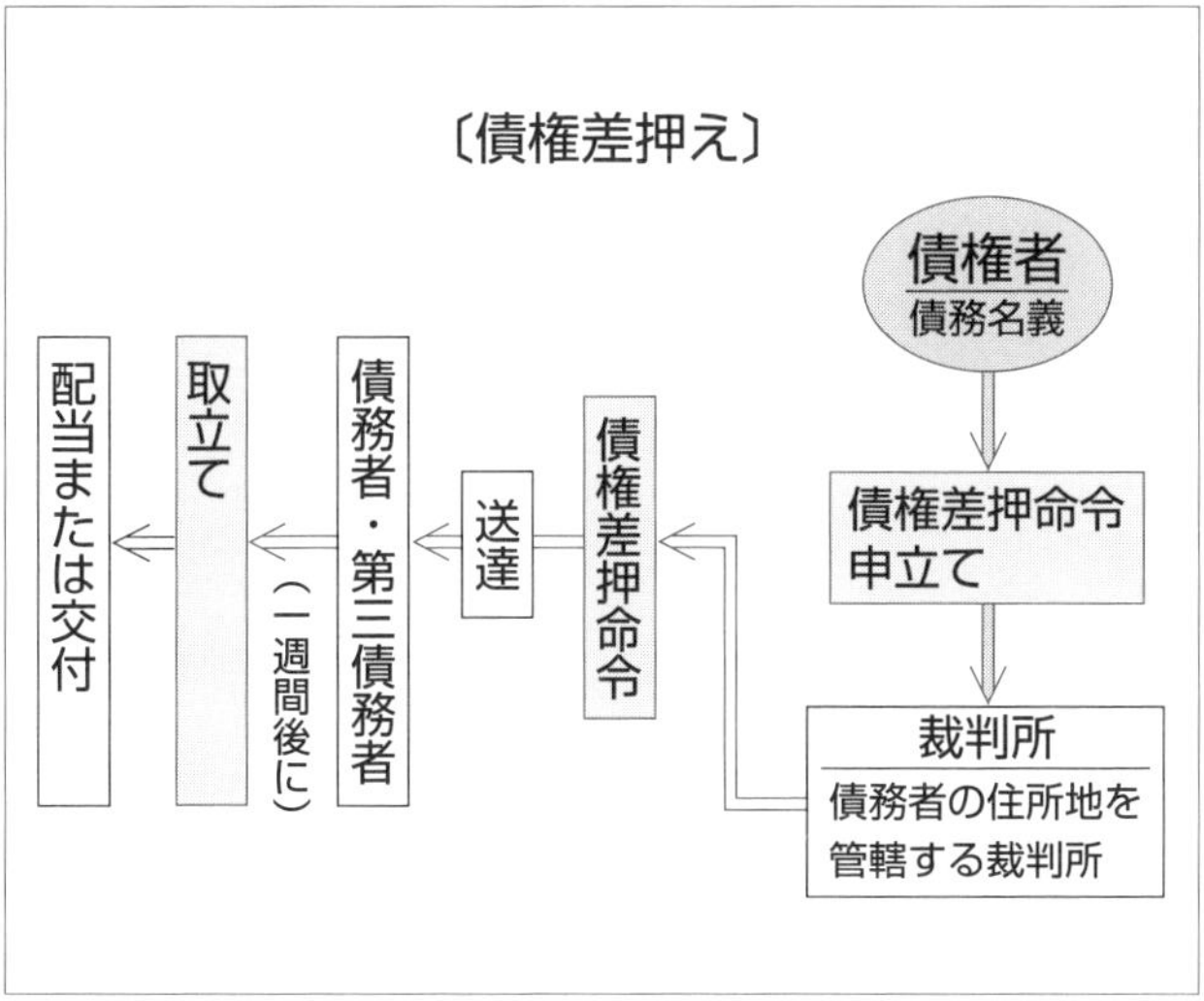

⊠転付命令を受ける方法もある

このほか転付命令という手続きがあります。銀行預金等の差押債権を、差押債権者の権利に移転してしまう、つまり債権者が交代する方法です。

これは差押債権者が競合せず単独である場合だけ取ることができます。転付命令を得た差押債権者は、転付命令による債権の取得自体で（その債権額の）弁済を受けたことになり、その債権を独占することができます。

その代わり、転付債権の取立不能のリスクも自分のものとなり、これを負わねばなりません。

ポイント
転付命令を取るときは債務者の資産の調査を忘れずに。

★差押命令の効力は

①債権を消滅させる行為の禁止
債権差押えの実効性を確保するために、第三債務者にも債務者に対してその債務を消滅させる行為（弁済等）を禁止しています。

②債務者に対する効力
債務者はその債権の弁済を受けたり、譲渡したり、質権を設定することが禁止されます。

③第三債務者への効力
債権差押命令が第三債務者に送達されると、弁済が禁止されます。

▶債権差押命令申立書

債権差押命令申立書

○○地方裁判所　　　御中

令和　　年　　月　　日

申立債権者代理人

弁護士　　甲　野　太　郎

当 事 者
請求債権　｝　別紙目録のとおり
差押債権

債権者は、債務者に対し、別紙請求債権目録記載の執行力のある判決正本に表示された上記債権を有しているが、債務者がその支払いをしないので、債務者が第三債務者に対して有する別紙差押債権目録記載の債権の差押命令を求める。

添　付　書　類

1．執行力のある判決の正本　　　　1通
2．同正本送達証明書　　　　　　　1通

〔解説〕

①債権差押命令の申立ては書面でしなければなりません。

②上記書式は債権差押命令を申し立てるときだけのもの。

③当事者の表示

申立書には、債権者、債務者、第三債務者を記載。代理人がいるときは、代理人も記載します。通常、別紙当事者目録を作成します。

債権者、債務者の表示は債務名義の記載と一致しなければなりません。異なるときは、変更を証明するために、戸籍謄本等を添付し、債務名義上のものと変更後のものとを併記します。

④債務名義の表示

債権差押申立ての根拠となっている債務名義を記載。

⑤請求債権の表示

請求債権は債務者が有

当事者目録

〒000-0000　東京都江東区緑○丁目○番○号
　　債　権　者　　山　田　太　郎
〒000-0000　東京都新宿区四谷○丁目○番○号
　　債権者代理人
　　　弁護士　　甲　野　太　郎
〒000-0000　千葉県市川市市川○番地
　　債　務　者　　乙　川　次　郎
〒000-0000　○○県○○市○番地
　　第三債務者　　丙野商店株式会社
　　　代表者代表取締役　　丙　野　三　郎
（送達場所　〒000-0000　○○県○○市○番地同社東京支店）

請求債権目録

金22,500,000円

但し、債権者と債務者間の○○地方裁判所令和○年(ワ)第○○○○号事件の執行力ある判決正本に基づく、下記の債権の合計額

(1)　元　金　20,000,000円

(2)　遅延損害金2,500,000円

上記(1)に対する令和○年○月○日から平成○○年○月○日まで年5%の割合による損害金

差押債権目録

22,500,000円

但し、債権者が第三債務者に売渡した下記不動産の代金債権金24,000,000円のうち頭書金額

している債権のことで、これも通常、別紙目録でします。

⑥差押債権の表示

これも、上記のように別紙目録として作成します。

⑦添付書類

前頁書式に記載のとおり。

⑧費用

・印紙四〇〇〇円

・予納郵券　切手

（裁判所により異なりますので問い合わせてください。）

※書式および添付書類等は変更になる場合がありますので、申し立てる裁判所で確認してください。

9 給料などを差し押さえる場合の手続き

給料のうち差し押さえることのできる部分は

債務者の給料は債務者が勤め先から受けるべき賃金であり、支払いを受ける前は債務者の勤め先に対する債権です。これも債務者の財産ですから、債権回収のために差し押さえることができます。

ただし、給料などは人の生計のため欠かすことのできない資金であり、人道上無視することのできないものですから、差押えについて一定の制限があります。

すなわち、民事執行法の定める規定（一五二条）では、

「次に掲げる債権に付いては、その支払期に受けるべき給付の四分の三に相当する部分（その額が標準的な世帯の必要生計費を勘案して政令で定める額を超えるときは、政令で定める額に相当する部分）は、差し押さえてはならない」

と規定しています。これは平たくいえば差押えが許されるのは、全額ではなく、四分の一だけということです。ただし、収入が高額のときは、四分の一以上の差押えが可能です（次頁下段記事参照）。

差押えの制限の対象となるものは

その第一は、公的年金のたぐいです。「国及び地方公共団体以外の者から生計を維持するために支給を受ける継続的給付に係る債権」とあります。

ここで、「………以外の者から」とある点

◆参照条文

民事執行法一五一条（継続的給付の差押え）　給料その他継続的給付に係る債権に対する差押えの効力は、差押債権者の債権及び執行費用の額を限度として、差押えの後に受けるべき給付に及ぶ。

に注意してください。すなわち、公的年金以外でもこの制限があるのです。

第二が、給料等です。「給料、賃金、俸給、退職年金、及び賞与ならびにこれらの性質を有する給与に係る債権」とあります。第三には、「退職手当及びその性質を有する給与に係る債権」です。

これらの債権は四分の三は差押えが禁止されます（給与等の差押え禁止額については下欄参照）。したがって、四分の一だけを差し押さえることができるのです。

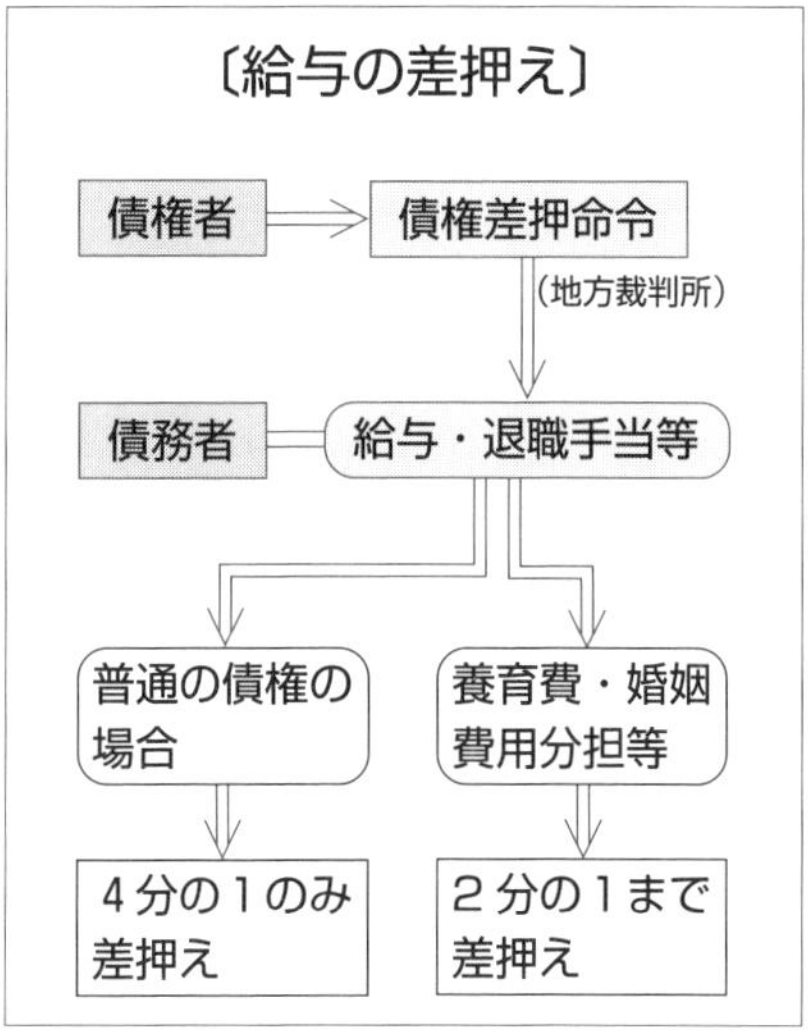

なお、給料などの継続的給付の債権は、一度の差押えで続けての差押えができることになっています。債務者が勤め先を退職すれば別ですが、継続して回収ができることになります。

また、給料の差押えは債務者にとって不名誉なことですから、進んで一時払いをしてくることも少なくありません。

給与等の差押えについては、平成一五年に民事執行法が改正され、支払いを求める債権が、①夫婦間の協力・扶助義務に基づくもの、②婚姻から生ずる費用の分担義務に基づくもの、③子の監護に関する義務に基づくもの、④親族間の扶養義務に基づくもの、の場合には、給料の二分の一まで差押えできることになりました。

ポイント
給料の差押えは本人に圧力をかける効果もある。

★給料の差押えは

民事執行法一五二条一項二号では、給料、賃金、俸給、退職年金、および賞与並びにこれらの性質を有する給与にかかる債権は、四分の三に相当する部分は差押えてはならない。だし、収入の四分の三が一定の額（政令で決まり、四四万円）を超えるときは、その超えた部分は差押えができる、としています。

つまり、収入の四分の三が四四万円を超えれば、その部分について差押えが可能です。

請求が養育費、婚姻費用の分担等の場合は、四分の三は二分の一となります。

強制執行のトラブル❶

10 強制執行に対して異議がでる場合もある

請求異議の申立て

執行文付きの債務名義があり、送達が済んでいれば強制執行ができることは、これまで述べてきたとおりです。しかし、強制執行を受けた債務者に不服がある場合があります。この項では、債務者の強制執行に対する不服申立ての概略を、債務者の立場から解説します。

不服の例ですが、債務者が執行文付き判決や調停調書の送達を受けた後、びっくりして支払いをすることもあります。支払いをすればもはや支払義務はなくなり、したがって強制執行を受けないはずです。

ところが手続きは手続き、ストップをかけないかぎり続きます。むろん良心的な債権者であれば自発的にストップ、つまり強制執行申立ての取下げをするでしょう。とはいえ喧嘩寸前までいった間柄です。親切ばかり期待はできません。

そこで債務者にも防御手段がなければなりません。

それが請求異議の訴えです。

ただし、確定判決については判決前（口頭弁論終結前）主張できたことは理由にできません。それは当時争えたことであり、再び争いを許すとキリがないからです。

そのため、請求異議の理由は、口頭弁論終結後のものでなければならないと規定されているのです。

ストップさせるためには執行停止の手続きも必要

◆参照条文

民事執行法三五条（請求異議の訴え） ①　債務名義（第二十二条第二号又は第三号の二から第四号に掲げる債務名義で確定前のものを除く。以下この項において同じ）に係る請求権の存在又は内容について異議のある債務者は、その債務名義による強制執行の不許を求めるために、請求異議の訴えを提起することができる。裁判以外の債務名義の成立について異議のある債務者も、同様とする。

②　確定判決についての異議の事由は、口頭弁論の終結後に生じたものに限る。

③　第三十三条第二項及び前条第二項の規定は、第一項の訴えについて準用する。

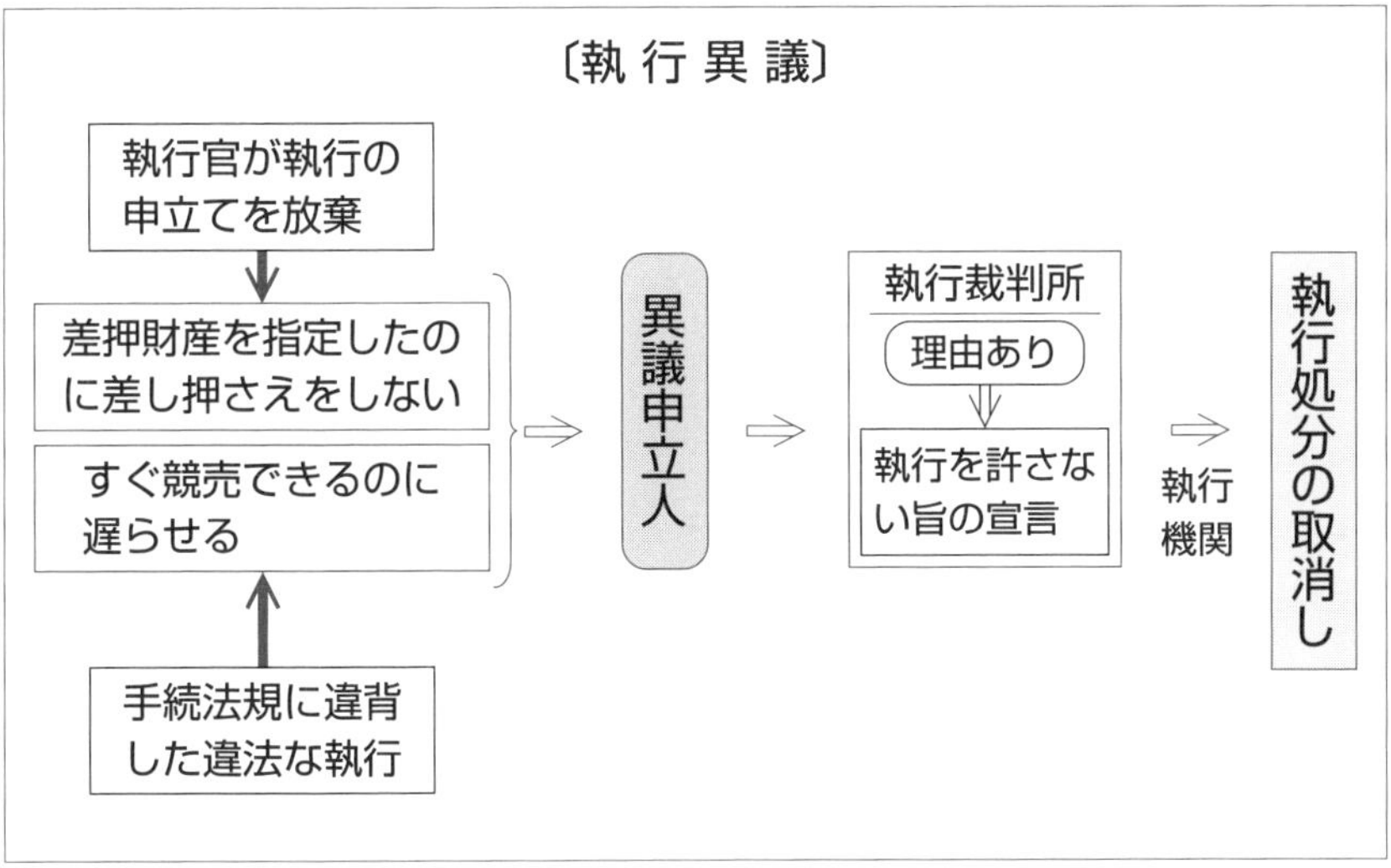

このように請求異議の訴えを起こすことはできるのですが、その訴えを起こしただけで強制執行の手続きが自動的にストップするわけではありません。

訴えを起こしたことを強制執行の手続きに乗せる作業が必要なのです。これが執行停止の手続きです。

一度強制執行の手続きが始まってしまうと、ストップをかけるには、こうして大変な作業が必要です。

執行停止は、執行停止申立書を作成し一定の資料を添えて、執行裁判所へ提出します。

執行停止の手続きをする際には、民事執行法三九条記載の文書（債務名義を取り消す執行力のある裁判の正本や債務者の弁済証書など）の提出が必要であり、それがない場合には裁判所へ担保を提供しなければなりません。

ポイント

執行停止に必要な担保額は債権額の三分の一が基準。

★強制執行の不服申立てとは

①執行抗告と執行異議
執行の手続きがおかしいときの不服申立てです。

②請求異議の訴え
債務が弁済等により消滅していれば、債務者から訴えを提起させ、訴訟手続きで明らかにさせようというものです。

③第三者異議の訴え
債務者、債権者以外の者が自分の所有物である等の理由で訴える場合。

④配当異議の訴え
配当が不公平な場合等。

担保権の実行❶

11 抵当権などの担保権を実行して債権回収をする

担保権で不動産競売を実行できる

担保不動産競売は、債務名義に基づいて強制的に競売されるため、強制競売ともいいますが、担保権の実行としての不動産競売は任意競売と呼ばれています。

この担保権の実行も裁判所に競売の申立てをして開始されますので、その後の差押え、換価、配当という手続きなどは、共通しています。

なお、民事執行法には、強制競売だけではなく、任意競売についての規定も置いています。

担保権を実行するには、以下の要件があります。

① 担保権の存在と証明文書の提出――有効な抵当権、根抵当権が存在しなければなりません。これを証明するために、抵当権の存在を証明する法定文書の提出が要求されます。これは、確定判決、公正証書の謄本、担保権の登記されている登記簿の謄本とされています（民事執行法一八一条一項）。

② 被担保債権の存在と履行遅滞――抵当権によって担保されている債権が存在している必要があります。したがって、担保されている債権がすでに弁済されていたり、存在しない場合は、競売の申立ては認められません。

第三取得者からの抵当権消滅請求

抵当権者が抵当権を実行しようとする場合に、抵当不動産の所有権を取得した第三取得者がいる場合、その者から抵当権消滅請求が

◆参照条文

民事執行法一八一条（不動産担保権の実行の開始）

① 不動産担保権の実行は、次に掲げる文書が提出されたときに限り、開始する。

一 担保権の存在を証する確定判決若しくは家事事件手続法第七十五条の審判又はこれらと同一の効力を有するものの謄本

二 担保権の存在を証する公証人が作成した公正証書の謄本

三 担保権の登記（仮登記を除く）に関する登記事項証明書

四 一般の先取特権にあっては、その存在を証する文書

（②～④は略）

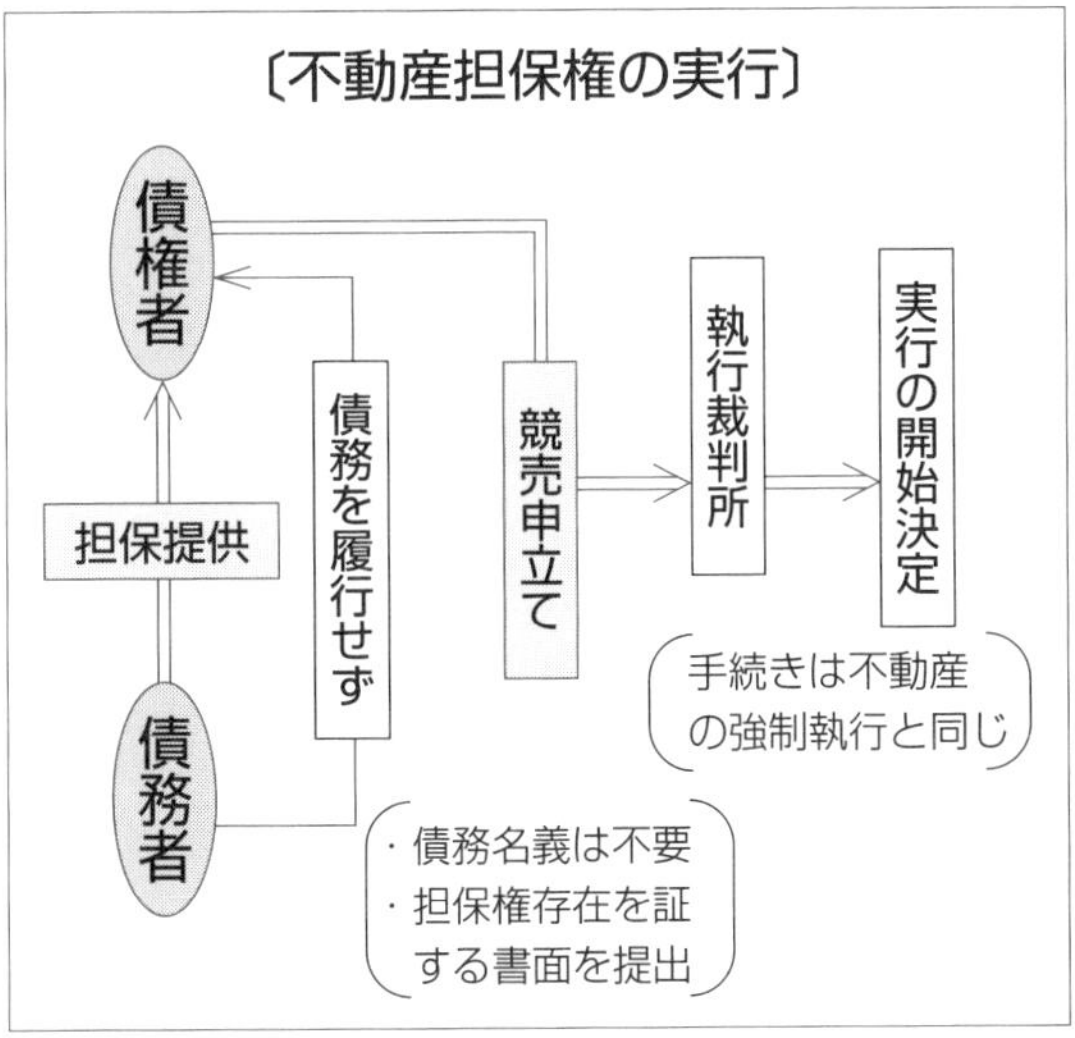

なされることがあります。

この抵当権消滅請求は、抵当権実行としての競売による差押さえの効力が発生する前に、抵当不動産の第三取得者が評価した金額で請求することができるという制度です。抵当権者がこの金額に不服であれば、第三取得者の抵当権消滅の申出から二か月以内に競売の申立てをしなければなりません。

抵当権者が第三取得者が申し出た代価を承諾し、支払いが済むと抵当権は消滅します。

⊠担保権実行の申立て

競売の申立てにあたっては、申立書に第三取得者に対し実行通知をした旨を記載し、それを証する文書を提出することが必要です（次頁の書式参照）。任意競売の申立書も、その様式・体裁等、基本的には強制競売の申立書と同様です。

申立書の記載事項については、担保権の実行に基づく申立てであるために、多少異なったものが要求されます（次頁の下段参照）。

また、申立書提出により不動産競売開始決定を得た後の競売手続きについても、基本的には強制競売手続きの場合と同じですので、説明は省略します。

ポイント

抵当権の実行では、第三取得者より、抵当権消滅請求があることもある。

★第三者異議の訴えとは

強制執行は債務者の財産（の換価）により債権を回収するのですから、差押えは債務者の財産に限ります。

ところが、他人の物が、たまたま債務者の手元にあったり、同じ家にある妻の動産が差し押さえられる（配偶者も強制執行の関係では第三者）間違いがあります。

このような場合、第三者の物であることを理由に差押えの解除を受けるには、執行法上の手続きが必要です。この手続きは第三者異議の訴えにより行います。

▶不動産競売申立書

不 動 産 競 売 申 立 書

印紙

○○地方裁判所民事第　　御　中

令和○年○月○日

申立債権者代理人　甲野　一郎　㊞

当　事　者　別紙目録のとおり

担　保　権
被担保債権　｝別紙目録のとおり
請 求 債 権

目的不動産　　別紙目録のとおり

債権者は、債務者に対し、別紙請求債権目録記載の債権を有するが、債務者がその支払いをしないので、別紙担保権目録記載の抵当権に基づき、別紙物件目録記載の不動産の競売を求める。

添　付　書　類

1　不動産登記事項証明書　　2通
2　固定資産公課証明書　　1通
3　代表者事項証明書　　1通
4　代理人許可申請書　　1通
5　委　任　状　　1通

以　上

〔解説〕

①不動産競売申立書の記載事項は以下のとおり。
㋑債権者、債務者および所有者の表示
㋺担保権および被担保債権の表示
㋩担保権の実行にかかる不動産の表示
これに競売を求める旨の文言、管轄裁判所、提出年月日等を記載。

②強制競売（二一八頁参照）の場合と比較すると、当事者の表示の中で所有者の表示が要求されていることと、債務名義の表示が担保権および被担保債権の表示になっていることに特徴があります。

③申立書は、抵当物件の担保権・被担保債権・請求債権目録所在地を管轄する地方裁判所に申し立てます。

④添付書類
㋑不動産登記事項証明書

当事者目録

〒　　　東京都港区三田〇丁目〇番〇号
　　　　　債 権 者　　春　山　株　式　会　社
　　　　　　　代表取締役社長　　山　田　太　郎

〒　　　東京都港区三田〇丁目〇番〇号
　　　　　　　春　山　株　式　会　社　内
　　　　　　　債権者代理人　　甲　野　一　郎

〒　　　東京都中野区中央〇丁目〇番〇号
　　　　　　　債務者兼所有者　　乙　川　二　郎

担保権・被担保権・請求債権目録

1　担保権

(1)　平成〇年〇月〇日設定の抵当権

(2)　登記　〇〇法務局〇〇出張所
　　　　平成〇年〇月〇日受付第〇〇〇〇号

2　被担保権及び請求債権

(1)　元　金　800 万円
　　　　ただし、平成〇年〇月〇日の消費貸借契約による
　　　　貸付金 1,200 万円の残金

(2)　損害金　上記(1)に対する平成〇年〇月〇日から完済まで年
　　　　10%の割合による損害金

なお、債務者は、令和〇年〇月〇日に支払うべき〇回目の分割金の支払いを怠ったため、期限の利益を失ったものである。

㋺　固定資産公課証明書
㋩　代表者事項証明書
㊁　代理人許可申請書
㋭　委任状

⑤不動産登記簿謄本や申立人、相手方の資格証明書類は申立時より一か月以内のものであることが必要です。

なお、平成一五年の改正で、抵当権が債務不履行後の抵当不動産の果実（賃貸料など）に及ぶこととなり（民法三七一条）、担保不動産収益執行の手続きが創設されました（次項参照）。

※書式および添付書類等は変更になる場合がありますので、申し立てる裁判所で確認してください。

⑫ 担保不動産の家賃収入などの収益に対して執行する

⊠担保不動産収益執行とは

抵当権の実行手続きの効率化をはかる法改正がなされ、平成一六年四月一日から施行されています。この改正において、担保不動産収益執行が創設されました（民事執行法一八〇条）。

担保不動産収益執行とは、土地建物といった不動産に抵当権が設定されているときに、これまでの担保権の実行は抵当物件を売却（競売）してその代金から優先的に弁済を受けていましたが、これを改正して、売却しなくても、その物件からあがる収益（家賃・地代）から優先的に弁済を受けることができるという制度を新設したものです。つまり、不動産を担保にとった場合、担保権の実行の方法として競売してその収益から債権を回収するという方法の他に、不動産から生ずる収益を弁済に充てる方法が新設され、債権者の選択肢が一つ増えたということになります。

⊠担保不動産収益執行ができる場合とは

この担保不動産収益執行の制度を受ける前提には、債権者には抵当権等の担保権の設定のあることです。長期にわたる信用ある相手方の定期取引がある場合、三か月ぐらいの取引額を債権額とする抵当権を設定してある場合などに、この担保不動産収益執行制度が使えるわけです。ですから、取引先の状況を見て、タイミングを図って根抵当権の設定等を相手方（債務者）に求めて行くことが前提要件となります。

◆参照条文

民事執行法一八〇条（不動産担保権の実行の方法）

不動産（登記することのできない土地の定着物を除き、第四十三条第二項の規定により不動産とみなされるものを含む。以下この章において同じ。）を目的とする担保権（以下この章において「不動産担保権」という。）の実行は、次に掲げる方法であって債権者が選択したものにより行う。

一　担保不動産競売（競売による不動産担保権の実行をいう。以下この章において同じ。）の方法

二　担保不動産収益執行（不動産から生ずる収益を被担保債権の弁済に充てる方法による不動産担保権の実行をいう。以下この章において同じ。）の方法

担保不動産収益執行の手続き

抵当権者等の申立により、執行裁判所が、収益執行の開始決定をし、管理人を選任します。あわせて裁判所はこの抵当不動産の賃借人等に対して、その賃料等を管理人に交付するように命じます。こうして、この管理人が執行裁判所の下で債権回収をします。

この回収したお金は、執行裁判所が定めた期間ごとに、債権者に対して配当をします。

詳細については、もよりの地方裁判所にお尋ねください。

ポイント

担保不動産の賃料などの収益について執行ができる。

★申立費用

・手数料　担保権一個につき四〇〇〇円
・予納金　最低でも六〇万円程度
・登録免許税　最低でも六〇万円程度
・八四円切手貼付の返信用封筒

担保不動産収益執行申立書

大阪地方裁判所第14民事部　御中
令和○年○○月○○日
〒　530-0001
大阪市北区西天満○丁目○番○号
債権者　　○○株式会社
代表者代表取締役 ○ ○ ○ ○　㊞
電 話　06-○○○○-○○○○
FAX　06-○○○○-○○○○
(担当　○○○○)

当事者 別紙当事者目録記載のとおり
担保権・被担保債権・請求債権 別紙担保権・被担保債権・請求債権目録記載のとおり
給付義務者・給付請求権の内容 別紙給付義務者・給付請求権の内容目録記載のとおり

債権者は債務者（兼所有者）に対し、別紙請求権目録記載の請求債権を有するが債務者がその弁済をしないので、別紙担保権目録記載の（根）抵当権に基づき、別紙物件目録記載の不動産について担保不動産収益執行の開始を求める。

添付書類
1　不動産登記事項証明書１通
2　固定資産公課証明書 １通
3　代表者事項証明書 １通
4　住民票 １通
5　不動産登記法14条の地図の写し　１通
6　現場案内図 １通

(別紙)
給付義務者・給付請求権の内容目録

1　〒　530-9999
大阪市淀川区三国本町○丁目○番○号△△マンション101号室　甲野太郎
101号室の賃料月額○○万円

2　上記△△マンション103号室　乙山 春子
103号室の賃料月額○○万円

3　前記以外の給付義務者及び給付請求権の内容は、分からない。

※書式、添付書類等は各地方裁判所によって異なる場合がありますので、申し立てる裁判所で確認してください。

◆債務者等からの執行妨害と対抗法

■競売の増加と執行妨害

バブル崩壊後、担保権の実行による不動産競売申立ては多くなり、平成一四年中は、六万八三八六件（全地方裁判所、新受件数）でした。こうした状況を背景に、競売予定の物件に短期賃借をつける、第三者が占有（住んでいた）等の、執行妨害が問題となりました。

そこで、平成一五年の通常国会で法改正が行われました。

■執行妨害に関する法改正の内容

〔短期賃貸借〕執行妨害に関して問題になっている短期賃貸借は、抵当権の設定後に短期賃貸借（建物三年、土地五年）の登記をした場合に抵当権者に対抗できるとする規定（民法三九五条）で、抵当権の付けられている土地や建物が競売にかけられても、短期賃借人はそのまま使用を続けることができ、そのため、暴力団関係者等が短期賃貸借契約を締結して居座り、競売価格を下落させるなどの弊害が生じたからです。

こうしたことから、改正法では、短期賃貸借制度は廃止し、賃借人が抵当権者に対抗できるためには、すべての抵当権者の同意およびその旨の登記が必要で、この場合でも、建物の使用等は競落人の買受けの時から六か月を経過することはできないとしています。

〔占有〕占有屋などの言葉がありますが、これは、不良債権化した土地や建物に居座り、不動産を不当に安く買いたたいたり、法外な立退料を要求するケースがあります。こうしたケースでは、占有屋の名前が分からなかったり、次々に入れ替わるので特定が困難であったことから、占有屋が特定できなくても、排除できるとする民事執行法二七条三項の改正がなされました。改正法は、平成一六年四月一日から施行されています。

〈参照条文〉――

（抵当建物使用者の引渡しの猶予）

民法三九五条① 抵当権者に対抗することができない賃貸借により抵当権の目的である建物の使用又は収益をする者であって次に掲げるものは、その建物の競売における買い受け人の買受けの時から六箇月を経過するまでは、その建物を買受人に引き渡すことを要しない。

一 競売手続きの開始前から使用又は収益する者

二 強制管理又は担保不動産収益執行の管理人が競売手続の開始後にした賃貸借により使用又は収益をする者

■訴訟・調停等の裁判所への申立手数料額（貼用印紙額）

訴額		訴状・反訴状・独立当事者参加の申出書・共同訴訟参加の申出書	控訴状（請求について判断しなかった判決に対するものを除く）	上告状（請求について判断しなかった判決に対するものを除く）	支払督促申請書・異議申立により本訴になったときの追加額	和解から本訴になったときの追加額	民事調停法による調停申立書	調停から本訴訟になったときの追加額
万円		円	円	円	円	円	円	円
10	10万円までごとに1000円	1,000	1,500	2,000	500	0	500	500
20		2,000	3,000	4,000	1,000	0	1,000	1,000
30		3,000	4,500	6,000	1,500	1,000	1,500	1,500
40		4,000	6,000	8,000	2,000	2,000	2,000	2,000
50		5,000	7,500	10,000	2,500	3,000	2,500	2,500
60		6,000	9,000	12,000	3,000	4,000	3,000	3,000
70		7,000	10,500	14,000	3,500	5,000	3,500	3,500
80		8,000	12,000	16,000	4,000	6,000	4,000	4,000
90		9,000	13,500	18,000	4,500	7,000	4,500	4,500
100		10,000	15,000	20,000	5,000	8,000	5,000	5,000
120	20万円までごとに1000円	11,000	16,500	22,000	5,500	9,000	5,500	5,500
140		12,000	18,000	24,000	6,000	10,000	6,000	6,000
160		13,000	19,500	26,000	6,500	11,000	6,500	6,500
180		14,000	21,000	28,000	7,000	12,000	7,000	7,000
200		15,000	22,500	30,000	7,500	13,000	7,500	7,500
220		16,000	24,000	32,000	8,000	14,000	8,000	8,000
240		17,000	25,500	34,000	8,500	15,000	8,500	8,500
260		18,000	27,000	36,000	9,000	16,000	9,000	9,000
280		19,000	28,500	38,000	9,500	17,000	9,500	9,500
300		20,000	30,000	40,000	10,000	18,000	10,000	10,000
320		21,000	31,500	42,000	10,500	19,000	10,500	10,500
340		22,000	33,000	44,000	11,000	20,000	11,000	11,000
360		23,000	34,500	46,000	11,500	21,000	11,500	11,500
380		24,000	36,000	48,000	12,000	22,000	12,000	12,000
400		25,000	37,500	50,000	12,500	23,000	12,500	12,500
420		26,000	39,000	52,000	13,000	24,000	13,000	13,000
440		27,000	40,500	54,000	13,500	25,000	13,500	13,500
460		28,000	42,000	56,000	14,000	26,000	14,000	14,000
480		29,000	43,500	58,000	14,500	27,000	14,500	14,500
500		30,000	45,000	60,000	15,000	28,000	15,000	15,000
550	50万円までごとに2000円	32,000	48,000	64,000	16,000	30,000	16,000	16,000
600		34,000	51,000	68,000	17,000	32,000	17,000	17,000
650		36,000	54,000	72,000	18,000	34,000	18,000	18,000
700		38,000	57,000	76,000	19,000	36,000	19,000	19,000
750		40,000	60,000	80,000	20,000	38,000	20,000	20,000
800		42,000	63,000	84,000	21,000	40,000	21,000	21,000
850		44,000	66,000	88,000	22,000	42,000	22,000	22,000
900		46,000	69,000	92,000	23,000	44,000	23,000	23,000
950		48,000	72,000	96,000	24,000	46,000	24,000	24,000
1,000		50,000	75,000	100,000	25,000	48,000	25,000	25,000
以下10億円まで 100万円までごとに		3,000	4,500	6,000	1,500	3,000	1,200	1,800
以下50億円まで 500万円までごとに		10,000	15,000	20,000	5,000	10,000	4,000	6,000
以下50億円超 1,000万円までごとに		10,000	15,000	20,000	5,000	10,000	4,000	6,000

▶この他にも予納郵券（郵便切手）が必要です。裁判所の窓口で確認してください。

〔著者紹介〕
石原　豊昭（いしはら　とよあき）
昭和3年10月山口県に生まれる。中央大学卒業。弁護士(東京弁護士会所属)。平成27年8月逝去。
三井三池労働争議事件その他暴力金融グループ・株券金融犯罪グループ事件などの被害者救済で活躍。著書に「債権なにがなんでも回収法」「訴訟は本人で出来る」(共著)「財産相続トラブル解決マニュアル」「遺言書の正しい書き方・活かし方」「遺産分割と紛争解決法」（いずれも自由国民社刊）などがある。

内海　徹（うつみ　とおる）
昭和16年、宮崎県宮崎市に生まれる。昭和40年に早稲田大学卒業。法律ジャーナリスト。
著書に「離婚を考えたらこの1冊」「示談・調停・和解のことが分かる」（いずれも自由国民社）などがある。

執筆協力　生活と法律研究所

債権回収のことならこの1冊

2007年12月10日　初版第1刷発行
2021年2月5日　第5版第1刷発行

著者　石原豊昭
　　　内海徹
企画・編集　生活と法律研究所
発行者　伊藤滋
印刷所　横山印刷株式会社
製本所　新風製本株式会社

発行所　自由国民社
〒171-0033　東京都豊島区高田3-10-11　振替 00100-6-189009
TEL〔販売〕03(6233)0781〔編集〕03(6233)0786
http://www.jiyu.co.jp/